音韵学通论

胡安顺 著

中华书局

图书在版编目(CIP)数据

音韵学通论/胡安顺著.—北京:中华书局,2002.5
(2011.11 重印)
ISBN 978-7-101-03297-0

Ⅰ.音…　Ⅱ.胡…　Ⅲ.汉语-音韵学-高等学校-教材　Ⅳ.H11

中国版本图书馆 CIP 数据核字(2002)第 010256 号

责任编辑:郑仁甲

音 韵 学 通 论
胡安顺 著
*
中 华 书 局 出 版 发 行
(北京市丰台区太平桥西里 38 号　100073)
http://www.zhbc.com.cn
E-mail:zhbc@zhbc.com.cn
北京市白帆印务有限公司印刷
*
850×1168 毫米 1/32 · 11¾印张 · 252 千字
2002 年 5 月第 1 版　2003 年 4 月第 2 版
2011 年 11 月北京第 10 次印刷
印数:46001-54000 册　　定价:29.00 元

ISBN 978-7-101-03297-0

再 版 前 言

《音韵学通论》一书由中华书局初版于2002年。本次再版时应书局之约对原书进行了一番修订工作，主要改正了其中的排校错误及少数提法，同时增加了《五音集韵》和《古今韵会举要》的简介、部分用例及“主要参考文献”等内容。

是书出版一年来，承蒙读者不弃，使暂得承乏献芹，部分高校且采用作研究生教材或本科生参考书。本人于此既觉荣幸，更有履冰惶恐之感。本次修订虽尽心力而为之，纰缪仍当难免，尚乞读者批评指正。

胡安顺

2003年2月

自　　序

古籍多假借，举烛鼠璞之类触目可见。假借之形成，因乎音韵，故治小学通古义者需明音韵。以古音求古义，可使千年疑窦涣然冰释，怡然理顺；舍古音以求古义，难免望文生训，亡羊于歧。音韵于古籍重要若此，先代鸿儒尚且视为释疑解惑之利器，今之为学求是者岂可忽之哉？

音韵之学，滥觞于汉魏，兴隆于有清。清儒于音韵之贡献可谓大矣。有昆山顾亭林首唱于前，婺源江慎修、金壇段若膺、休宁戴东原、嘉定钱辛楣、曲阜孔众仲、高邮王念孙、歙县江晋三、番禺陈兰甫诸人继之于后。推澜扬波，踵事增华，极一时之盛，遂使音韵由解经之附庸蔚为大观，与文字、训诂鼎足而立。

近世以来，从事音韵之学者有增而无已，如章太炎、黄季刚、赵元任、李方桂、罗常培、曾运乾、魏建功、黄淬伯、汪荣宝、赵荫棠、白涤洲、王力、周祖谟、陆志韦、张世禄、董同龢等先生共承清儒之伟业，贡献良多，又有西方汉学家高本汉辈以其新语言理论及方法参乎其间，遂使现代汉语音韵学之基础得以建立。此可谓中西之合璧，音坛之美事也。

余梼昧不敏，于前修时贤，瞠乎其后，无能为役。然私心雅好斯道，始从华东师大史存直先生问难，继从先师东北师大李葆瑞先生专攻其术，虽无所成就，亦能日泳其间，以为常业。是书不揆浅陋，所论微乎其微，乃补荆璞之燕石耳，存乎取舍之间，不足以为智者道;但能思古撰述立说之训,不为凿空之论。古人云:“街谈巷说,必有可采;击辕之歌,有应风雅。”余不敢奢望是书取用于人,学者若能辱指其疵亦或容其一孔之见,则是得其知音,闻其友声,云胡不喜?

是书之撰,已逾十载,其间时作时辍,作时暑日挥汗,寒夜孤灯,艰辛备尝,苦何如之!撰成而问梓者数,然多以知音者少而见拒。想昔人研究音韵之盛,而今学人竟多未之知,是音韵之道衰乎,抑学术之道衰乎?哀何如之!尔来复删汰增益,正其谬误,蒙中华书局应允付梓,使积年辛勤,引玉之见,稍可流布海内,传之其人。于是乎拂衣而喜,顿足而舞,搏髀而歌,以为天下之美尽在乎己,又乐何如之!

忆昔在校之时,先师之垂训,闫玉山师之指教,如在昨日,俯仰之间,已十有八年矣,日居月诸,逝者果如斯夫!因感古人惜时之叹,秉烛之趣,立言之旨,良有以也。

《国策》有语云:“人有卖骏马者,比三旦之市,人莫之知。往见伯乐曰:‘臣有骏马,欲卖之,比三旦立于市,人莫与言,愿子还而视之,去而顾之,臣请献一朝之费。’伯乐还而视之,去而顾之,一旦而马价百倍。”书宜有序,无序则似有所缺,尤其名人之序大有伯乐“还而视之,去而顾之”之效,故自古人多为之。余亦欲效法古人,然又自觉是书之陋不足以辱名家之彩颖,遂自为序。

胡安顺

于陕西师范大学菊香斋

二〇〇一年九月

目　　录

第一编　绪　论

第二编　中 古 音

第三编　近代音——从中古音到北京音的变化

第四编　上古音

第一编　绪　论

第一章　导　言

第一节　音韵学与语音学

音韵学也称声韵学，它是研究古代汉语各个历史时期声、韵、调系统及其发展规律的一门传统学问，是古代汉语的一个重要组成部分，就像现代汉语语音是现代汉语的重要组成部分一样。所谓声、韵、调系统，简单地说，就是指某个历史时期汉语声、韵、调的种类及声母、韵母的配合规律。以现代普通话为例，它有 22 个声母，39 个韵母，4 个调类。其声母和韵母的配合不是任意的，而有一定的规律，如 j、q、x 三个声母只能和齐齿呼与撮口呼的韵母相拼，而不能与开口呼与合口呼的韵母相拼。

传统音韵学分为 3 个部门，即今音学、古音学和等韵学。今音学研究中古时期(隋唐时代)汉语声、韵、调系统；古音学研究上古时期(先秦两汉)汉语声、韵、调系统；等韵学是用“等”的概念分析汉语声、韵配合规律的一门学问，它通过韵图的形式展示某一历史时期的声、韵、调系统。等韵图类似于现代汉语中的声、韵配合表。到了 20 世纪 30 年代，在传统音韵学的三个部门之外又兴起了一个新的部门“北音学”。北音学旨在研究以元大都(今北京)或汴洛(今开封、洛阳)音为代表的近代北方话的语音系统。

在研究方法上，传统音韵学主要使用的是系联法、类推法、统计法和比较法。在标音问题上，由于古代没有现代化的标音工具，古人表示汉字声、韵的工具还是汉字，所以传统音韵学研究古音时还得借助某些习用的汉字作为标音工具，只是对古音进行构拟时才使用国际音标或其他注音符号，但这已是清代以后的事。

与传统音韵学不同，语音学是19世纪兴起的一门研究人类语言声音的科学，它主要研究语音的系统（声音的成分和结构）、变化及发展规律，并教会人们如何去分析研究语音的系统和变化，如何发现语音的变化规律，同时训练人们发音、听音、记音、审音的技术。语音学一般分为普通语音学、历史语音学、描写语音学和实验语音学等。在研究方法上，语音学主要是通过描写、实验、分析、归纳、历史比较等方法揭示语音的性质、系统及其发展规律，它所使用的标音工具主要是国际音标。

通过以上比较可以看出，汉语音韵学是我国研究汉语历史语音的一门传统学问，而语音学是研究各种语言的语音及语音各个方面的一门现代科学。汉语音韵学相当于语音学中的一个部门，可以称为汉语历史语音学，二者在研究对象、分类、方法及标音工具等方面都存在着明显的差别，绝不能将它们混为一谈。自从语音学知识传入我国后，研究汉语声韵系统、分析汉语声韵调的特点、探求古音的发展规律以及对古音进行构拟等，都需要使用语音学知识，因此，语音学又可说是研究汉语音韵的基础和工具。

第二节　音韵学的功用

汉语音韵学是汉语言文字学的一个重要组成部分，它不仅与汉字学、训诂学、语法学关系密切，而且与考古学、校勘学、中国古典文学、古代历史、古代文献学以及古籍整理等学科有广泛的联系，其作用是多方面的。下面我们主要从4个方面谈谈汉语音韵学的功用。

一、音韵学是建立汉语史的前提

要研究汉语语音，指出汉语语音的特点和发展规律，指导汉语的学习和使用，以保证汉语朝着健康正确的方向发展，就不能不建立汉语语音史。要建立汉语语音史，首先必须研究出汉语各个历史时期的声、韵、调系统，例如先秦时期汉语的声、韵、调系统如何，隋唐时期汉语的声、韵、调系统如何，元明清时期汉语的声、韵、调系统如何等等。只有把这些不同历史时期声、韵、调系统的面貌弄清楚，并探寻出其间的联系和发展规律，才谈得上汉语语音史的建立，而要知道汉语各个时期声、韵、调的状况，就得依靠音韵学的研究。王力先生的《汉语语音史》就是在汉语音韵学研究结果的基础上写成的，其突出的特点是比较详细地展示出了汉语各个历史阶段的声、韵系统及拟音，指出了汉语语音发展的某些规律。

二、音韵学是进行方言研究的必备知识

汉语方言学是研究汉语各地方性口语的一门科学。要对方言进行深入的研究，不能不牵涉到方言的历史，只有从历史的角度找出方言特点的根据，才能弄清方音的来龙去脉，才能对方音的特点及其演变规律作出合乎科学的解释；因此，要从事方音研究，就必须具备一定的音韵知识。例如“幕”字，北京话读作[mu$^{\circ}$]，而广东梅县话则读作[mɔk$_{\circ}$]，北京人和梅县人对“幕”字的读音为什么会产生这么大的差异？只要有点音韵学知识就会知道，原来北京话和梅县话都源自隋唐古音。在隋唐时，“幕”属于入声“铎”韵，带有塞音韵尾[k]，拟音为[mɑk]。北京人所以会把“幕”读成[mu$^{\circ}$]，这是因为到元代时大部分北方话的入声韵尾发生了脱落，其韵腹也

发生了较大的变化。梅县人所以会把“幕”读成[mɔk˳],是因为入声韵尾脱落的这一现象在梅县话中至今没有发生,其韵腹的变化也很小。要进行方言研究,一般少不了进行方言调查,搞方言调查,需要亲自到方言区去口问、耳听、手记,做静态的分析描写工作,这同样需要具备音韵学知识。凡是有关方言调查的书籍,都免不了要讲述音韵学的基础知识,中国社会科学院语言研究所编写的《方言调查字表》,采用的就是中古音系,目的在于古今对照,说明今音特点的历史根据和演变规律。

三、音韵学是训诂学的工具

训诂学是研究我国古代语言文字意义的一门传统学问。与训诂学关系密切的学科有音韵学、文字学、词汇学、语法学、文献学等,其中音韵学与训诂学的关系最为重要,是训诂学的得力工具,因为训释词义,往往需要通过语音说明问题。凡是有成就的训诂名家,无一不精通音韵学知识或本身就是音韵学大家,如清人戴震、王念孙、王引之、段玉裁,今人杨树达、杨伯峻、周祖谟等。《吕氏春秋·重言》中有这样一个著名的例子,足以说明音韵对于训诂的重要:

> 齐桓公与管仲谋伐莒,谋未发而闻于国。桓公怪之。曰:“与仲父谋伐莒,谋未发而闻于国,其故何也?”管仲曰:“国必有圣人也。”……少顷,东郭牙至。管仲曰:“此必是已。”乃令宾者延之而上,分级而立。管子曰:“子邪?言伐莒者。”对曰:“然。”管仲曰:“我不言伐莒,子何故言伐莒?”对曰:“臣闻君子善谋,小人善意。臣窃意之也。”管仲曰:“我不言伐莒,子何以意之?”对曰:“臣闻君子有三色。……艴然充盈,手足矜者,兵革之色也。日者臣望君之在台上也,艴然充盈,手足矜者,此兵革之色也。君呿而不唫,所言者莒也。君举臂而指,所当者

莒也。”

东汉高诱对其中的呿、唫二字注道:“呿,开;唫,闭。”“莒”的读音现在为 jǔ,韵母 ü 属于闭口高元音,为什么高诱的注却说桓公发莒音时口形是张开的呢?要解释这个问题,需要借助先秦古音的知识。原来“莒”在先秦属“鱼”部字,其读音构拟为[kǐɑ],韵腹[ɑ]是个开口低元音,这难怪东郭牙说齐桓公发“莒”音时的口形是“开而不闭”了。如果不是靠先秦古音来说明,高诱“呿,开”的这个解释反而会使人感到莫明其妙,成为千古之谜。

在大量的古代文献中,通假字是随处可见的。所谓通假字,今天来看就是古人写别字。通假字产生的客观原因是由于它与本字的读音相同或相近,所以在写本字时才容易写成通假字(仿古另当别论)。训诂学的重要任务之一就是要找出通假字的本字。由于语音在发展变化,有些通假字与本字的读音今天不相同了,如果不懂得古音,就很难将它们联系起来。例如《荀子·非十二子》:

敛然圣王之文章具焉,佛然平世之俗起焉。

其中“佛”字用“仿佛”或“佛教的创始人”去解释都不通,显然是个通假字,其本字应为“勃”。唐人杨倞注:“佛,读为勃。勃然,兴起貌。”“佛”与“勃”的今音差异不小,一个声母是 f,一个声母是 b,一般人是很难将它们联系起来的;但是站在古音的角度看,二者不但韵部相同,而且声母也是相同的。怎么会知道“佛”与“勃”的声母是相同的呢?这就涉及到音韵学上一个重要的结论“古无轻唇音”。根据这一结论,上古没有 f 这类轻唇音,凡后代读作 f 的轻唇音上古均读作 b、p 一类的双唇音。由于佛、勃在上古的读音完全相同,所以古人将“勃”写作“佛”就不足为怪了。有时候,通假字与本字之间有声转现象,不懂音韵学的人就更难想到其间的联系了。例如《诗经·邶风·柏舟》五章:

日居月诸，胡迭而微？

心之忧矣，如匪瀚（一作浣）衣。

静言思之，不能奋飞。

其中“如匪瀚衣”一句，自毛亨以来的注释家多解释作“像没洗涤过的脏衣服”，比喻心中忧愁之至就像穿着没有洗过的衣服让人难受。这种解释在逻辑上讲不通，喻体和本体之间没有相似点，与下文的“静言思之，不能奋飞”也联系不起来。事实上“匪”应是“篚”的古字。《说文解字》：“匪，器似竹筐。”“瀚衣”应即“翰音”。“瀚”“翰”上古音同属元部、匣纽，“瀚”通“翰”没有问题。“衣”“音”声母相同，均属“影”母；但是韵部不同，衣属微部，音属侵部。根据王力先生的拟音，“微”部读音为[əi]，“侵”部读音为[əm]。二者声母、韵腹均相同，韵尾不同，一个属元音韵尾，一个属鼻音韵尾，为什么“衣”会通“音”呢？这就牵涉到音韵学上一个重要的音变规律“阴阳对转”。原来在作者的方音中二字的读音是相同的，故可以通假。从通语的角度看，此二字的读音在作者的方言中发生了对转，即由阳声韵变成了阴声韵。“翰音”就是鸡。《礼记·曲礼下》：“凡祭宗庙之礼，……羊曰柔毛，鸡曰翰音。”后世遂将翰音作为鸡的代称。张协《七命》（见《文选》）：“封熊之蹯，翰音之跖。”吕延济注：“翰音，鸡也。”清陈梦雷《周易浅述》卷六：“鸡鸣必先振羽，故曰‘翰音’。”“匪瀚衣”中的“匪”用作动词，义为“关……在笼子里”。全句的意思应是“如同关在笼子中的鸡”，这样喻体和本体之间才有了相似之处：不能自由自在。同时和下文的“不能奋飞”也有了照应[1]。

---

① 参考资料：高亨《诗经今注》，上海古籍出版社，1980版。胡中林《如匪瀚衣》，《中国语文天地》1988年第6期。

除了通假字以外，古籍中还存在着许多音近义通的现象。面对这种现象要对某些词义作出准确的解释，没有一定的古音知识同样是不行的。请看下例①：

《传》曰："姬姓日也，异姓月也。"二姓何缘比况日月？《说文"復"字从日，亦从内声，作"衲"。是古音"日"与"内"近，月字古文作"外"，韵纽悉同，则古月、外同字。姬姓，内也；异姓，外也。音义同，则以日月况之。太史公说"武安贵在日月之际"，亦以日月见外戚也。

章氏所以能看到"姬姓日也，异姓月也"中日、月二字的意思为内、外，正是因为他注意到日与内、月与外的古音是相近的或相同的。日与内、月与外的今音无论声母韵母都有很大的差别，如果不从古音的角度着眼，一般人是很难将日、月的比况义理解为内、外的。

四、音韵学是学习和研究古代诗歌声律的基础

中国古代诗歌很讲究节奏和押韵，富于音乐感。特别是唐代的格律诗，为了极尽诗句乐感的抑扬顿挫、曲折变化之妙，有意将平上去入四声分成平仄两类，规定了严格的交替格律。因此，如果没有一定的音韵学修养，对古代诗歌就无法做到全面准确地理解和欣赏，学习不好，更谈不上研究。例如《诗经·郑风·子衿》二章：

青青子佩[buə]，悠悠我思[siə]。
纵我不往，　　子宁不来[lə]？

这章诗今天看来并不押韵，不懂音韵的人会误以为它原来就不押韵，其实在先秦是押韵的。"佩""思""来"三字同属一个韵部(之部)，如果按照后面的拟音去读这章诗，其韵味马上就显现出来了。又如唐代诗人陈子昂的《登幽州台歌》：

① 此例取自章太炎《国故论衡·古音娘日二纽归泥说》。

前不见古人,后不见来者[tɕia]!

念天地之悠悠,独怆然而涕下[ɣa]!

这首诗今天看起来更不押韵,事实上在中古时期也是押韵的。“者”“下”二字在平水韵中同属上声马韵。现在很多人喜好唐代的律诗,然而要真正懂得律诗的格律,学会调平仄,就非得具备一些音韵学的基础知识不可。例如古代属于仄声的入声字有相当一部分今天已变成了平声字,如果按照今天的调类去分析律诗的平仄,肯定就会出错,此以白居易的五律《草》为例①:

离离原上草,一岁一枯荣。
— — — △ △ △ △ △ — —

野火烧不尽,春风吹又生。
△ △ — △ △ — — — △ —

远芳侵古道,晴翠接荒城。
△ — — △ △ — △ △ — —

又送王孙去,萋萋满别情。
△ △ — — △ — — △ △ —

其中“一”“接”“别”三字在普通话中分别读作阴平和阳平,在中古都是入声字,属仄声。如果按照今音将此三字作平声对待,就会误以为“一枯荣”“接荒城”都是三平调,“满别”与“萋萋”没有作到平仄交替。

如何辨认入声字,这成了现代人特别是北方人学习诗律的一大难关,但是只要懂得点音韵学,入声字的辨识就容易多了。

① 诗中每字下的“-”代表平,“△”代表仄,下同。

第二章　音韵学对汉语语音结构的分析和归纳

第一节　音韵学对汉语声母的分析

声母是指音节开头的辅音，例如在普通话 dong 这个音节中，辅音 d 就是声母。有些音节没有声母，直接以元音开头，其声母等于零，习惯上称作零声母。例如 an 这个音节的开头没有辅音，属于零声母。

一、关于声母的名称

古代没有表示声母的音标，表示声母的方法是选用一定的汉字作为代表，这些声母代表字称作声纽、字母或声类。

声纽　声纽又称音纽或纽。大概古人以为声母是一个字音的枢纽，所以将它称作声纽。最早提到“纽”的文献是唐代孙愐的《唐韵·序》。根据瑞典汉学家高本汉的研究，声纽与现在所说的声母略有不同，它包括同辅音的颚化音和非颚化音，如“见”纽包括[kj][k]两个声母。

字母　字母相传是唐末一个叫守温的和尚根据当时汉语声母的实际创制的，共有 30 个，每个字母代表的声母就是它自身的声母，例如“明”这个字母代表的声母是[m]。据敦煌发现的唐写本《守温韵学残卷》所载，守温创制的字母及其排列次序如下：

唇音　不、芳、並、明。

舌音　端、透、定、泥是舌头音。

　　　知、彻、澄、日是舌上音。

牙音　见、溪、群、来、疑等字是也。

齿音　精、清、从是齿头音。

　　　审、穿、禅、照是正齿音。

喉音　心、邪、晓是喉中音，清。

　　　匣、喻、影亦是喉中音，浊。

这30字母可能是守温学习翻译佛经时，受梵文字母“悉昙”的启发对反切上字进行归纳而成的，不知为何原因其排列次序有点混乱，例如把代表舌尖前音的“心”“邪”二字和代表舌根音的“晓”字排在一起，同视为喉音。又把代表边音的“来”字与代表舌根音的“见”“溪”“群”“疑”排在一起，同视为牙音。

到了宋初，有人根据当时的语音实际，对这30个字母的次序及取字进行了整理，同时增补了“非、敷、奉、微”和“娘、床”6个字母，即成了三十六个字母。这三十六字母大致体现了唐末宋初汉语的声母系统，其排列顺序详见“三十六字母发音部位、发音方法新旧分类对照表”（表1）。南宋郑樵《通志·艺文略》及王应麟《玉海》对《三十六字母图》均有著录，大概是出于对字母首创者的尊重和纪念，该图作者的署名仍称守温。

三十六字母后来成为研究汉语各个历史时期语音的工具，人们根据不同历史时期声母多少的实际对它或增或减，一直沿用到今天，音韵学上称作传统的三十六字母。

表 1　三十六字母发音部位、发音方法新旧分类对照表①

三十六字母 / 发音方法旧名与新名 / 发音部位旧名 / 发音部位新名			全清	次清	全浊	次浊	全清	全浊
			不送气不带音的塞音塞擦音	送气不带音的塞音、塞擦音	带音的塞音、塞擦音、	带音的鼻音、边音、半元音	不带音的擦音	带音的擦音
唇音	重唇	双唇音	帮[p]	滂[p‘]	並[b]	明[m]		
	轻唇	唇齿音	非[pf]	敷[pf‘]	奉[bv]	微[ɱ]		
舌音	舌头	舌尖中音	端[t]	透[t‘]	定[d]	泥[n]		
	舌上	舌面前音	知[ȶ]	彻[ȶ‘]	澄[ȡ]	娘[ȵ]		
齿音	齿头	舌尖前音	精[ts]	清[ts‘]	从[dz]		心[s]	邪[z]
	正齿	舌面前音	照[tɕ]	穿[tɕ‘]	床[dʑ]		审[ɕ]	禅[ʑ]
牙音		舌根音	见[k]	溪[k‘]	群[g]	疑[ŋ]		
喉音		零声母	影[o]					
		舌根音					晓[x]	匣[ɣ]
		半元音				喻[j]		
半舌音		舌尖中边音				来[l]		
半齿音		舌面鼻擦音				日[ȵʑ]		

①　有些音韵学书将“非敷奉微”的读音拟作唇齿音[f][f‘][v][ɱ]；[o]表示零声母，有些音韵学书上将“影”的读音拟作喉塞音[ʔ]；　日母的读音高本汉拟作舌面鼻音加摩擦[ȵʑ]，董同龢、周法高、李荣等学者拟作舌面鼻音[ȵ]，王力先生在《汉语音韵学》《汉语史稿》中采用的是高氏的拟音，在《汉语音韵》中拟作舌尖后闪音[ɽ]，在《音韵学初步》中拟作舌面闪音[r]，在《汉语语音史》中拟作[ȵ]，这里采用的是高氏的拟音。

声类 这一名称来源于反切上字的归类①。三十六字母基本上反映的是唐末宋初汉语的声母系统,而不代表典型的中古时期——隋唐时代的声母系统。反映隋唐时期汉语声母系统的主要材料是《广韵》中的反切上字②。由于代表同一声母的反切上字都不止一个,有些甚至多达十几个,所以要弄清《广韵》中共包含多少声母,首先需要通过一定的方法对所有的反切上字进行归类。清人陈澧最先进行了这项工作,他在《切韵考》中将归类后的每一类省称作"声类",例如:

都类:都丁多当得德冬

这些切上字同代表[t]这个声母,称作"都"类,又如:

古类:古公过各格兼姑佳乖

居类:居举九俱纪几规吉诡

"声类"这一名称此后被音韵学界普遍使用。需要指出的是,声类所指的内容有时与声母相同,有时则不一致。因为从系联的角度看,某两个声类可能不相涉,但是从语音学的角度分析,这两个声类则可能代表的是同一声母,例如上面所举的古类和居类代表的就是同一声母[k]。关于这个问题详见第三章第七节"《广韵》的声类和声母"中的介绍。

二、对于声母的分析

1.对声母发音部位的分析

发音部位,即发音时发音器官构成阻碍的部位,例如发 b[p]这个音时,构成阻碍的部位是双唇,双唇就是发 b 音的发音部位,

---

① 反切,古代注音的方法。用两个汉字连读相拼给一个字注音。连读的两个字上字取其声母,下字取其韵母及声调。关于反切的起源、改良等情况详见附论三《反切概说》。

② 《广韵》,韵书,详见第三章《广韵》的介绍。

b就叫做双唇音。在现代汉语中,从发音部位的角度将声母分为双唇音、唇齿音、舌尖前音、舌尖中音、舌尖后音、舌面音和舌根音。传统音韵学从发音部位的角度将三十六字母分析为五音和七音。五音的分法最早见于《玉篇》卷首所附《五音声论》[①],其名称为:喉、舌、齿、唇、牙,排列次序是所谓由内而外。还有一种排列法是所谓由外而内,即唇、舌、齿、牙、喉。《广韵》卷末所附《辨字五音法》的排列就是这样。所谓七音,是从五音的舌音中又分出一个半舌音,从齿音中又分出一个半齿音,合称为七音。这种分法最早见于南宋张麟之重刊的《韵镜》和郑樵的《通志·七音略》[②]。到了南宋的《切韵指掌图》和《经史正音切韵指南》[③],又将七音中的唇音分为重唇音和轻唇音,将舌音又分为舌头音和舌上音,将齿音分为齿头音和正齿音,将半舌音和半齿音合称为舌齿音或半舌半齿音,这样就成了九音。五音、七音、九音对三十六字母的具体分法详见"三十六字母发音部位、发音方法新旧分类对照表"。

应当指出,古人对声母发音部位的分析及命名有不正确的地方,例如"照穿床审禅"一组的发音部位本应是舌面音,而古人却误以为是正齿音(大概指门牙与大牙中间的牙);"见溪群疑"一组的发音部位本应是舌根音,古人却误以为是牙音(指靠近舌根的大牙)。另外同属舌根音的晓[x]、匣[ɣ]二母与零声母影[o]及半元音喻[j]母共称为喉音也显得不伦不类,把来[l]母与日[ȵʑ]母称为半舌和半齿音也失之含混。更有不科学者,古人还以五方、五

① 《玉篇》,字书。南朝梁陈之间的顾野王所撰,三十卷。体例仿《说文解字》,共分542部,收字16 900多,于《说文》有所增补,所收多为汉魏时期的通用字。

② 《韵镜》《七音略》,均等韵书,详见第四章和第六章第二节的介绍。

③ 《切韵指掌图》《切韵指南》,均等韵书,详见第六章第二节的介绍。

音、五行、五色、五脏等与声母的发音部位相配，并以之作为声母发音部位的别名。这类相配实际并没有什么特殊的意义，只是古人的一种附会习惯而已。其相配情形具体如下(见表2)：

表2 声母发音部位异名简表

书名＼发音部位	七音	唇	舌	齿	牙	喉	半舌	半齿
《五音声论》	五方	北	西	南	中	东		
《七音略》	五音	羽	徵	商	角	宫	半徵	半商
《玉篇》	五行	水	金	火	土	木		
《篇韵贯珠集》	五色	玄	赤	白	青	黄		
	五脏	肾	心	肺	肝	脾		

2.对声母发音方法的分析

发音方法，指发音时构成阻碍和克服阻碍的方式。例如发b[p]这个音时，上下唇先闭合，这叫做成阻，然后气流冲开双唇，爆发成音，这叫做除阻，气流通过声带时不引起颤动，双唇被冲开后呼出的气流较弱，这些都叫做发音方法。语音学一般从发音的成阻方式、清(不带音)与浊(带音)、送气不送气这三个方面来对发音方法进行分析。音韵学对声母的发音方法也进行了一定的研究，但还处在比较笼统、初级的阶段，不像语音学的研究那样精细、科学。音韵学对声母发音方法的研究可以分为两个方面：

(1)从形成阻碍的方式和气流状况的角度对声母进行分析

最早从成阻方式和气流状况的角度对声母进行研究的学者是明末清初的方以智。他在《通雅》及《切韵声原》中将声母分为“初发声”“送气声”和“忍收声”三类。罗常培认为初发声相当于塞音和塞擦音中的不送气音，如三十六字母中的“帮”[p]、“照”[tɕ]等；送气声相当于塞音和塞擦音中的送气音及擦音，如三十六字母中的滂[p‘]、穿[tɕ‘]、审[ɕ]等；忍收声相当于边音、鼻音和半元音，如三十六字母中的来[l]、明[m]、喻[j]等。清代钱大昕又提出“出声”“送气”“收声”三个名称，江永、江有诰和陈澧称作“发声”“送气”“收声”，所用的名称虽与方以智有所不同，但所指的内容是一致的。清人洪榜的分析则更进了一步，他将声母分为“发声”“送气”“外收声”“内收声”四类。归擦音和边音为一类，称作外收声；归鼻音和半元音为一类，称作内收声。清人劳乃宣在《等韵一得》中的分类与洪榜相同，只是将“发声”“送气”“外收声”和“内收声”分别称作“戛”“透”“轹”“捺”。到了邵作舟，研究又有所深入，他将声母分为“戛”“透”“拂”“轹”“揉”五类，基本上接近于语音学的分析。罗常培认为，“戛”类相当于塞音和塞擦音中的不送气音，“透”类相当于塞音和塞擦音中的送气音，“拂”类相当于擦音，“轹”类相当于边音，“揉”类相当于鼻音和半元音①。

(2)从清、浊的角度对声母进行分析

传统音韵学对声母清浊注意得比较早，据《隋书·潘徽传》载，魏时李登的《声类》和晋代吕静的《韵集》中已经有清浊的分别。唐代孙愐的《唐韵·序》中说：“切韵者，本乎四声。……引字调音，各自有清浊。”明确从清浊角度对声母进行分类的最早文献是南宋张麟之重刊的《韵镜》和无名氏的《四声等子》，其后旧传司马光所撰《切韵指掌图》、沈括《梦溪笔谈》、元人黄公绍《古今韵会》、刘鉴《经史正音切韵指南》、清人江永《音学辨微》、李元《音切谱》等书中都从清浊的角度对声母进行了分类。这些分类和定名大致是一致的，也有不同之处，如《韵镜》《梦溪笔谈》《古今韵会》《经史正音切韵指南》和《音切谱》都将声母分为全清、次清、全浊和次浊四类②；

① 见罗常培《汉语音韵学导论》50页“声母发音方法异名表”。
② “全清、次清、全浊、次浊”是罗常培先生参酌诸家异名所定的名称。

《四声等子》《切韵指掌图》分为五类，原因是将全浊声母分成了全浊和半清半浊两类[1]；《音学辨微》则分为七类，它是将全清声母分为最清和又次清两类，将全浊声母又分为最浊和又次浊两类，将次浊声母又分为次浊和浊两类。以上诸家分类及定名的异同详见下表(见表3)：

表3 全清次清全浊次浊异名表[2]

本篇定名	本篇分类	各家之异名及分类						
		《韵镜》	沈括《梦溪笔谈》	黄公绍《韵会》	刘鉴《切韵指南》	李元《音切谱》	《切韵指掌图》《四声等子》及	江永《音学辨微》
全清	非知照影审帮端精见心	清	清	清	纯清	纯清	全清	最清 又次清
次清	敷彻穿晓滂透清溪	次清	次清	次清	次清	次清	次清	次清
全浊	奉澄床匣禅並定从群邪	浊	浊	浊	全浊	纯浊	全浊 半清半浊	最浊 又次浊
次浊	微娘喻日明泥疑来	清浊	不清不浊	次浊	半清半浊	次浊	不清不浊	次浊 浊

① 半清半浊指浊擦音“邪”“禅”。

② 罗常培《汉语音韵学导论》44页，有所删节。

古人对清浊的分类虽然比较细微，但对清浊的解释却往往把握不准或含糊不清。如方以智在《切韵声原》中说："将以用力轻为清、用力重为浊乎？将以初发声为清、送气声为浊乎？将啌喉之阴声为清、啌喉之阳声为浊乎？"又如江永在《音学辨微》中说："清浊本于阴阳。一说清为阳，浊为阴，天清而地浊也；一说清为阴而浊为阳，阴字影母为清，阳字喻母为浊也。当以前说为正，阴字清，阳字浊，互为其根耳。"根据《韵镜》等书的分类和方以智、江永的解释来看，古人所谓的清浊，至少包括两方面的内容：(1)声带是否颤动；(2)送气不送气。这是不够科学的，如果用语音学的知识去分析，则所谓全清，指的是不送气不带音的塞音、塞擦音和不带音的擦音；次清，指的是送气不带音的塞音、塞擦音（有的书上将清擦音也归入次清）；全浊，指的是带音的塞音、塞擦音和擦音；次浊，指的是带音的鼻音、边音和半元音（有的书上将浊擦音也归入次浊）。

第二节　音韵学对汉语韵母的分析

韵母是指音节中声母以后的部分，可以是一个元音，也可以是几个元音或元音加辅音。如果音节中没有声母，那整个音节便都是韵母。以普通话中的 mi、liou、guai、nüe、an，这五个音节为例，其中 i、iou、uai、üe、an 都是韵母。韵母的结构总体可划分为韵头、韵腹、韵尾三部分。韵腹是指韵母中唯一的元音或开口度最大的元音，如以上五个韵母中的 i、o、a、e、a；韵头是指韵腹之前发音较短并带有辅音倾向的高元音，又称介音，如以上 iou、uai、üe 这 3 个韵母中的 i、u、ü；韵尾是指韵腹之后的元音或辅音，如以上 uai、iou、an 这 3 个韵母中的 i、u、n。需要指出的是，并非每一个韵母都是由韵头、韵腹、韵尾三部分所构成。有些韵母有韵头而没有韵尾，如 üe；有些韵母有韵尾而没有韵头，如 ɑn。有些韵母的韵头韵尾都没有，如 i（mi）。但是不管怎样，每个韵母都必须有韵腹，韵腹是韵母的核心所在。

一、关于韵类

音韵学中将同一韵部中所包含的各类韵母称作“韵类”，这一名称来源于对反切下字的归类。上文我们曾提到声类的产生，韵类的产生和声类的情况是一样的。陈澧在考求《广韵》声类的同时，对《广韵》中所有的反切下字也进行了归类（《广韵》中表示同一韵母的反切下字也都不止一个）。归类后的每一类就叫一个韵类，取其中一个字作为代表，例如：

东韵
- 红类[oŋ]：红东公
- 弓类[ioŋ]：弓戎中融宫终隆

韵类和韵母的概念并不是完全相同的，韵类有声调的差别，而韵母不论声调，例如红[oŋ]、孔[oŋ]、贡[oŋ]三者声调不同，属于 3 个不同的韵类，而它们所包含的韵母只有一个。

二、对于韵母的分析

1.从韵母第一个音素的角度对韵母进行分析，音韵学家提出了“韵头”和“开口呼”“合口呼”的概念。

（1）韵头

在现代汉语中，韵头共有 i、u、ü3 个。根据多数音韵学家的研究，单纯的韵头在中古时期只有[i][u]两个①，今天的 ü[y]韵头在中古是没有的，它是由中古[i][u]的合音[iu]演变而来的。

（2）开口呼与合口呼

① 王力的拟音还有[ĭ][w]两种韵头，[ĭ]音近于[i]，只是轻而短；[w]音近于[u]，只是较弱。

在现代汉语中，共有开、齐、合、撮四呼，中古时期汉语的韵母则只有开口呼与合口呼，而没有齐齿呼和撮口呼，这种情况反映在宋元时期的韵图中。四呼的形成是比较晚近的事情，明确将韵母分为开、齐、合、撮四呼的学者是清代音韵学家潘耒。中古时期虽然没有开、齐、合、撮四呼，但开口呼与合口呼却各分为洪音和细音。开口洪音大致相当于今天的开口呼，开口细音大致相当于今天的齐齿呼，合口洪音大致相当于今天的合口呼，合口细音大致相当于今天的撮口呼。下面是中古二呼与今音四呼的对比①：

中古二呼		例字	古拟音	今音	普通话四呼
开口	洪音	豪	[ɑu]——	[au]	开口呼
	细音	宵	[iæu]——	[iau]	齐齿呼
合口	洪音	模	[u]——	[u]	合口呼
	细音	元	[iuɐn]——	[yan]	撮口呼

2.同时从韵头、韵腹的角度对韵母进行分析

音韵学家同时从韵头、韵腹两个角度对韵母进行分析，提出了“等”的概念。“等”就是根据韵头、韵腹的状况对韵母的分类。在现代汉语中，根据舌位及口形圆展的情况将韵母中所含的元音区分为高元音、半高元音、半低元音、低元音、前元音、央元音、后元音及圆唇元音、非圆唇元音等，古代分析韵母中的韵头和韵腹时，则是将他们混为一体进行分类的，“类”的不同用“等”这个术语去表示。中古

① 对比为举例性质，中古拟音取自本书第五章第二节“中古韵母音值表”，下同。

时期,在同一摄内①,汉语的韵母共分为四个等。其中开口韵有四个等,合口韵也有四个等,合称为“二呼四等”(也有称二呼八等的),简称“等呼”。这种分类出现很早,在敦煌写本《守温韵学残卷》中就有“四等轻重例”,说明在唐末之前就有了四等的存在。在宋元时期的等韵图中,四等是通过四个格子的形式去表示的。一二三四等分别被排列在四个格子之中。例如《韵镜》中的开合两组:

格次	韵别及拟音	例字	韵别及拟音	例字
一等格	开口翰韵[ɑn]	岸	合口换韵[uɑn]	贯
二等格	开口谏韵[an]	雁	合口谏韵[uan]	惯
三等格	开口线韵[iæn]	彦	合口线韵[iuæn]	眷
四等格	开口霰韵[ɛn]	砚	合口霰韵[uɛn]	睊

就这两组韵的今音来看,开口呼中的二三四等韵已没有什么区别,合口呼中的一等与二等、三等与四等也已相混,但是在中古时期,二呼四等各自的读音却是有区别的。这种区别表现在什么地方?清人江永在《音学辨微》中作了这样的解释:“一等洪大,二等次大,三四皆细,而四尤细。”其意思是说,一二等韵都是响度大的洪音,二等韵的响度略逊于一等韵,三四等韵都是响度小的细音,四等韵的响度比三等韵更小。这种解释只是指出了四等的差别在于洪细,而构成洪细的音素是什么?四等的音值又各是什么?江永没有解说,在他那个时代也不可能解说清楚。根据今人的研究,四等的差别主要体现在韵母有无韵头及韵腹元音的音值上。具体地说,开口一等韵大体指的是没有韵头、韵腹元音为[ɑ][ɒ]

① “摄”是根据韵腹相同或相近、韵尾相同或部分相同的原则对韵母的归类,详见本章第三节。

[ə][o]的韵母，如[ɑi][ɒi][əŋ][oŋ]等；开口二等韵大体是指没有韵头、韵腹元音为[a][æ][ɐ][ɔ]的韵母，如[ai][æn][ɐm][ɔŋ]等；开口三等韵大体是指有韵头[i]、韵腹元音为[ɑ][a][ɐ][ə][ɛ][e]的韵母或无韵头、其韵腹元音为[i]的韵母，如[iɑ][ia][iɐi][iəi][iɛu][ieu][i]等；开口四等韵大体指的是没有韵头[i]、韵腹元音为[ɛ]的韵母，如[ɛi][ɛn]等。合口一等韵大体指的是韵头为[u]、韵腹元音为[ɑ][ɒ][ə]的韵母，或没有韵头、其韵腹元音为[u]的韵母，如[uɑ][uɒi][uən][u]等；合口二等韵大体指的是韵头为[u]、韵腹元音为[a][æ][ɐ]的韵母，如[uai][uæn][uɐi]等；合口三等韵大体指的是韵头为复合音[iu]、韵腹元音为[ɑ][a][ɐ][ə][ɛ][e]的韵母，或韵头为[i]，其韵腹元音为[u]的韵母，如[iuɑ][iuaŋ][iuɐi][iuəi][iuɛi][iue][iuŋ]等；合口四等韵大体指的是韵头为[u]、韵腹元音为[ɛ]的韵母，如[uɛi][uɛn]等①。由以上所举可以看出，这四等韵中每一等主要元音(韵腹)的音值都不是绝对的，而是相对的。例如同属一等韵，有的韵母主要元音为[ɑ]，有的则为[ə]；同属三等韵，有的韵母主要元音为[a]，有的则为[e]。它们所以都叫一等韵或三等韵，是由于它们各自在其所属摄中处于同一等的地位。就象同叫做厂长，有的厂长属于处级，有的厂长则属于科级，厂长的级别实际是不同的，但他们各自在其厂处于一厂之长

① 各类韵母的韵腹多数采用的是王力《汉语史稿》的拟音，韵头主要采用的是李荣《切韵音系》的拟音。自瑞典汉学家高本汉以来，音韵学家多以为开口四等韵有韵头，《汉语史稿》将开口四等韵的韵头拟作[i]。但是也有一些音韵学家如陆志韦、李荣、邵荣芬、李新魁等人认为开口四等韵没有韵头，理由是四等韵与一二等韵的特点接近(根据反切用字的系联，切上字基本上区分成两类：与一二四等韵切下字相拼的为一类，与三等韵切下字相拼的为一类)。本书采用的是后一种说法。

的领导地位，所以都叫做厂长。

在解释“开口呼”与“合口呼”时涉及到中古二呼洪、细音与今音四呼的对比。现在我们可以从“等”的角度进一步讨论这个问题。上面提到的开口洪音指的就是开口一二等韵，开口细音指的就是开口三四等韵，合口洪音指的就是合口一二等韵，合口细音指的就是合口三四等韵。很粗略地说，今音开口呼就是由中古开口一二等韵变来的(声母为舌根音的开口二等韵一般则变齐齿呼)，今天的齐齿呼是由中古的开口三四等韵变来的，今天的合口呼是由中古的合口一二等韵变来的，今天的撮口呼是由中古的合口三四等韵变来的。

3.从韵母最后一个音素的角度对韵母进行分析

在分析韵母第一个音素及韵腹的同时，古音韵学家又从韵母最后一个音素的角度对韵母进行了分析。根据韵母最后一个音素的特点，音韵学家将韵母分为阴声韵、阳声韵及入声韵三类。所谓阴声韵，是指无韵尾或以元音结尾的韵母，如普通话中的[a][ia][ai]等；所谓阳声韵，是指以鼻音结尾的韵母，如普通话中的[an][aŋ]及粤方言中的[am]等；所谓入声韵，是指以塞音结尾的韵母，如粤方言中的[ap][at][ak]等。以上各类韵母在中古都是存在的，阴、阳、入三声相配，构成了严整的系统，这是古汉语语音的重要特点之一。到了现代普通话中，中古阳声韵中的[-m]尾韵消变成了[-n]尾韵，与原来的[-n]尾韵合流。入声韵则消变成了阴声韵，与原有的阴声韵合流。中古[-m]尾阳声韵及入声韵现在只是保留在一些方言中。

第三节 音韵学对汉语韵母的归纳

韵母可以从韵头、韵腹、韵尾的角度进行分析，也可以根据某种需要对它进行归纳。传统音韵学上常提到"韵"(韵部)、"摄"这两个术语,即属于对韵母归纳的概念。

一、从押韵的角度对韵母进行归纳

从押韵的角度对韵母进行归纳,古人提出了"韵"的概念,"韵"就是韵部,而不是韵母。《广韵》有二〇六韵,也称作二〇六部。在中古,凡属于同一韵的韵母必须具备两个条件:(1)韵腹相同或相近,韵尾相同;韵头异同或有无不论。(2)声调相同。如果声调不同,即使韵母结构相同也算不同的韵部。例如《广韵》的"庚"韵,共含四个韵母:[aŋ][iaŋ][uaŋ][iuaŋ],这四个韵母自韵腹以后的部分全同。请看唐人用韵的实际:

独怜幽草涧边生[aŋ],
上有黄鹂深树鸣[iaŋ]。
春潮带雨晚来急,
野渡无人舟自横[uaŋ]。　庚韵

韦应物《滁州西涧》

这首诗共有"生""鸣""横"3个韵脚字,尽管"生"没有韵头,"鸣""横"有韵头而互不相同,但由于它们的韵腹、韵尾及声调均相同(声调在中古均属平声),故可押韵,同属一部。又如:

寒雨连江夜入吴[u],
平明送客楚山孤[u]。
洛阳亲友如相问,
一片冰心在玉壶[u]。　模韵

王昌龄《芙蓉楼送辛渐》

去年寒食洞庭波,
今年寒食襄阳路[u]。

不辞着处寻山水，

只畏还家落春暮[u]。 暮韵

张说《襄阳路逢寒食》

这两首诗中的韵脚字“吴孤壶”与“路暮”，其韵母在中古时期完全相同(今音也保持相同)，但由于前者声调为平声，后者的声调为去声，故不能算作同韵，二者在《广韵》中分属于平声“模”韵和去声“暮”韵。

到元代时，归韵条件有所改变，《中原音韵》分韵十九部①，不论声调，凡韵腹相同或相近、韵尾相同的韵母即属于同一韵部。

二、从研究语音的角度对韵母进行归纳

为了研究语音，音韵学家对韵母作了进一步的归纳，即对“韵”直接进行归纳，从而提出了“摄”的概念。归摄的条件比归韵的条件宽得多，它不论韵头，也不计声调，对韵尾的要求也不很严格，凡是韵腹相同或相近、韵尾相同或部分相同的一组韵即为一摄。例如：

	(平)	(上)	(去)	(入)
效摄	豪	皓	号[ɑu]	
	肴	巧	效[au]	
	宵	小	笑[iæu]	
	萧	筱	啸[ɛu]	
通摄	东	董	送[oŋ][ioŋ]	屋[ok][iok]
	冬		宋[uŋ]	沃[uk]
	钟	肿	用[iuŋ]	烛[iuk]

① 《中原音韵》，韵书，详见第七章第一节的介绍。

所谓韵尾部分相同，是指阳声韵韵尾与其相配的入声韵韵尾发音部位相同，如通摄的阳声韵尾[ŋ]与入声韵尾[k]同属舌根音。

摄的归纳始见于早期的等韵图，如《韵镜》《七音略》将《广韵》系统的二〇六韵归成43图，《切韵指掌图》归为20图，这些韵图的归韵说明当时已有了“摄”的观念，不过还没有提出“摄”的名称。到了宋元之际，无名氏的《四声等子》首次将二〇六韵归为十六摄并进行了命名。元人刘鉴的《经史正音切韵指南》也将二〇六韵归纳为十六摄，其排列次序及归韵与《四声等子》稍有不同，后来刘鉴十六摄的顺序经过小的调整而多被沿用。下面是十六摄及其所统二〇六韵的情况：

1. 通摄：东冬钟①
2. 江摄：江
3. 止摄：支脂之微
4. 遇摄：鱼虞模
5. 蟹摄：齐佳皆灰咍祭泰夬废
6. 臻摄：真谆臻文欣魂痕
7. 山摄：元寒桓删山先仙
8. 效摄：萧宵肴豪
9. 果摄：歌戈
10. 假摄：麻
11. 宕摄：阳唐
12. 梗摄：庚耕清青
13. 曾摄：蒸登
14. 流摄：尤侯幽
15. 深摄：侵
16. 咸摄：覃谈盐添咸衔严凡

摄的提出，使二〇六韵复杂的情况得到简化，便于人们掌握同类韵母的特点及其发展规律。

① 二〇六韵举平声以赅上去入。

第二编　中古音

本编的主要内容是中古音，中古音是指隋唐时期汉语的声韵系统。研究中古音的材料主要有两项：1.《广韵》；2.反映《广韵》音系的等韵图。

第三章　《广　韵》

第一节　《广韵》以前的韵书

韵书是将同韵字编排在一起供写作韵文者查检的字典。我国诗歌起源很早，为写作诗歌服务的韵书产生的时代也比较早。东汉末由于佛教的传入，中国学者在梵文字母悉昙的启发下发明了一种新的注音方法"反切"，这种注音方法的产生为编写韵书创造了条件。传说我国最早的韵书是魏时左校令李登的《声类》，据唐代封演《闻见记》所载，《声类》分为十卷，共收 11 520 字，以五声命字，不立诸部。由于该书早佚，其具体面貌不得而知。西晋时小学家吕忱之弟吕静曾仿照《声类》写过一本《韵集》，分作五卷，宫、商、角、徵、羽各为一篇，此书也早已失传。其后韵书接踵相继，特别是南朝齐、梁时，沈约、周颙等人发现了汉语四个声调的存在，为韵书的编写又提供了一个重要的条件。自是以后，各种韵书风起云涌，各有乖互。据《隋书·经籍志》及陆法言《切韵·序》所载，南北朝时期出现的韵书主要还有：

周研《声韵》四十一卷
李概《音谱》四卷
无名氏《韵集》十卷
无名氏《纂韵钞》十卷
张谅《四声韵林》二十八卷
刘善经《四声指归》一卷
段宏《韵集》八卷
沈约《四声》一卷
无名氏《群玉典韵》五卷
夏侯咏《四声韵略》十三卷
阳休之《韵略》一卷
释静洪《韵英》三卷
李概《修续音韵决疑》十四卷[①]
杜台卿《韵略》

这些韵书也均亡佚。现在所能看到的最早韵书是隋陆法言所撰的《切韵》。《切韵》成书于隋仁寿元年(601)，其编写体例、审韵原则由当时著名的音韵学家颜之推、萧该等八人所定，由陆法言执笔。该书编写的目的有二：一是为研究音韵的人提供一本正音字典，一是为诗人提供一本检韵的韵书。根据前一目的，需要讨论语音的古今南北异同，本着从严从细的原则将具有细微差别的韵全部区分开来，即陆法言在《序》中所说的"若赏知音，即须轻重有异"，因论"南北是非，古今通塞""捃选精切，除削疏缓""剖析毫厘，分别黍累"等，因此全书分韵有 193 个之多。从后一个目的出发，该书允许诗人作诗时将某些音色接近的韵合并使用，即《序》中所说的"欲广文路，自可清浊皆通"。由于《切韵》撰者名高，审音精确，权威性强，适应范围广，故《切韵》一出，六朝以来的韵书便失去市场，湮没无闻。《切韵》继承了前代韵书的优点，总结了韵书编写的得失，是我国韵书史上划时代的产物。

到了唐代，《切韵》被作为科举考试的标准韵书，其地位得到进

---

① 李概即李季节。

一步的提高,因此,为《切韵》增字作注的人很多,其中主要的有王仁昫的《刊谬补缺切韵》、孙愐的《唐韵》及李舟的《切韵》等。可惜的是,《切韵》及唐人的增订本在以后很长的时间里失传了,今天所能看到的是清末以后才陆续从敦煌石室、新疆吐鲁番及故宫等地发现的,大多数都是一些残卷。周祖谟集结、中华书局出版的《唐五代韵书集存》一书将这些韵书分作七类。此据周先生的序言及考释将此七类韵书的有关情况说明如下:

一、陆法言《切韵》传写本

这一类共有四种残页,两种断片。其中第四种残页共有四页。前三页即王国维摹写过的《切韵》残卷第一种,编号为斯 2683,为英人斯坦因劫走,现藏于英国伦敦博物院①,简称"切一",后一页与"切一"实属一书,被法人伯希和劫走,编号为伯 4917,现存于巴黎国家图书馆,这一类共同的特点是收字少,没有增加字,常用字大都没有训解,全书共分 193 韵。和以下几类韵书相比较,此类出现的时代较早,应是陆法言书的传写本。

二、笺注本《切韵》

这一类共有 3 种不同的《切韵》写本,包括王国维摹写过的《切韵》残卷第二种和第三种(斯 2 055,斯 2 071,分别简称"切二""切三",现均藏于伦敦博物院)。其共同特点是以陆法言《切韵》为底本,分韵和体例与陆书相同,只是收字和训解略有增加,注文兼有按语,大都依据《说文》笺注形体异同或增广义训。新增字也大抵出自《说文》。这一类都属于长孙讷言笺注本。

① 按:"切一"及下文提到的"切二""切三",王国维《观堂集林》卷八及罗常培《十韵汇编·叙例》均言今藏于法国巴黎国民图书馆,周祖谟先生《唐五代韵书集存·考释》则言存于英国伦敦博物院,本书采用的是周说。

三、增训加字本《切韵》

这一类包括八种不同的《切韵》写本残页，作者均不可考。其共同点是分韵及韵次、纽次与陆法言书相同[①]，但反切用字及体例与陆书有所不同，其特点是重于增修，或增训，或增字，取材范围较广，不限于《说文解字》。

四、王仁昫《刊谬补缺切韵》

这一类包括序文写本一种及原书的写本两种。原书写本一种出自敦煌(伯2 011，王仁昫《刊谬补缺切韵》残本之一，简称“王一”，现藏于法国巴黎国家图书馆)，一般称为“敦煌本王韵”；另一种出自故宫，此书由宋至清一直藏于帝王内府，1947年才被发现，全书完整无缺，书末有明初宋濂跋语，一般称为“宋跋本王韵”(简称“王三”，现藏于故宫博物院)。以上两种本子的内容大同小异，后一种脱误较多。王书的特点是分为195韵，比陆法言《切韵》增加了“严”韵的上声韵“俨”和去声韵“酽”。收字大有增加，每字下都有训解，且详载异体，它反映了唐代韵书发展的一种重要变化。

五、裴务齐正字本《刊谬补缺切韵》

此本只有一种，出自故宫，现藏故宫博物院。该书卷首题王仁昫撰，长孙讷言注，裴务齐正字。书末有明末万历壬午年(1582)项子京(项元汴)的题记。这是根据长孙讷言笺注本《切韵》和王仁昫《刊谬补缺切韵》等书编录的一部韵书[②]，其分韵虽然也是195韵，与第四类王书相同，但韵次、韵目的名称、反切、收字的多寡及训释等与王书差别很大，在唐代是别具一格的。原书作者已不可知，但

① “纽”指韵纽，一韵之中声母相同的一组字，详见本章第四节“《广韵》的体例”。

② 长孙讷言：唐高宗时人。

书中肯定有裴务齐之作,周氏因暂题为“裴务齐正字本《刊谬补缺切韵》,简称“裴本《切韵》”。此本即一般所说的王仁昫《刊谬补缺切韵》残本之二,通称“项跋本王韵”或“内府本王韵”,简称“王二”。

六、《唐韵》写本

这类共包括《唐韵·序》一种和《唐韵》传写本两种。《唐韵·序》与今本《广韵》卷首所载文字颇有不同。传写本的一种缺书名,仅存东、冬、钟三韵14行;后一种题名《唐韵》,亦只存去入两卷,且去声不全。此即通常所说的“蒋斧本《唐韵》”,清末为吴县人蒋斧所得,后上海曾有影印。原书现不知流落何处。这一类都属于孙愐书一系,为孙愐以后人所修。其中蒋斧本详于训释,引书繁富,体例比较严谨。

七、五代本韵书

这一类包括《切韵·序》《唐韵·序》两种,写本韵书残页1种,五代刻本韵书4种,均产生于《刊谬补缺切韵》和《唐韵》以后。韵书的特点是分韵多、收字广、注文繁富。不仅“真”“谆”“寒”“桓”“歌”“戈”三类四声开合有分,而且“仙”韵的合口也分立为“宣”韵。在反切用字方面与“王韵”、《唐韵》也很有不同。

以上这些韵书,除故宫博物院所藏的两种《刊谬补缺切韵》和蒋斧本《唐韵》外,其余均出于敦煌莫高窟和新疆吐鲁番地带。出自敦煌的,在1907~1908年之间被帝国主义分子英人斯坦因、法人伯希和等劫往国外。斯坦因劫去的现藏于伦敦博物院图书馆,伯希和劫去的现藏于巴黎国家图书馆。出自吐鲁番的,于1902年被德人列考克劫走,现藏于柏林普鲁士学士院。还有一种唐抄本《切韵》残卷,流落在日本人之手,收在大谷光瑞所印的《西域考古图谱》中。为了使这些散失的韵书重归故土,我国学者曾千方百计做了大量的收集、整理工作。1921年,王国维首先把伦敦所藏的三种《切韵》残卷(即切一、切二、切三)根据照片抄录印行。1925年,北大刘复又将他从巴黎抄回的王仁昫《刊谬补缺切韵》(即王一)和两种《切韵》序文编入《敦煌掇琐》。1936年,北大刘复、罗常培、魏建功把他们所见到的九种《切韵》《唐韵》残卷及《广韵》编成《十韵汇编》影印出版。1955年姜亮夫先生将自己从前在国外摹录的27种唐五代韵书及附录6种编成《瀛涯敦煌韵辑》出版。1983年,周祖谟先生将自己从1945年开始收集、摹录、编辑的30种韵书题为《唐五代韵书集存》,由中华书局影印出版,书中有详细的考释和校记等。

在以上提到的各类韵书中,最重要的有下列几种:

1.王国维写印本唐写本《切韵》残卷三种(切一、切二、切三)。

2.王仁昫《刊谬补缺切韵》残本之一(王一),即敦煌本王韵,列为《敦煌掇琐》101号。

3.王仁昫《刊谬补缺切韵》残本之二(王二),即项跋本王韵或内府本王韵。《唐五代韵书集存》中称作"裴务齐正字本《刊谬补缺切韵》"。该书有唐兰先生的仿写石印本及延光室照片。

4.王仁昫《刊谬补缺切韵》(王三),即宋跋本王韵,成书于706年,有故宫博物院1947年影印本。

这几种韵书,《唐五代韵书集存》全部收入,《十韵汇编》除"王三"外亦均收入,《瀛涯敦煌韵集》收有切一、切二、切三和王一及蒋斧本《唐韵》。

附录一

《切韵·序》注[①]

陆法言[②]

昔开皇初[③],有仪同刘臻等八人同诣法言门宿[④]。夜永酒阑,论及音韵。以今声调既自有别,诸家取舍亦复不同,吴楚则时伤轻浅,燕赵则多伤重浊[⑤],秦陇则去声为入,梁益则平声似去[⑥]。又支章移切脂旨夷切、鱼语居切虞遇俱切共为一韵[⑦],先苏前切仙相然切、尤于求切侯胡沟切俱论是切[⑧]。欲广文路,自可清浊皆通;若赏知音,即须轻重有异[⑨]。吕静《韵集》[⑩]、夏侯该《韵略》[⑪]、阳休之《韵略》[⑫]、周思言《音韵》[⑬]、李季节《音谱》[⑭]、杜台卿《韵略》等[⑮],各有乖互[⑯]。江东取韵,与河北复殊[⑰]。因论南北是非,古今通塞[⑱],欲更捃(jùn)选精切,除削疏缓[⑲]。萧、颜多所决定[⑳]。魏著作谓法言曰:"向来论难,疑处悉尽,何不随口记之?我辈数人,定则定矣。"法言即烛下握笔,略记纲纪[㉑]。博问英辩[㉒],殆得精华。於是更涉馀学,兼从薄宦,十数年间,不遑修集[㉓]。今返初服[㉔],私训诸弟子,凡有文藻,即须明声韵。屏居山野,交游阻绝,疑惑之所,质问无从。亡者则生死路殊,空怀可作之叹[㉕];存者则贵贱礼隔,以报绝交之旨[㉖]。遂取诸家音韵、古今字书[㉗]、以前所记者定之为《切韵》五卷。剖析豪氂,分别黍累[㉘]。何烦泣玉[㉙],未得县金[㉚]。藏之名山,昔怪马迁之言大[㉛];持以盖酱,今叹扬雄之口吃[32]。非是小子专辄,乃述群贤遗意[33]。宁敢施行人世,直欲不出户庭[34]。于时岁次辛酉,大隋仁寿元年[35]。

【注 释】

①本序内容主要是说明《切韵》的编制原则、体例,是了解《切韵》性质的宝贵材料,其语言也极富文采。本序原文取自张氏泽存堂本《宋本广韵》。

②陆法言:名词,字法言,隋代音韵学家,临漳(今河北临漳县)人。生卒年月不可考。其先为鲜卑人,步陆孤氏。后魏孝文帝迁都洛阳,步陆孤氏汉化为陆氏。隋开皇中,法言为承奉郎。因其父陆爽获罪,连坐除名。《隋书·陆爽传》:"子法言,敏学有家风,释褐承奉郎。初,爽之为洗马,尝奏高祖云:'皇太子诸子未有嘉名,请依《春秋》之义更立名字。'上从之。及太子废,上追怒爽云:'我孙制名,宁不自解,陆爽乃尔多事!扇惑于勇,亦由此人。其身虽故,子孙并宜屏黜,终身不齿。'法言竟坐除名。"

③开皇:隋文帝杨坚年号,581~600年。

④仪同:即仪同三司,或称开府,官名。魏晋以后始置,将军的属官。南北朝时为将军名号,隋唐以后仅为散官。刘臻等八人:指刘臻、颜之推、卢思道、魏彦渊、李若、萧该、辛德源、薛道衡。刘臻:字宣挚,沛国相(今安徽宿县西北)人。梁元帝时迁中书舍人。隋文帝时拜仪同三司,精通两《汉书》。颜之推:字介,琅邪临沂(今山东临沂县)人。初仕梁元帝为散骑侍郎,后投奔北齐,官至黄门侍郎、平原太守。齐亡入周,为御史上士。隋开皇中,太子召为学士。所撰《颜氏家训》二十篇传于世。卢思道:字子行,范阳(今河北涿县)人。齐天保中,为司空行参军长,后迁武阳太守。隋时曾为散骑侍郎。魏彦渊:名澹,钜鹿下曲阳(今河北晋县)人。隋时曾官著作郎。李若:顿丘(今河北清丰县)人,隋开皇五年(585)曾任散骑常侍。萧该:兰陵(今江苏武进县)人。开皇初,赐爵山阴县公,拜国子博士。辛德源:字孝基,陇西狄道(今甘肃狄道县)人。沉静好学,著述丰多,曾撰《集注春秋三传》三十卷,注扬子《法言》二十三卷。薛道衡:字玄卿,河东汾阴(今山西荣河县北)人。六岁而孤,年十三能讲《左传》。

隋文帝时官内史舍人,后为吏部侍郎。

⑤以今声调:一本作“古今声调”。伤:失于,失度。轻浅、重浊:盖指声调在音高、音重等方面的特点。《颜氏家训·音辞》:“南方水土和柔,其音清举而切诣,失在浮浅,其辞多鄙俗。北方山川深厚,其音沈浊而铫钝,得其质直,其辞多古语。”《经典释文·条例》:“方言差别,固自不同。河北江南,最为钜异。或失在浮清,或滞於沈浊。”

⑥秦陇:所指在今陕西中部至甘肃一带。梁益:所指在今陕西秦岭以南至四川一带。

⑦按:支、脂两韵同属三等韵,即有开口,又有合口(支、脂二字本身属开口三等韵),鱼韵属开口三等韵(《韵镜》《七音略》均作开口,后代拟作合口),虞韵属合口三等韵。隋代以前,支与脂、鱼与虞有区别,但也有混用的情况,如“脂”,《经典释文·毛诗音义》直音“支”。法言认为“支”与“脂”“鱼”与“虞”混用不分是错误的。

⑧切:指韵。按:“先”为四等韵,“仙”“尤”为三等韵,“侯”为一等韵。俱论是切:与“共为一韵”大意相同,指将“先”与“仙”“尤”与“侯”按同韵处理了,法言认为也是错误的。

⑨欲广二句:大意为,要想扩大诗人的用韵范围,自然可以允许有细微差别的韵通用。清浊:这里指韵母在开合洪细方面的差异。若赏二句:大意为,如果想研究语音,就必须将不同的韵区别开来。轻重:含义与“清浊”相同。一说“轻重”指声调。

⑩《隋书·经籍志》:“《韵集》六卷,晋安复令吕静撰。”《魏书·江式传》:“吕忱弟静,别放故左校令李登《声类》之法,作《集韵》五卷,宫商角徵羽各为一篇。”

⑪夏侯该,谯郡(今安徽亳县)人。“该”当作“詠”。《隋书·经籍志》:“《四声韵略》十三卷,夏侯詠撰。”

⑫阳休之:北周右北平无终(今天津市蓟县)人,字子烈,官太子少保、和州刺史等职,精通韵学。

⑬周思言:盖即周研。《音韵》即《声韵》。《隋书·经籍志》:“《声韵》四十

一卷,周研撰。”

⑭李季节:北齐人,名概。生平不详,一说为赵郡平棘人。著《修续音韵决疑》十四卷,《音谱》四卷,皆佚。

⑮杜台卿:隋博陵曲阳(今河北省晋县西)人。少好学,善属文。仕齐,官著作郎、中书黄门侍郎等职。所著《韵略》一书早佚,《隋书·经籍志》及本传均未著录。

⑯各有乖互:此言以上《韵集》等韵书分韵、反切均有所不同。

⑰江东:指南方。河北:指北方。此言南北语音有别,其韵书也随之而异。

⑱南北是非:指方言读音不同。古今通塞:指前代、当代读音不同。

⑲捃(jùn):摘取,拾取。精切:指标准的切语。疏缓:指分韵过宽。

⑳决定:指决定编写体例、分韵及确定反切等事项。

㉑魏著作:即魏彦渊。因官著作郎,故称。纲纪:指编写体例。

㉒一本“博问”前有“后”字。英辩:指才华出众、研究精深的人。

㉓不遑:无暇,来不及。

㉔初服:未仕时之服,后称辞官为“返初服”。此处指法言被除名归里。

㉕亡者二句:对于死去的人由于生死路隔,我只能空怀假令死者重生之叹。作:起来。指死者复活。《礼记·檀弓下》:“赵文子与叔誉观乎九原。文子曰:‘死者如可作也,吾谁与归?’”据罗常培《切韵序校释》一文考证,开皇初与法言同论音韵的八人中,卢思道卒於开皇三年,魏彦渊卒于开皇十年前,颜之推卒於开皇十一年后,刘臻卒於开皇十八年,李若、萧该无可考,辛德源如尚健在,定亦交游阻绝,不相往来。

㉖存者:指活着的人。以:通“已”。“以报”的主语为法言。法言以孤愤的心情屏居著述时,正值薛道衡声名大噪,两人的地位尊卑发生了很大的变化,所以说“贵贱礼隔”。

㉗据《隋书·经籍志》载,当时诸家音韵及古今字书共100余种。

㉘黍累:重量单位,十黍为累,十累为铢。黍累本指轻,这里义同豪氂,比喻细微的差别。

㉙何烦泣玉:何须为自己的宝玉哭泣。这是对《切韵》一书可能不会为世人

所重的自我安慰的说法,实透露出自视甚高的思想。“泣玉”指《韩非子·和氏篇》所载和氏璧的故事。

㉚此句意为,自己的著作还没有达到悬金以求指瑕的水平。这是表面谦虚实很自负的说法。县金:即悬金。《史记·吕不韦列传》:“吕不韦乃使其客人人著所闻,集论以为八览、六论、十二纪,二十馀万言。以为备天地万物古今之事,号曰《吕氏春秋》。布咸阳市门,悬千金其上,延诸侯游士宾客,有能增损一字者予千金。”

㉛马迁:即司马迁。司马迁《报任安书》:“藏之名山,传之其人。”《史记·自叙》:“藏之名山,副在京师。”

㉜盖酱:即覆酱。比喻著作毫无价值,只能用来盖酱瓮。《汉书·扬雄传》:“扬雄,字子云,蜀郡成都人也。……雄少而好学,不为章句,训诂通而已,博览无所不见。为人简易佚荡,口吃不能剧谈,默而好深湛之思。”“家素贫,耆酒,人希至其门。时有好事者载酒肴从游学,而钜鹿侯芭常从雄居,受其《太玄》《法言》焉。刘歆亦尝观之,谓雄曰:‘空自苦!今学者有禄利,然尚不能明《易》,又如《玄》何?吾恐后人用覆酱瓿也。’雄笑而不应。”

㉝专辄:专擅,意为擅自行事,未与人商讨。群贤:指萧、颜等人。这句是说《切韵》并非一个人的私言,而是体现了群贤的愿望。

㉞不出户庭:语出《易·节卦》。原意为不出门户则无咎,此处意为只要能传授给弟子就满足了。

㉟辛酉:辛酉年,即下文的仁寿元年。

第二节 《广韵》的产生

到北宋初,陈彭年、丘雍等人据《切韵》及唐人的增订本对《切韵》进行了修订。修订本于真宗景德四年(1007)完成,于真宗大中祥符元年(1008)改名为《大宋重修广韵》,简称《广韵》[1]。这是第一部官修韵书,是《切韵》最重要的增订本。《广韵》虽距《切韵》成书时间已有400多年,但其语音系统与《切韵》基本上是一致的,属《切韵》系统的韵书,只是收字大为增加,计有26 194字,比《切韵》的字数(11 000余字)多出一倍以上,注释也较详细,共用了191 692字。此外,《广韵》分韵为206韵,比《切韵》多出13韵,这是分韵粗细宽严的问题,并非语音系统有什么变化。这13韵是:

(平)	(上)	(去)	(入)
	俨	酽	
谆	准	稕	术
桓	缓	换	末
戈	果	过	

其中上声俨韵、去声酽韵是依据王仁昫《刊谬补缺切韵》的成例增添的。其余11韵的多出是由于将《切韵》某些韵中所含开、合韵母分开独立成韵的结果[2]。下面是其对应情形:

《切韵》(平)	(上)	(去)	(入)	《广韵》(平)	(上)	(去)	(入)	
真	轸	震	质	真	轸	震	质	(开口)
				谆	准	稕	术	(合口)
寒	旱	翰	曷	寒	旱	翰	曷	(开口)
				桓	缓	换	末	(合口)

① 王应麟《玉海》:"景德四年十一月戊寅,崇文院上校定《切韵》五卷,依九经例颁行。祥符元年六月五日,改为《大宋重修广韵》。"

② 有的音韵学家则认为《广韵》所以将《切韵》中某些韵的开合韵母分开独立成韵,是由于这些开合韵母的韵腹发生了变化。

歌　哿　箇	歌　哿　箇	（开口）
	戈①　果　过	（合口）

《广韵》撰成后，一直流传到今天，《切韵》及唐人的增订本反而逐渐消声匿迹了。直到清代末年，人们始终未见到《切韵》。由于《广韵》未著明撰者，且书前有陆法言的《切韵·序》及唐孙愐的《唐韵·序》，致使一些学者误以为《广韵》就是《切韵》或《唐韵》，如顾炎武《唐韵正》的书名就反映了这个问题。

《广韵》虽非《切韵》，但由于未改变《切韵》的音系，所以在完整的《切韵》重现之前，它就成了研究古音最重要的材料。不仅如此，研究上古音和近代音也需要根据《广韵》上推下演。在音韵学史上，《广韵》一直起着承前启后的作用，就象《说文解字》在汉字研究史上所起的作用那样重要。

第三节　《广韵》的版本

《广韵》现存的本子很多，通常能见到的有以下几种：

张氏泽存堂本　此本系清初张士俊据汲古阁毛氏所藏南宋国子监本及徐元文所藏南宋国子监本校订重刻②，印行于康熙四十三年（1704）。据泽存堂本刊刻的有"小学汇函张氏本"③、新化邓氏重刊张氏本、商务印书馆影印的"古逸丛书"本等。1982 年北京市中国书店曾据张氏泽存堂本影印。

① 戈韵中有少数字属于开口呼。
② 汲古阁为明末常熟毛晋藏书阁名。
③ "小学汇函"为清同治年间钟谦钧所辑丛书名，共 14 种。

古逸丛书覆宋本[①] 此本为清末黎庶昌据南宋国子监本所刻。《小学汇函》、商务印书馆《丛书集成初编》《国学基本丛书》、中华书局《四部备要》均收有此本。

涵芬楼覆印宋刊巾箱本[②] 此本为南宋刻本,《四部丛刊》收有此本。

曹楝亭五种本 此本为清人曹寅(号楝亭)据宋本刻印。

古逸丛书覆元泰定本 此本据元泰定二年(1325)圆沙书院刻本印行,有杨守敬印钤题记。《小学汇函》《丛书集成初编》均收有此本。

明内府本[③] 《小学汇函》收有此本。

前三种都是繁注本,为宋人的原注本;第四种是详略混合本;后两种为简注本,是元人对宋代繁本删节而成的。所删的只是注释部分,余者均无变动。就性质而言,繁、简本实为一种书。此外还有一种本子比较重要,称作《钜宋广韵》,此本与宋刻巾箱本相近,为宋孝宗乾道五年(1169)闽中建宁府黄三八郎书铺所刻,后流入日本,在国内反而久湮无闻。清末朱子清随黎庶昌出使日本,从

① 清光绪年间,黎庶昌出使日本,从公、私收藏的善本书中选辑国内早已失传的唐宋古籍 26 种,影刻出版,名为《古逸丛书》。"覆宋"指用宋版影摹刻印,其效果与原刻无异。黎庶昌,清末贵州遵义人,字莼斋,廪贡生,后为曾国藩僚属,历任驻英法德日四国参赞,又为出使日本大臣。官至川东兵备道,论文推衍曾国藩之说,尊崇桐城派。著作有《拙尊园丛稿》,同时编有《续古文辞类纂》。

② 涵芬楼为商务印书馆贮藏珍贵图书的藏书楼名,1924 年迁入东方图书馆。1932 年涵芬楼在"1·28"侵略战争中焚毁,但其中珍贵书籍 570 种因事先迁移而得以保存,现藏于北京图书馆。巾箱本:版本较小的古书。巾箱为装头巾的小箧。

③ 内府:皇家的府库。

向山荣家收得，后藏于上海图书馆，1983 年上海古籍出版社影印发行。原书缺去声一卷，出版社印行时以《四部丛刊》所收巾箱本去声一卷补足。

目前最好的本子是周祖谟先生的《广韵校本》，此书以张士俊泽存堂本《广韵》为底本，用其他各种本子（不包括《钜宋广韵》）精校而成，1960 年由中华书局出版。

第四节 《广韵》的体例

《广韵》的编写体例可归纳为以下几项：

一、《广韵》正文共收 26 194 字，分属于 206 韵。此 206 韵按平上去入四声分置于五卷之中。其中平声 57 韵，置于第一、二卷；上声 55 韵，去声 60 韵，入声 34 韵，分别置于第三、四、五卷。平声韵独居两卷完全是由于所属字多的缘故，并无其他用意。其居于第一卷者 28 韵，称作上平声；居于第二卷者 29 韵，称作下平声。

二、每卷之中所列各韵用一个代表字作为名称，叫做“韵目”。韵的排列顺序用序数加上韵目表示，如一东、二冬、三钟等。

三、一韵之中所含各字按声母的不同分别排列。同声母的字唐人称之为“小韵”，小韵也称作“纽”，小韵所含各字均属同音字。小韵与小韵之间用“○”相隔。

四、小韵中的第一字之下先注释字义，然后是反切注音，最后用数字标明该小韵所含字数。具体内容详见本节之后所附《宋本广韵》上平声“三钟”的第一页（影印）。

附录二 《广韵》韵例

《广韵》上平声三钟

三○鍾 當也酒器也又量名左傳曰釜十則鍾亦姓出潁川又漢複姓有鍾離氏世本云與秦同祖其後因封爲姓職容切十八

鐘 樂器也呂氏春秋云黃帝命伶倫鑄十二器世本曰垂作鐘 蚣 蟲蠡蟲 忪 心動皃 ⿱竹公 長節竹也 蹱 躘蹱

小兒行皃 彸 征彸行皃 衳 小褌也 伀 志及眾也 橦 字樣云本音同今借爲木橦字 籦 籠籦竹名廣志云可爲笛

妐 夫之兄也 ⿰口公 眾口也 舡 舉角也 炂 熱化也 ⿱艹公 草名 ⿵門公 門外開⿵門公 鈆 鐵鈆 ○龍 通也和也

寵也鱗蟲之長也易曰雲從龍又姓舜納言龍之後力鍾切九 攏 圭爲龍文 躘 躘蹱 鸗 鳥名 驡 野馬 ⿱龍巫 巫也

籠 蚕籠竹車⿱夆車亦籦籠竹又力東力董二切 ⿰舟龍 小船上安蓋者 蘢 蘢古草 ○舂 世本曰雍父作舂呂氏春秋曰

赤冀作舂書容切六 ⿰虫舂 蜙蝑俗呼⿰虫舂⿰虫黍 摏 撞也 踳 蹋也 ⿰鳥舂 鸀⿰鳥舂鳥名 惷 愚也 ○松 木名玄中記曰松脂淪入

地千歲爲伏苓亦州舜竄三苗於三危河關之西南羌是也後魏末始統其城改置州焉祥容切四 窠 古文 淞 凍落皃又先恭切

訟 爭獄又徐用切 ○衝 當也向也突也說文曰通道也尺容切十一 衝 上同 罿 縱也又音童 憧 憧憧往來皃

䡴 陷陣車 艟 艨艟戰船 潼 河潼又音同 褈 褈褣衣也 ⿰童刂 刺也 ⿰重刂 同上 穜 短矛也 ○容

第五节 《广韵》的四声配合

《广韵》有平上去入4个调类,这并不意味着每个音节都具备这4个调类,因为阳声韵和阴声韵各只有平上去3种调类,入声韵则只有1种调类。所谓平上去入4种调类是指阳声韵的3声与入声相配合而言。至于阴声韵,由于无所与配,只有平上去3个调类。为什么说与入声韵相配的是阳声韵而不是阴声韵?这可以从以下两个方面得到证明:

一、根据韵母的结构观察,阳声韵和入声韵都有辅音韵尾而阴声韵没有。阳声韵的韵尾分别为[m][n][ŋ],入声韵的韵尾分别为[p][t][k],正好都是3个。其中[p]与[m]同为双唇音,[t]与[n]同为舌尖音,[k]与[ŋ]同为舌根音,它们的发音部位分别都是相同的,差别仅仅是发音方法的不同。

二、根据"韵"的数目观察,《广韵》中有阳声韵35个,阴声韵26个,入声韵34个。阴声韵的数目与阳声韵相差甚远;而入声韵与阳声韵之数仅有一韵之差。实际上并不差,应都是35个,因为"痕"韵的入声字数太少而未独立设韵,将它们归到"魂"韵的入声韵"没"韵中去了(从押韵的角度看,韵母相近的字可归为一韵)。此外,从[m][n][ŋ]尾韵与[p][t][k]尾韵的对应数来观察,也可以看出它们的配合极为规则:《广韵》中的[m]尾韵是9个,[p]尾韵也是9个;[ŋ]尾韵是12个,[k]尾韵也是12个;至于[n]尾韵与[t]尾韵的对应数本来也是相同的,只是由于上述的原因,[t]尾韵比[n]尾韵少了一个,[n]尾韵是14个,[t]尾韵则成了13个。

清人戴震根据四声相配的规则将《广韵》韵目编成《考定广韵独用同用四声表》(见《声韵考》卷二),现抄录并加说明如下(见

表4)：

表4 《广韵》独用同用四声配合表

上平声	上声	去声	入声
1 东独用	1 董独用	1 送独用	1 屋独用
2 冬钟同用	湩鸩等字附见肿韵①	2 宋用同用	2 沃烛同用
3 钟	2 肿	3 用	3 烛
4 江独用	3 讲独用	4 绛独用	4 觉独用
(以上平上去三声为阳声韵,[-ŋ]尾;入声韵,[-k]尾)			
5 支脂之同用	4 纸旨止同用	5 寘至志同用	
6 脂	5 旨	6 至	
7 之	6 止	7 志	
8 微独用	7 尾独用	8 未独用	
9 鱼独用	8 语独用	9 御独用	
10 虞模同用	9 麌姥同用	10 遇暮同用	
11 模	10 姥	11 暮	
12 齐独用	11 荠独用	12 霁祭同用	
		13 祭	
		14 泰独用	
13 佳皆同用	12 蟹骇同用	15 卦怪夬同用	
14 皆	13 骇	16 怪	
		17 夬	

① 据戴震考证,"冬"韵的上声本有"湩""鸩""朧"三字,因字数太少,且不常用,故未立韵,而将它们附在与之音色相近的上声"肿"韵之中。在"湩"字下注明"此是冬字上声"。"鸩""朧"二字的反切下字为"湩"。

15 灰咍同用	14 贿海同用	18 队代同用	
16咍	15 海	19 代	
		20 废	

(以上平上去三声为阴声韵)

17 真谆臻同用	16 轸准同用	21 震稕同用	5 质术栉同用
18 谆	17 准	22 稕	6 术
19 臻	𪗨龀等字附见隐韵①	龀字附见焮韵②	7 栉
20 文独用	18 吻独用	23 问独用	8 物独用
21 欣③ 独用	19 隐独用	24 焮独用	9 迄独用
22 元魂痕同用	20 阮混很同用	25 愿慁恨同用	10 月没同用
23 魂	21 混	26 慁	11 没
24 痕	22 很	27 恨	④
25 寒桓同用	23 旱缓同用	28 翰换同用	12 曷末同用
26 桓⑤	24 缓	29 换	13 末

① 据戴氏考证,“臻”韵的上声本有𪗨、龀等字,因字少未另立部,而附在上声“隐”韵。

② 据戴氏考证,“臻”韵的去声本有“龀”字,也因字少未另立部,而附在去声焮韵。今按:“焮”韵无“龀”字。“隐”韵“龀”字“初谨切”,又有“初靳切”一音,“靳”字在焮韵。

③ 文与欣、吻与隐张氏本《广韵》分别注同用,与去、入声注独用不相承。钜宋本、元本、明本《广韵》均注四韵各独用,此据钜宋本等注为独用。“欣”字原作“殷”,因避宋宣祖(名赵弘殷,赵匡胤之父)讳而改。

④ 按:此处戴震表中无字,也无说明。早期韵图《韵镜》、《七音略》同时以“魂”韵的入声“没”韵配“痕”韵,所配“没”韵中有“麧”字。《广韵》“麧”小韵共有“麧”“䃳”“䯾”“纥”“淈”五字,下没切。有些音韵学书上认为此五字原为“痕”韵的入声,附在“没”韵。

⑤ “桓”字《广韵》原作“桓”,因避宋钦宗(赵桓)讳而缺笔。

27 删山同用	25 潸产同用	30 谏裥同用	14 黠[1]辖同用
28 山	26 产	31 裥	15 辖

下平声	**上声**	**去声**	**入声**
1 先仙同用	27 铣狝同用	32 霰线同用	16 屑薛同用
2 仙	28 狝	33 线	17 薛

（以上平上去三声为阳声韵，[-n]尾；入声韵，[-t]尾）

3 萧宵同用	29 篠小同用	34 啸笑同用	
4 宵	30 小	35 笑	
5 肴独用	31 巧独用	36 效独用	
6 豪独用	32 晧独用	37 号独用	
7 歌戈同用	33 哿果同用	38 箇过同用	
8 戈	34 果	39 过	
9 麻独用	35 马独用	40 祃独用	

（以上平上去三声为阴声韵）

10 阳唐同用	36 养荡同用	41 漾宕同用	18 药铎同用
11 唐	37 荡	42 宕	19 铎
12 庚耕清同用	38 梗耿静同用	43 映[2]诤劲同用	20 陌麦昔同用
13 耕	39 耿	44 诤	21 麦

① 今人董同龢考证“黠”配“删”“辖”配“山”，为误配，应颠倒过来使“辖”配“删”“黠”配“山”。参见董同龢《上古音韵表稿》102页（1948年，前历史语言研究所《集刊》第十八本）及中国社会科学院语言研究所《方言调查字表》42～43页。

② “映”原作“敬”，《广韵》因避宋翼祖（翼祖：宋太祖追封其祖父赵敬的尊号）讳而改。

14 清	40 静	45 劲	22 昔
15 青独用	41 迥独用	46 径独用	23 锡独用
16 蒸登同用	42 拯等同用	47 证嶝同用	24 职德同用
17 登	43 等	48 嶝	25 德

（以上平上去三声为阳声韵，[-ŋ]尾；入声韵，[-k]尾）

18 尤侯幽同用	44 有厚黝同用	49 宥候幼同用
19 侯	45 厚	50 候
20 幽	46 黝	51 幼

（以上平上去三声为阴声韵）

21 侵独用	47 寝独用	52 沁独用	26 缉独用
22 覃谈同用	48 感敢同用	53 勘阚同用	27 合盍同用
23 谈	49 敢	54 阚	28 盍
24 盐①添同用	50 琰忝同用	55 艳㮇同用	29 叶帖同用
25 添	51 忝	56 㮇	30 帖
26 咸衔同用	52 豏槛同用	57 陷鉴同用	31 洽狎同用
27 衔	53 槛	58 鉴	32 狎
28 严凡同用	54 俨范同用	59 酽梵同用	33 业乏同用
29 凡	55 范	60 梵	34 乏

---

① 以下各韵的次序是戴震据考证结果重排的，《广韵》（泽存堂本）的原次序所标"同用"语较乱：

24 盐添同用	50 琰忝俨同用	55 艳㮇酽同用	29 叶帖同用
25 添	51 忝	56 㮇	30 帖
26 咸衔同用	52 俨	57 酽	31 洽狎同用
27 衔	53 豏槛范同用	58 陷鉴梵同用	32 狎
28 严凡同用	54 槛	59 鉴	33 业乏同用
29 凡	55 范	60 梵	34 乏

（以上平上去三声为阳声韵，[-m]尾；入声韵，[-p]尾）

表中平声韵共57个；上声韵55个，比平声韵少两个，原因是平声“冬”韵和“臻”韵的上声均未立韵；去声韵60个，比平声韵多了祭泰夬废四韵，又少了1个“臻”韵的去声韵，故为60个；入声韵34个，比与之相配的阳声韵少了1个“痕”韵的入声韵。

第六节 根据《广韵》探求中古音的方法

《广韵》是一部韵书，它只向我们展示了中古音的韵部和声调，而没有直接告诉我们中古有多少声母和韵母。要想了解中古声韵的实际情况，还得另辟蹊径。《广韵》虽然没有直接展示中古的声母和韵母，但它所收的每个字都是用反切注音的，中古的各类声母和韵母自然就都包含在这些反切上下字中。在介绍声类和韵类时我们已经指出，代表同一声母或韵母的反切上、下字都不止1个，《广韵》中共有反切上字452个，反切下字1 195个。要得知中古有多少声母和韵母，通过一定的方法将这452个切上字和1 195个切下字中表示同一声母或韵母的字进行归类即可达到目的。由于语音的发展变化，今音已不同于古音。有些反切用字在今天看来是不同的，在古代则可能是相同的；在今天看来是相同的，在古代则可能是不同的；因此，归纳反切上下字并不像依照今音对汉字进行归类那么容易。清人陈澧第一个找到了归纳反切上下字的方法——系联法，他的《切韵考》就是使用这一方法取得的重大成果。系联法的基本依据就是反切的原理，即反切上字与被切字的声母必然相同，反切下字与被切字的韵母及声调必然相同。系联的基本方法是，将所有的切上字或同一韵部中的所有切下字拿来进行系联，了解其相互关系,决定它们各自所代表声韵的异同。其条例共有三项:一般称之为基本条例、分析条例和补充条例。

一、关于反切上字的系联

1.基本条例

因为反切上字与被切字(这里所说的被切字本身也是切上字)声母相同(前提),所以,凡同用、互用、递用的切上字,其声母必属同一声类(推论)。

(1)同用例　几个切上字如果用同一个字作其反切上字,则这几个切上字的声母属于同类。例如:

冬　都宗切　　当　都郎切

“冬、当”这两个切上字均用“都”作其反切上字,所以它们的声母属于同类。

(2)互用例　两个切上字如果相互作为对方的反切上字,则此两个切上字的声母属于同类。例如:

当　都郎切　　都　当孤切

“当”用“都”作切上字,“都”又以“当”作切上字,互相为用,所以“当、都”的声母属于同类。

(3)递用例　甲切上字以乙字作为切上字,乙字又以丙字作为切上字,则甲乙丙三字的声母属于同类。例如:

冬　都宗切　　都　当孤切

“冬”以“都”作为切上字,“都”又以“当”作为切上字,递相为用,所以“冬、都、当”三字的声母属于同类。下面举一组系联的实例①:

边布玄　布博故　补博古　伯百博陌　北博墨　博补各　巴伯加

① 此例取自《切韵考·声类考》。

“布、补、伯、百、北”五字都用“博”作切上字，此为同用；“补”用“博”作切上字，“博”又用“补”作切上字，此为互用；“边”用“布”作切上字，“布”又用“博”作切上字，“巴”用“伯”作切上字，“伯”又用“博”作切上字，此皆为递用。通过如此系联，证明“边、布、补、伯、百、北、博、巴”8个切上字的声母同属一类。

2.分析条例

《广韵》共含有3 875个小韵（即同音字组），每个小韵用了1个反切，各个反切的读音都不会是相同的，据此推断，两个反切的下字如属同类，则其上字必不同类。反切上字不同类属的确定，在理论上即根据于此。例如：

红 户公切　　烘 呼东切

根据系联，“公、东”二字的韵母属于同类（同属东韵一等），据此可以肯定“户、呼”二字的声母一定不同。“户”属“胡”类（匣组），“呼”属“呼”类（晓组）。

3.补充条例

这是一种根据“又音”将两类反切上字系联起来的方法。《广韵》对多音之字一般都互注切语，如涷字有平去两读，《广韵》于东韵涷字所在小韵的第一字下注“德红切”，又在涷字下注“又都贡切”；于送韵涷字下注“多贡切，又音东”。据陈氏考证，“都贡”“多贡”这种又音中用字不同的反切其读音是相同的，由此推论，“都”与“多”实为一类。《广韵》中有些反切上字声本同类，但两两互切，无法系联在一起，例如：

多 得何切　　得 多则切

都 当孤切　　当 都郎切

“多”与“得”“都”与“当”两两互切，无法系联，根据上述方法的证明，“都、多”实为一类，这样“多、得”与“都、当”就可以系联为一类。

二、关于反切下字的系联

1.基本条例

因为反切下字与被切字韵母相同(前提),所以,凡同用、互用、递用的切下字,其韵母必属同一韵类(推论)。

(1)同用例　几个切下字如果用同一个字作为其切下字,则这几个切下字的韵母属于同类。例如:

东　德红切　公　古红切

“东、公”这两个切下字都用“红”字作反切下字,所以它们的韵母属于同类。

(2)互用例　两个切下字如果相互作为对方的反切下字,则此两个切下字的韵母属于同类。例如:

公　古红切　　红　户公切

“公”用“红”作切下字,“红”又用“公”作切下字,所以“公、红”的韵母属于同类。

(3)递用例　甲切下字以乙字作为切下字,乙字又以丙字作为切下字,则甲乙丙三字的韵母属于同类,例如:

东　德红切　　红　户公切

“东”以“红”作切下字,“红”又以“公”作切下字,递相为用,所以“东、红、公”三字的韵母属于同类。下面同样举一组系联的实例①:

鱼第九

渠 强鱼	鉏 士鱼	徐 似鱼	除 直鱼	蜍 署鱼	书 伤鱼
居 九鱼	猪 陟鱼	诸 章鱼	且 子鱼	虚 去鱼	菹 侧鱼

① 此例取自《切韵考·韵类考》卷四,所列各字的顺序这里有所调整。其中被切字“菹”与切下字“葅”音同。

初楚居　　胥相居　　摅丑居　　虚朽居　　於央居　　鱼语居

胪力居　　余以诸　　如人诸　　袽女余　　疽七余　　疏所菹

鱼韵出现了24个反切,包含的反切下字有“鱼、居、诸、余、菹”五字。其中“居、诸、菹”三字都用“鱼”作反切下字,此为同用;“余”用“诸”作切下字,“诸”又用“鱼”作切下字,此为递用。经过如此系联,证明“鱼、居”等五字的韵母属于同类。

2.分析条例

如上面所指出的,在《广韵》中各个小韵反切的读音是不会相同的。如果两个反切的上字属于同类,则其下字必不同类。《广韵》的同一韵中,反切下字有时会分成二类三类甚至四类,在理论上即根据于此。例如:

公　古红切　　弓　居戎切

根据系联,“古、居”的声母属于同类(同属见纽),由此可以推断,“红、戎”的韵母必不同类。“红”属“红”类(东韵一等),“戎”属“弓”类(东韵三等)。

3.补充条例

这是一种根据四声相承的规律确定韵类的方法。同一韵部中的韵母在四声的分布中有这样的规律:一种调类中有几类韵母,在其他相承的调类中一般也有几类韵母。根据这一规律,某一调类的反切下字如果系联不起来,便可根据相承调类中韵类的分合情况确定其分合,或者合为一类,或者分为几类。如:

朱　章俱切　　俱　举朱切

无　武夫切　　夫　甫无切

“朱、俱、无、夫”四字均属平声“虞”韵字,其中“朱”与“俱”,“无”与“夫”,两两互为切下字,只能系联为两类。“朱、俱”与“无、夫”是否为一类，因系联不起来，不得而知；另查，虞韵上声麌韵中的切下字“矩、庾、主、雨、武、甫、禹、羽”等八字系联的结果为一类，去声遇韵中的切下字“遇、句、戍、注、具”等五字系联的结果也为一类；据此可以断定，“朱、俱”与“无、夫”的韵母肯定也属一类。

第七节 《广韵》的声类和声母

一、《广韵》的声类

陈澧《切韵考》将《广韵》452个切上字归纳为40类，这40类是①：

1.博类(帮一二四)：边布补伯百北博巴

2.方类(帮三)：方卑并封分府甫鄙必彼兵笔陂畀

3.普类(滂一二四)：滂普匹譬

4.芳类(滂三)：敷孚妃抚芳披峰丕拂

5.蒲类(並一二四)：蒲步裴薄白傍部

6.符类(並三)：房防缚平皮附符苻扶便冯毗弼浮父婢

7.莫类(明一二三四)：文美望无巫明弥亡眉绵武靡莫慕模谟摸母

8.都类(端一四)：多德得丁都当冬

9.他类(透一四)：他托土吐通天台汤

10.徒类(定一四)：徒同特度杜唐堂田陀地

11.奴类(泥一二三四)：奴乃诺内妳那

12.陟类(知二三)：张知猪徵中追陟卓竹

13.丑类(彻二三)：抽痴楮褚丑耻敕

14.直类(澄二三)：除场池治持迟伫柱丈直宅

① 40类今按三十六字母唇舌齿牙喉顺序排列，每类取其中使用率最高的一字命名，括号内为对应的字母及各类所与相拼的切下字的等属。

15. 女类(娘二三):尼拏女
16. 子类(精一三四):将子资即则借兹醉姊遵祖臧作
17. 七类(清一三四):仓苍亲迁取七青采醋麤麁千此雌
18. 昨类(从一三四):才徂在前藏昨酢疾秦匠慈自情渐
19. 苏类(心一三四):苏素速桑相悉思司斯私虽辛息须胥先写
20. 徐类(邪三):徐祥详辞辞似旬寺夕随
21. 侧类(庄二三)①:庄争阻邹簪侧仄
22. 初类(初二三):初楚创测叉厕刍
23. 士类(崇二三):锄鉏床犲崱士仕查雏俟助
24. 所类(生二三):山疏疎沙砂生色数所史
25. 之类(章三):之止章征诸煮支职正旨占脂
26. 昌类(昌三):昌尺赤充处叱春
27. 食类(船三):神乘食实
28. 式类(书三):书舒伤商施失矢试式识赏诗释始
29. 时类(禅三):时殊常尝蜀市植殖寔署臣承是氏视成
30. 古类(见一二三四):居九俱举规吉纪几古公过各格兼姑佳诡
31. 苦类(溪一二三四):康枯牵空谦口楷客恪苦去丘墟袪诘窥羌钦倾起绮岂区驱
32. 渠类(群三):渠强求巨具臼衢其奇暨
33. 五类(疑一二三四):鱼疑牛语宜擬危玉五俄吾研遇虞愚
34. 於类(影一二三四):於央忆伊依衣忧一乙握谒纡挹乌哀安烟鹥爱

---

① 三十六字母中的"照穿床审"及"喻"五纽据陈澧《切韵考》各分为两类,一类一般称作"照二穿二床二审二""喻三",另一类一般称作"照三穿三床三审三禅三""喻四"。赵元任《方言调查表格》及语言研究所《方言调查字表》将前一类分别称作"庄初崇生""云",将后一类分别称作"章昌船书禅""以",现多沿用。

35.许类(晓一二三四):呼荒虎馨火海呵香朽羲休况许兴喜虚

36.胡类(匣一二四):胡乎侯户下黄何

37.于类(云三):于羽雨云雲王韦永有远荣为洧筠

38.以类(以三):余馀予夷以羊弋翼与营移悦

39.力类(来一二三四):卢来赖落洛勒力林吕良离里郎鲁练

40.而类(日三):如汝儒人而仍儿耳

这40类和唐末宋初的三十六字母相比,照、穿、床、审、喻五纽中各多出一类,微纽并入明纽,又少了一类,故成了40类。陈澧认为这40类即反映了《切韵》的声纽状况,但是后来的学者认为陈澧没有严格遵守自己所定的原则。有时他用补充条例将基本条例无法系联的两类系联为一类,例如将“文、美、望、无、巫、明、弥、亡、眉、绵、武、靡”同“莫、慕、模、谟、摸、母”归为一类的情况就是这样①。有时他却没有使用补充条例将那些可以系联在一起的两类归为一类,例如“博”类与“方”类的情况就是这样②。他对补充条例的使用随意性很强,正像罗常培先生指出的那样:“以今考之,其为例犹未能尽纯也。盖因变例以求其合,则为类当不满四十;舍变例而求其分,则为类当逾乎四十。陈氏于其所欲合者,则用变例以联之,于其所欲分者,则用正例以别之,未免自乱其例矣!”③ 因此,陈澧的40类没有反映出《广韵》声类的真实面貌。继陈澧之

① 东韵“梦”字莫中切,又武仲切;送韵“梦”字莫凤切,又亡中切。武仲切即莫凤切之音,亡中切即莫中切之音。“武、莫、亡”三字声母同类,以上两类即据此系联在一起。

② 先韵“萹”字布玄切,又北泫切;铣韵“萹”字方典切。方典切即北泫切之音,“方、北”二字声母同类,“博”“方”二类据此可系联在一起。

③ 罗常培《中国音韵沿革讲义》,清华大学。王力《汉语音韵学》198页,中华书局,1956年。

后，张煊、黄侃、钱玄同、高本汉[①]、白涤洲、黄粹伯、曾运乾、陆志韦、周祖谟等学者先后对《广韵》的声类进行了考察。张煊同时使用基本条例和补充条例进行系联，得出的结果是33类[②]。黄侃、钱玄同考察的结果是41类[③]。高本汉、白涤洲、黄粹伯考察的结果是47类[④]。曾运乾、陆志韦、周祖谟考察的结果是51类[⑤]。

41类说与40类说的不同之处在于：41类说将40类说中的"莫"类分成"莫"、"武"两类，故多出1类。这两类的内容是这样的：

莫类 < 莫类(明一二四)：莫模谟摸慕母
　　　 武类(明三)：武亡弥无文眉靡明美绵巫望

47类的分法是在41类的基础上将陈澧的"古、苦、五、许、於、力"六类各分为两类，故多出6类，具体分配如下：

古类 < 古类(见一二四)：古公过各格兼姑佳诡
　　　 居类(见三)：居举九俱纪几规吉

---

① 高本汉(1889～1978)，瑞典汉学家。1909年～1912年在中国从事汉语方言调查研究，1915年获哲学博士学位。1931年任哥德堡大学校长，1956～1964年任皇家文史考古研究院院长。其在汉语音韵学方面的著作主要有《中国音韵学研究》《中上古汉语音韵纲要》等。高氏的研究成果奠定了现代汉语音韵学的基础。

② 张煊《求进步斋音论》，北京大学《国故学刊》。

③《黄侃论学杂著·切语上字总目》及钱玄同《文字学·音篇》。黄侃对唇音各类的归字与陈澧不同。

④ 高本汉《中国音韵学研究》、白涤洲《广韵声纽韵类之统计》(北京女师大《学术季刊》，1931年2卷1期)、黄粹伯《慧琳一切经音义反切声类考》(历史语言研究所《集刊》，第1本第2分)。

⑤ 曾运乾《切韵五声五十一声纽考》(《东北大学季刊》1期、《音韵学讲义》)、陆志韦《证广韵五十一声类》(《燕京学报》25期)、周祖谟《陈澧切韵考辨误》(《汉语音韵论文集》《问学集》)。

苦类〈 苦类(溪一二四):苦口康枯空恪牵谦楷客
　　　 去类(溪三):去丘区墟起驱羌绮钦倾窥诘祛岂曲

五类〈 五类(疑一二四):五吾研俄
　　　 鱼类(疑三):鱼语牛宜虞疑擬愚遇危玉

於类〈 乌类(影一二四):乌伊一安烟鷖爱挹哀握
　　　 於类(影三):於乙衣央纡忆依忧谒委

许类〈 呼类(晓一二四):呼火荒虎海呵馨花
　　　 许类(晓三):许虚香况兴休喜朽羲

力类〈 卢类(来一二四):卢郎落鲁来洛勒赖练
　　　 力类(来三):力良吕里林离连缕

提出47类的学者有的使用的是系联法,有的使用的是统计法,结论相同。从统计的结果来看,"古、苦、五、乌、呼、卢"6类一般只与一二四等韵相拼,"居、去、鱼、於、许、力"6类一般只与三等韵相拼,这两类有分开的趋势。

51类的分法是在47类的基础上将陈澧的"子、七、昨、苏"4类各分为两类,故多出4类,具体分配如下:

子类〈 作类(精一四):作则祖臧
　　　 子类(精三):子即将资姊遵兹借醉

七类〈 仓类(清一四):仓千采苍麤麁青醋
　　　 七类(清三):七此亲迁取雌

昨类 — 昨类(从一四):昨徂才在藏酢前
昨类 — 疾类(从三):疾慈秦自匠渐情

苏类 — 苏类(心一四):苏先桑素速
苏类 — 息类(心三):息相私思斯辛司虽悉写胥须

51类是在系联、统计的基础上通过审音得出的结论,将"子、七、昨、苏"四类各分为二的根据是:"作、仓、昨、苏"四类一般只与一四等韵相拼,子、七、疾、息四类一般只与三等韵相拼。

二、《广韵》的声母

声类是根据系联法或统计法对反切上字归纳的结果,声类的不同,并不意味着声母也一定不同,因为表示同一声母的反切上字根据系联或统计可能会分成两类,例如代表来纽[l]的反切上字根据系联、统计被分成了卢、力两类。造成这种结果的原因何在呢?原来韵母从有无韵头的角度可以分成两类,一类是一二四等韵,没有韵头[i]或[iu];一类是三等韵,有韵头[i]或[iu]。由于切上字与切下字的韵等保持一致时容易拼合(如兰字,落干切,比力干切容易拼;连字,力延切,比落延切容易拼),故人们在制定切语时有意选择那些韵等与切下字相同的字作为切上字(因上字只取声母,故上字属几等韵并不影响被切字的音值),这样切上字自然就因下字的不同而分成了两类,一类与一二四等韵的切下字相拼,一类与三等韵的切下字相拼。切上字这样被分成两类,完全是由于选字时为了与切下字保持和谐而导致的结果,并不意味着这两类切上字代表的声母真有什么不同。例如卢类中的"卢落鲁来洛勒赖"七字都属于一等韵,"练"字属于四等韵,力类中的"力良吕里林离连缕"八字都属于三等韵,而它们代表的声母则都是来母。

某两个声类(这两个声类应同属三十六字母中的某一字母或发音部位相同)究竟同属一个声母还是代表着两个不同的声母,判定的方法主要是看它们在同一韵母前的关系是互补的(甲类出现则乙类一般不出现,乙类出现则甲类一般不出现)还是对立的(甲、乙两类都可以出现,意义不同)。如果是互补的,则它们代表的声母是相同的;如果是对立的,则它们代表的就是不同的声母。下面我们根据这一原则对51声类进行分析。

1.博类与方类、普类与芳类、蒲类与符类、莫类与武类分别只代表一类声母,即帮滂並明。“博、普、蒲、莫”与“方、芳、符、武”同属唇音字,在一二四等韵的切下字之前一般只出现“博”等而不出现“方”等,在三等韵的切下字之前一般只出现“方”等而不出现“博”等,二者的关系是互补的。需要指出的是,“方、芳、符、武”并不等于后来三十六字母中的非敷奉微。此以方类的演变情况为例。“方”类所与相拼的韵母既有开口三等又有合口三等,到了唐末宋初,与开口三等韵相拼的方类大多数变成了帮母,与合口三等韵相拼的方类都变成了非母①。具体演变情况大致如表5:

表5 《广韵》博、方二声类与帮、非二母对照表

<table>
<tr><th colspan="2">《广韵》声类</th><th>《广韵》切上字</th><th>三十六字母</th></tr>
<tr><td colspan="2">博[p] 开一二四 合一二四</td><td>边布补伯百北博巴</td><td rowspan="2">帮[p] 开一二三四 合一二 四</td></tr>
<tr><td rowspan="2">方[p] 开三 合三</td><td>方[p] 开三</td><td>必彼卑兵陂并笔畀鄙</td></tr>
<tr><td>方[p] 合三</td><td>方甫府分封</td><td>非[pf] 合三</td></tr>
</table>

2.都类、他类、徒类、奴类、陟类、丑类、直类、女类各代表一个

① 与开口三等韵相拼的方类少数也变成了非母。非母除与合口三等韵相拼外,也与流摄开口三等韵和东韵三等相拼,东韵据《韵境》《七音略》的记载为开口韵。

声母,即端透定泥知彻澄娘。

3.作类与子类、仓类与七类、昨类与疾类、苏类与息类分别只代表一类声母,即精清从心。"作、仓、昨、苏"与"子、七、疾、息"同属齿头音,在一四等韵的切下字之前一般只出现"作"等而不出现"子"等,在三等韵的切下字之前一般只出现"子"等而不出现"作"等,二者的关系是互补的。

4.徐类只出现于三等韵的切下字之前,代表一个声母,即邪。

5.侧类、初类、士类、所类、之类、昌类、食类、式类各代表一个声母,即庄初崇生章昌船书。庄初崇生与章昌船书虽同属齿音,但两者都可以出现于三等韵的切下字之前,属于对立关系。到了唐末宋初,它们才合并为三十六字母中的照穿床审。

6.时类只出现于三等韵的切下字之前,代表一个声母,即禅。

7.古类与居类、苦类与去类、五类与鱼类分别只代表一类声母,即见溪疑。"古、苦、五"与"居、去、鱼"同属牙音,"古、居"等分别只代表一类声母的理由与唇音的情况相同。

8.渠类只出现于三等韵的切下字之前,代表一个声母,即群。

9.乌类与於类、呼类与许类、胡类与于类分别只代表一个声母,即影晓匣。"乌、呼、胡"与"於、许、于"同属喉音,"乌、於"等分别只代表一类声母的理由与唇音的情况相同。关于胡类与于类的关系需要略加说明。于类与下面的以类在唐末宋初时合为一个声母,即喻母。在《广韵》中它们都可以出现在三等韵的切下字之前,属对立关系。其中以类代表一个声母,即以母(喻四);于类(喻三)一般认为与胡类构成互补关系,为同一声母。于类与胡类的关系可从一些文献的切语中得到证明:

(1)于类与胡类可以互为切上字。

核,为革切。越,胡厥切。

(以上切语取自《万象名义》中原本《玉篇》,见《问学集》295 页)

(2)于类与胡类同时作异切的切上字。

滑,胡八反; 又于八反。

皇,胡光反; 又于况反。

(以上切语取自《经典释文》)

到了唐末宋初,由于受三等韵头的影响,从匣母中分化出喻$_{三}$(于类),与喻$_{四}$(以类)合流为三十六字中的喻母。

10.以类的说明见"9"。

11.卢类与力类只代表一个声母,即来。卢、力同属三十六字母中的来纽,其只代表一个声母的理由也与唇音的情况相同。

12.而类只出现于三等韵的切下字之前,代表一个声母,即日母。

根据以上的分析,《广韵》51 声类所含的声母只有 36 个,此外李荣先生在他的《切韵音系》中又考出一个"俟"母,是"生"的浊音,又称作"禅二"①,现在已得到学术界不少人的承认。如果加上俟母,《广母》的声母就是 37 个。此将 37 声母与 51 声类的关系对照如下(见表 6):

① "俟"字属止韵,《广韵》床史切,属士类、崇母。在《切三》《王三》中,俟字作漦史反,漦字作俟之反和俟淄反,俟与漦互为切上字,不能与士类系联。《七音略》中"俟""漦"二字列在禅二的位置。《韵镜》中无"漦","俟"字也列在禅二的位置。

表 6 《广韵》37 声母与 51 声类对照表

《广韵》声母	《广韵》声类	《广韵》声母	《广韵》声类
帮	博类	心	苏类
	方类		息类
滂	普类	邪	徐类
	芳类	庄(照二)	侧类
並	蒲类	初(穿二)	初类
	符类	崇(床二)	士类
明	莫类	生(审二)	所类
	武类	俟(禅假二)	
端	都类	章(照三)	之类
透	他类	昌(穿三)	昌类
定	徒类	船(床三)	食类
泥	奴类	书(审三)	式类
知	陟类	禅(禅三)	时类
彻	丑类	见	古类
澄	直类		居类
娘	女类	溪	苦类
精	作类		去类
	子类	群	渠类
清	仓类	疑	五类
	七类		鱼类
从	昨类	影	乌类
	疾类		於类

晓	呼类	以(喻四)	以类
	许类	来	卢类
匣	胡类		力类
	于类(喻三)	日	而类

第八节 《广韵》的韵类和韵母

一、《广韵》的韵类

陈澧用系联法对《广韵》每一韵中的反切下字进行系联，结果发现有些韵只含有一个韵类，有些则含有两个、3个甚至4个韵类，二〇六韵中共含有311个韵类。继陈澧之后，高本汉、白涤洲、黄侃、周祖谟、李荣及邵荣芬等人也先后对《广韵》的韵类作了较系统的研究，所得的结果有相同者，也有不尽相同者。其中高本汉研究的结果是290类①，白涤洲使用统计法研究的结果也是290类②，黄侃研究的结果是335类③，周祖谟的研究结果是324类④，李荣的研究结果是334类⑤，邵荣芬的研究结果是326类⑥。王力在他的《汉语音韵学》及《汉语史稿》中基本上采用的是高本汉和白涤洲的分类。董同龢则基本上坚持的是陈澧的分类。按说用系联

---

① 高本汉《中国音韵学研究》，自1915年在《远东法文学校学报》上连载，中文由商务印书馆1940年出版。

② 白涤洲《广韵声纽韵类之统计》，《女师大学术季刊》2卷1期，1931年。

③ 黄侃《音学九种·切韵韵类考》，未刊，今存于武汉大学中文系资料室。

④ 周祖谟《陈澧切韵考辨误》，收入《问学集》《汉语音韵论文集》。

⑤ 李荣《切韵音系》，科学出版社，1956年。

⑥ 邵荣芬《切韵研究》，中国社会科学出版社，1982年。

法对《广韵》的切下字进行系联，所得出的结论应该是相同的，但是为什么大家研究的结果却不尽相同呢？这其中有许多原因，比较重要的有以下 7 个方面：

1. 唇音字的开合问题

在《广韵》中，唇音字的开合往往不明，例如某一唇音字，其切下字为开口呼，而它本身又作了合口字的切下字，请看下例：

十五卦

(1) 睚五懈　卖莫懈　差楚懈　瘥士懈　隘乌懈　諣火懈　邂胡懈

　　䡑苦卖　膪竹卖　嶭方卖　㑎方卖　晒所卖　懈古隘

(2) 派匹卦　粺傍卦　庍方卦　諣呼卦　画胡卦　卦古卖

其中卖字为唇音字，其切下字为开口字"懈"，而它本身却作了合口字"卦"的切下字。如果系联，则(1)、(2)两类即可并为一类，但是从审音的角度看，却不能不把此两类分开，否则这两类要么都成了开口，要么都成了合口，与实际不符。对此问题的看法不同，分类的结果自然不同。

2. 重纽的问题

重纽是指"支脂祭真仙宵侵盐"这八类三等韵的唇、牙、喉音字在韵图上被分成了两类①，一类排在三等格，一类排在四等格。从《广韵》切下字系联的情况来看，《韵图》分成的两类系联的结果往往也分成了两类，不过也有系联成一类的情况。例如在《韵镜》内转第五合中，牙音下的支韵合口字被分成了"妫亏趍危"（在三等格）和"规闚"（在四等格）两类②；喉音下的支韵合口字被分成了

① 重纽存在于"支脂祭真仙宵侵盐"这是一般的说法，就《韵境》的实际情况来看，清、尤、幽三韵也有重纽（尤为重三，幽为重四）。

② 趍字《七音略》未列，《徐铉音》作巨之切，当在之韵。规字《广韵》在鱁小韵。

“逶麾为”（在三等格）和“隳蠵”（在四等格）两类[1]。根据陈澧的系联，“妫亏危”与“规阒”、“逶麾为”与“隳”也各分成了两类，“蠵”与“逶麾为”则合成了一类。

重纽的音值在当时有没有区别？这是一个至今还没有完全弄清楚的问题。虽然不少人对此问题进行了研究，提出了种种解释，但无论哪一家的解释都还没有得到一致的公认。对重纽的看法不同，分类的结果自然不同，这一问题是造成分类多寡的最重要的原因。高本汉、白涤洲的分类所以只有 290 类，是因为他们把重纽看成了同一韵类，即认为读音没有区别；其余几家的分类所以会多一些，主要是由于他们把重纽看成了不同的韵类，即认为读音有区别。

3. 分类方法的问题

对同一韵的切下字，采用的分类方法不同，导致的分类结果也就可能不同。例如仙韵中的连类共有“连、延、然、仙、乾、焉”等 6 个切下字，其中“乾”与“焉”互为切下字，与其余 4 字无法系联在一起；陈澧根据四声相承的各韵其每韵的分类数也多相同的现象，将“乾”“焉”与其余四字系联为一类，有的音韵学家则分作两类。

4. 误切的问题

切语本身是否有误，对此看法不同，分类结果也就可能不同。例如，昔韵共有“益、役、石、只”等 11 个切下字，本可系联为一类；其中的役字，营只切，陈澧认为“只”与“役”不同类，此切语有误，故使“役”自为一类，其余 10 字为一类。有些音韵学家则将此 11 字合为一类。

5. 异切的问题

同一字的注音，张氏本《广韵》与其他版本以及《二徐音》《玉

---

① 麾、隳、蠵三字《广韵》分别在摩、隓、蓶小韵。

篇》等书上使用的切语有时不同,以哪种切语为准,处理不同,分类结果也就可能不同。例如,戈韵的禾类(陈澧的禾类)共有"禾、婆、靴、和、波、戈"等六个切下字,其中"婆",张氏本《广韵》作"许肥切",与其余5字不能系联在一起;陈澧从明本、顾本《广韵》改作"许戈切",遂使此6字系联为一类。有些音韵学家则分作两类。

6.韵图的影响问题

系联结果有时与韵图不一致,分类时是否要考虑到韵图上的安排,处理不同,分类结果也就可能不同。例如职韵共有"力、逼、职、侧、即、翼、极、直"等8个切下字,可系联为一类(开口),但"逼"的被切字中有"域""洫"二字,《韵镜》《七音略》均安排在合口,故有些音韵学家据此使域、洫二字别为合口一类,而认为"逼"字(开口)作为域、洫二字的切下字属于借用。

7.增加字的问题

一韵之末往往有一些字与其他字音相同,或在别的韵中出现过(也有同一韵中重出的现象)。这些字及切语是否属后人增加,系联时要不要计入,处理不同,分类也就不同。例如寘韵末有跂、䟓2字,居企切,陈澧以为此二字与"寄"字(居义切)音同,是增加字,故未录;有些音韵学家不认为是增加字,将"企"与有关切下字系联为一类;还有些音韵学家则是让"企"字别为一类。

目前学术界多采用的是290类的说法。这290类是按声调计算的,如果不计声调则只有90类之多。下面我们将王力《汉语音韵学》中所列的290类与陈澧的311类列成一个对照表(见表7),以便观察290类与311类分类的异同。

说明:

1.对290类与311类中的每一类只标类名,不列切下字。

2.表中每韵下所列之类同时是290类与陈的分类。若290类的一类等于陈氏的两类时，列出陈氏的两类，用“{”号将二者连在一起即表示相当于290类的一类；若290类与陈氏的分类有所抵牾不便对应时，先列出290类的类名，在其下列出陈氏的类名，加上[]号，并随表作出有关说明。

3.表中每一类的类名采用290类的类名，即该类中使用频率最高的切下字。陈氏于290类的韵类，亦多用此法标名。

4.某些切下字外加的(　)号，系290类原表所有，表示这些切下字一般属借用，本身不在该韵或不在该类。

5.说明中提到的“张本”“明本”“顾本”“曹本”分别指张士俊刻本、明刻本、顾亭林刻本、曹楝亭刻本《广韵》，陈氏《切韵考》主要采用的是张氏本。说明中提到的《徐锴音》指徐锴《说文解字系传》中采用的音切，《二徐音》指徐铉在《说文解字》校本中采用的《唐韵》音切及《徐锴音》。

表7　《广韵》290韵类与311韵类对照表

声调 / 290韵类及311韵类 / 90韵类及所属韵、等、开合	平	上	去	入
1.红类（东开一）	一东二类 红类	一董一类 孔类	一送二类 贡类	一屋二类 木类
2.弓类（东开三）	弓类		仲类	六类
3.冬类（冬合一）	二冬一类 冬类	䳞类①	二宋一类 综类	二沃一类 沃类
4.容类（钟合三）	三钟一类 容类	二肿一类 陇类	三用一类 用类	三烛一类 玉类

5. 江类 （江开二）	四江一类 江类	三讲一类 项类	四绛一类 绛类	四觉一类 角类
6. 支类 （支开三）	五支二类 {支类 宜类	四纸二类 {氏类 绮类	五寘二类 {义类 [臂类][②]	
7. 为类 （支合三）	{为类 规类	{委类 弭类	{伪类 恚类	

① 《广韵》冬韵上声无字，肿韵“湩”字下注：“都䳉切。……此是冬字上声。”《徐锴音》作“都侗反”。“侗”属董韵。陈氏从《徐锴音》，以为陆氏《切韵》“湩”字无同韵之字而附入肿韵，切语则借董韵“侗”字。肿韵之末有“䳉、䏵”二字，莫湩切。陈氏以为是后人增加（䳉字又见于讲韵）而未录。290 类立“䳉、䏵”二字为䳉类。

② 寘韵：臂，卑义切；贲，彼义切。二切音同，陈氏以为“臂”非增加字，可能因无同类切下字而借“义”字作切，故使“臂”自为一类。290 类不立臂类。又，寘韵末有“䞈、𧤏”二字，居企切。陈氏以为与“寄字，居义切”音同，是增加字，故不录。290 类将“企”字归入“义”类。有的书上使“企”独立为一类。

8. 夷类 （脂开三）	六脂二类 夷类	五旨二类 几类	六至二类 {利类 季类[③]	
9. 追类 （脂合三）	{追类 [葵类][④]	{轨类 癸类	类类	
10. 之类 （之开三）	七之一类 之类	六止一类 里类	七志一类 吏类	

③ 陈氏的季类含两个切下字"季、悸"及一个被切字"弃"。"季、悸"互为切下字;"弃"的切语为"诘利切",与"器"(去冀切)字音同(重纽),"器"属利类。陈氏疑"诘利切"之利当作"季"或"悸",故将"季、悸"与"弃"归作季类,同视为合口。"季、悸"在韵图为合口,"弃"则为开口。290类将陈氏的季、利两类归作一类,同视为开口。

④ 脂韵:葵,渠追切。与"逵,渠追切"音同,陈氏以为"葵"无同类切下字,以"追"作切属于借用,故使"葵"自为一类。

	八微二类	七尾二类	八未二类	
11.希类 （微开三）	希类	岂类	既类	
12.非类 （微合三）	非类	鬼类	贵类	
	九鱼一类	八语一类	九御一类	
13.鱼类 （鱼开三）	鱼类	吕类	据类	
	十虞一类	九麌一类	十遇一类	
14.俱类 （虞合三）	俱类	矩类	遇类	
	十一模一类	十姥一类	十一暮一类	
15.胡类 （模合一）	胡类	古类	故类	
	十二齐二类	十一荠一类	十二霁二类	
16.奚类 （齐开四）	奚类	礼类	计类	
17.携类 （齐合四）	携类		惠类	

18. 例类（祭开三） 19. 芮类（祭合三）			十三祭二类 例类 芮类	
20. 盖类（泰开一） 21. 外类（泰合一）			十四泰二类 盖类 外类	
22. 佳类（佳开二） 23. 娲类（佳合二）	十三佳二类 佳类 娲类	十二蟹二类 蟹类 {夥类 [𦫿类]⑤	十五卦二类 懈类 卦类	
24. 皆类（皆开二） 25. 怀类（皆合二）	十四皆二类 皆类 怀类	十三骇一类 骇类	十六怪二类 拜类 怪类	
26. 犗类（夬开二） 27. 夬类（夬合二）			十七夬二类 {犗类 [蠆类]⑥ 夬类	

⑤ 蟹韵：𦫿，乖买切。蟹，佳买切。陈氏以为两切音同，当是“𦫿”无同类切下字而借“买”字作切，故使𦫿自立为一类。此韵末有夥字，怀𦫿切；拐字，丈夥切；扮字，花夥切。陈氏以为是增加字

而未录。290类立夥、卝为一类。

⑥ 夬韵：蠆，丑犗切。《广韵》诸本如此。《二徐音》及《玉篇》均作丑介切(今本《说文》作丑芥切。芥、介音同)。陈氏从徐锴等作丑介切。“介”在怪韵，陈氏以为“蠆”无同类切下字而借“介”字作切。夬韵中有“犗、褠、喝”等字，陈氏视作增加字，认为出现“犗”后“丑介切”才改成了“丑犗切”。“犗、褠”二字古喝切，陈氏认为此切语下字属增加字而不取，故使“蠆”自立为一类，290类立犗、喝为一类。

28. 回类 （灰合一）	十五灰一类 回类	十四贿一类 罪类	十八队一类 对类	
29. 来类 （咍开一）	十六咍一类 来类	十五海一类 亥类	十九代一类 代类	
30. 废类 （废合三）			二十废一类[7] 废类	
31. 邻类 （真开三）	十七真二类 {邻类 {巾类	十六轸二类 忍类	二十一震一类 刃类	五质二类 {质类 {乙类
32. 贇类 （真合三）	{贇类 {[伦类][8]	殒类		{(律)类 {[率类][9]

⑦ 废韵：刈，鱼肺切。《王二》作“鱼废切”。《韵镜》《七音略》均列“刈”于开口，钱玄同《文字学·音篇》以为“刈”是齐齿呼，周祖谟分废韵为开合二类，高本汉后来也认为“刈”的音值是开口，王力

因开口只有一个“刈”字，故未另立一类。

⑧ 真韵：筠，为贇切。《二徐音》作“王春反”，陈氏从《二徐音》。“春”在谆韵，陈氏认为这是《切韵》《唐韵》之疏而《广韵》改作为贇切。贇，於伦切。伦字在谆韵，陈氏以为亦误，故于真韵中立伦类。该类包括“伦、筠、春”3个切下字。290类立“贇”为一类，视“伦”作“贇”的切下字为借用。按：“真、轸、震、质”与“谆、准、稕、术”两组韵在《切韵》中原合为“真、轸、震、质”一组韵，《广韵》按开合将它们分开，但所分界线不够清晰，如贇、筠、麏、囷等字《韵镜》作合口，在谆韵，《广韵》则在真韵。周祖谟的324类将真韵“贇、筠、麏、囷”4字移入谆韵，将谆韵的“趣”字移入真韵。

⑨ 质韵：率，所律切。律字在术韵，陈氏及290类均以“律”作“率”的切下字为借用，故使“率”自为一类。

33.伦类（谆合三）	十八谆一类 伦类	十七准一类 尹类	二十二稕一类 闰类	六术一类 聿类
34.臻类（臻开三）	十九臻一类 臻类			七栉一类 瑟类
35.云类（文合三）	二十文一类 云类	十八吻一类 粉类	二十三问一类 问类	八物一类 勿类

	二十一欣(殷)一类	十九隐一类	二十四焮一类	九迄一类
36.斤类（欣开三）	斤类	谨类	靳类	讫类
	二十二元二类	二十阮二类	二十五愿二类	十月二类
37.言类（元开三）	言类	偃类	建类	竭类
38.袁类（元合三）	袁类	远类	愿类	月类
	三十三魂一类	二十一混一类	二十六慁一类	十一没一类
39.昆类（魂合一）	昆类	本类	困类	没类
	二十四痕一类	二十二很一类	二十七恨一类	（没）
40.痕类（痕开一）	痕类	很类	恨类	
	二十五寒一类	二十三旱一类	二十八翰一类	十二曷一类
41.干类（寒开一）	干类	旱类	旰类	割类
	二十六桓一类	二十四缓一类	二十九换一类	十三末一类
42.官类（桓合一）	官类	管类	贯类	括类
	二十七删二类	二十五潸二类	三十谏二类	十四黠二类
43.奸类（删开二）	奸类	板类 [僩类][10]	晏类	八类
44.还类（删合二）	还类	板类	患类	滑类[11]

⑩ 潸韵：僩，下赧切。赧字《二徐音》作“女版切”，《广韵》作“奴板切”。版、板音同，《广韵》作“布绾切”。陈氏以为“僩”字无同类切下字而借“赧”字作切，故使“僩”字自立为一类。潸韵中“板”字作为切下字共使用 11 次，其中 5 次切开口字，6 次切合口字，是这是因为“板”属唇音字，开合不明。290 类将切开口的“板”与“赧”立为一类，将切合口的“板”与“绾”等合口切下字立为另一类。

⑪ “八”字属唇音字，开合亦不明，其被切字多数为开口，少数为合口，故陈氏以“八、黠、拔”为一类，以“滑、八”为另一类。290 类以“八黠”为一类，以“滑拔”为另一类。

	二十八山二类	二十六产二类	三十一裥二类	十五辖二类
45.闲类（山开二）	闲类	限类	苋类	辖类
46.顽类（山合二）	（顽）类 ［鳏类］[12]	（绾）类 ［㦃类］[13]	幻类	刮类
	一先二类	二十七铣二类	三十二霰二类	十六屑二类
47.前类（先开四）	前类	典类	甸类	结类
48.玄类（先合四）	玄类	泫类	县类	决类

⑫ 山韵：鳏，古顽切。顽字在删韵，陈氏认为“鳏”无同类切下字而借顽字作切，故使“鳏”自为一类，290 类以顽、鳏为一类。按：顽字作为切下字在《广韵》山韵中共使用 5 次，在删韵中使用 1 次。陆氏《切韵》及王仁昫《刊谬补缺切韵》顽字在山韵。

⑬ 产韵：㦃，初绾切。绾在潸韵。陈氏以为“㦃”无同韵字，“绾”作切下字属借用，故使“㦃”自为一类。

	二仙二类	二十八狝二类	三十三线二类	十七薛二类
49.连类（仙开三）	连类⑭	善类	战类⑮	列类⑯
50.缘类（仙合三）	{员类 缘类	兖类	{恋类 绢类	{劣类 悦类

⑭ 连类共有“连、延、然、仙、乾、焉”6 个切下字，其中“乾”与“焉”互为切下字，与其余 4 字系联不起来，陈氏根据“平上去入四韵相承者，其每韵分类亦多相承”的现象，定“乾、焉”与“连、延、然、仙”4 字为一类（上声开口狝韵系联为一类），有的音韵学家分作两类。

⑮ 战类共有“战、扇、膳、箭、线、面、贱、碾”8 个切下字，其中“战、扇、膳”3 字与其余 5 字系联不起来，陈氏视二者为一类，理由同注⑭。有的音韵学家分作两类。

⑯ 薛韵：折，旨热切，又常列切；舌，食列切。常列切之“折”字列于“舌”字之下，《二徐音》作食列切，陈氏据此以为“折”字与“舌”字音同而《广韵》误分为常列切，故不录。有的音韵学家将“折”（常列切）另立为一类。

	三萧一类	二十九筱一类	三十四啸一类	
51.聊类（萧开四）	聊类	了类	弔类	
	四宵一类	三十小一类	三十五笑一类	
52.遥类（宵开三）	{遥类 娇类	{小类 沼类	{笑类 照类	

53. 交类 （肴开二）	五肴（爻）一类 交类	三十一巧一类 巧类	三十六效一类 教类	
54. 刀类 （豪开一）	六豪一类 刀类	三十二皓一类 皓类	三十七号一类 到类	
55. 何类 （歌开一）	七歌一类 何类	三十三哿一类 可类	三十八箇一类 箇类	
56. 禾类 （戈合一）	八戈二类 {禾类⑰ 伽类}	三十四果一类 果类	三十九过一类 卧类	
57. 鞾类 （戈合三）	鞾类			

⑰ 陈氏将戈韵切下字系联为禾类和伽类，禾类共有“禾、戈、波、和、婆、鞾”6 个切下字，其中鞾字，许肥切，本不能与其余 5 字系联在一起，陈氏依明本、顾本《广韵》作“许戈切”，遂使此六字系联为一类。戈韵末有肥、﨤 2 字，於鞾切；䩬、䩬 2 字，去鞾切；侳、侳 2 字，子䩬切；𦞦字，缕䩬切。陈氏以为均属增加字而未录。290 类将鞾、䩬、肥 3 字系联为一类，将陈氏的禾、伽二类合为一类，总数也是二类。有些音韵学家将戈韵切下字分为禾、伽、鞾三类，王力《汉语史稿》的拟音也是三类。

	九麻三类	三十五马三类	四十祃三类	
58.加类（麻开二）	加类	下类	驾类	
59.遮类（麻开三）	遮类	者类	夜类	
60.瓜类（麻合二）	瓜类	瓦类	化类⑱	

⑱ 祃韵：化，呼霸切；嚇，呼讶切。陈氏以为“呼霸”与“呼讶”音同，“霸”作“化”的切下字属于借用，故使“化”自为一类。祃韵有摦、吴等7字，均以“化”作切下字；又有攨、窊等3字，乌吴切。陈氏以为均属增加字而未录。290类立“化、吴、(霸)”为化类，与陈氏化类有所不同。

	十阳二类	三十六养二类	四十一漾二类	十八药二类
61.良类（阳开三）	良类	两类	亮类	略类
62.方类（阳合三）	方类	往类	放类	缚类
	十一唐二类	三十七荡二类	四十二宕二类	十九铎二类
63.郎类（唐开一）	郎类	朗类	浪类	各类
64.光类（唐合一）	光类	晃类	旷类	郭类

	十二庚四类	三十八梗四类	四十三映(敬)四类	二十陌三类
65.庚类（庚开二）	庚类	梗类	孟类	格类
66.京类（庚开三）	京类	影类	敬类	戟类
67.横类（庚合二）	横类	(猛)类 [矿][19]	横类	伯类 [虢][20]
68.兵类（庚合三）	兵类[21]	永类	病类	

⑲ 梗韵:矿,古猛切。《韵镜》中“矿”字在合口,“猛”字在开口。陈氏以为“矿”无同类切下字而借猛字作切,故使“矿”自为一类。梗韵末有一界字,苦矿切,该字又见于遇韵,陈氏以为此字属增加字而未录。又,陈氏梗类共有“杏、营、猛、梗”4个切下字,其中营字,乌猛切;猛字,莫幸切;梗字,古杏切。陈氏以猛字张本作莫幸切为误,而从明本、顾本、曹本改作莫杏切,致使“猛、营”与“杏、梗”系联为一类。290类将猛、营从陈氏的梗类中分出与“矿、幸”2字合为(猛)类,而将“梗、杏”与“冷、打”2字合为梗类。“冷、打”2字互为切下字,陈氏以为是增加字而未录。按:猛字本身属开口。

⑳ 陌韵:虢,古伯切。陈氏以为与“格,古伯切”音同,“伯”作“虢”的切下字属借用,遂使“虢”自为一类。陌韵末有“擭、濩”等5字,一虢切;“螂、剨”2字,丘擭切。陈氏以为皆属增加字而未录。290类合“伯、擭、虢”为一类。

㉑ 兵类有“兵、明、荣”3个切下字,按韵图“兵、明”属开口三等,“荣”属合口三等;永类有“永、憬”两个切下字,按韵图属合口三等;病类有“病、命”两个切下字,按韵图属开口三等。陈氏及290类将以上三类据反切分别一律归为同一类(合口三等)。以上三类

切下字及其切语均为唇音或牙喉音，唇牙喉音字的开合古人辨析未精，或以合切开，或以开切合，故系联时往往将在韵图上分属于开、合的两类归为一类。

	十三耕二类	三十九耿一类	四十四诤一类	二十一麦二类
69.耕类（耕开二）	耕类	幸类	迸类	革类
70.萌类（耕合二）	萌类 [宏][22]		[23]	获类
	十四清二类	四十静二类	四十五劲一类	二十二昔一类
71.盈类（清开三）	盈类	郢类	正类	益类
72.营类（清合三）	营类	顷类	[24]	[役类][25]

㉒ 耕韵：萌，莫耕切；宏，户萌切。陈氏以为"宏"与"萌"不同类，以"萌"切"宏"为误；耕韵末有繃、絣等5字，北萌切，陈氏以为属增加字而未录；故陈氏宏类不包括萌字。290类以萌、宏为一类，按：依韵图"萌"属开口，在"甍"小韵。

㉓ 迸类共有"迸、诤"两个切下字，迸字用了4次，其中1次为"轰"字作切，"轰"在韵图上属合口，故有的音韵学家立"轰"为一类。

㉔ 劲韵共有"正、政、盛、姓、令、郑"6个切下字，可系联为一类。陈氏以为"令"字所切之字是增加字而未录其字及切语，290类的正类有"令"而无"郑"。"正"字的所切之字有1个"夐"字，韵图列在合口，有的音韵学家以为"夐"字以开口"正"字作切属于借用，故使"夐"自为一类。

㉕ 昔韵共有"益、役、石、隻、昔、亦、积、易、辟、迹、炙"等11个

切下字，可系联为一类，其中役字，营隻切，陈氏以为“役”与“隻”不同类（《韵镜》列“役”于合口图），“役”用“隻”作切为误，故使“役”独立为一类（役字本身作切下字共3次）。290类将11字合为一类，即益类。按：王力《汉语史稿》增加合口一音，即承认役类。

	十五青二类	四十一迥二类	四十六径一类	二十三锡二类
73.经类（青开四）	经类	挺类	定类	历类
74.扃类（青合四）	扃类	迥类	㉖	闃类

	十六蒸一类	四十二拯一类	四十七证一类	二十四职二类
75.陵类（蒸开三）	陵类	拯类	证类	力类
76.域类（职合三）				（逼）类㉗

㉖ 经韵：鎣，乌定切。依系联“鎣”当属定类，但韵图列此字在合口，列“定”在开口，故有的音韵学家据韵图使“鎣”自为合口一类。

㉗ 职韵：域，雨逼切；洫，况逼切。依韵图“逼”属开口，“域”“洫”属合口。陈氏据系联将“域、洫”2字归于力类，290类使“域、洫”别为合口（逼）类。

	十七登二类	四十三等一类	四十八嶝一类	二十五德二类
77.登类（登开一）	登类	等类	邓类	则类
78.肱类（登合一）	肱类			或类

79.鸠类（尤开三）	十八尤一类 鸠类	四十四有一类 九类	四十九宥一类 救类	
80.侯类（侯开一）	十九侯一类 侯类	四十五厚一类 后类	五十候一类 候类	
81.幽类（幽开三）	二十幽一类 幽类	四十六黝一类 黝类	五十一幼一类 幼类	
82.林类（侵开三）	二十一侵一类 {林类 {金类	四十七寝一类 {荏类 {锦类	五十二沁一类 禁类	二十六缉一类 {入类 {急类㉘

㉘ 缉韵共有"入、立、及、戢、执、急、汲、汁"等8个切下字，290类将此8字系联为一类，陈氏未录"汁"及其被切字，其余7字陈氏系联作"入、立、及、戢、执"与"急、汲"两类。其中"急"，居立切，陈氏以为"急"与"立"韵类不同，"急"用"立"作切下字为误。

83.含类（覃开一）	二十二覃一类 含类	四十八感一类 感类	五十三勘一类 绀类	二十七合一类 合类
84.甘类（谈开一）	二十三谈一类 甘类	四十九敢一类 敢类	五十四阚一类 滥类	二十八盍一类 盍类

85.廉类（盐开三）	二十四盐一类 廉类 炎类[29]	五十琰一类 琰类 检类	五十五艳一类 艳类 验类	二十九叶一类 涉类 辄类[30]
86.兼类（添开四）	二十五添一类 兼类	五十一忝一类 忝类	五十六㮇一类 念类	三十帖一类 协类
87.咸类（咸开二）	二十六咸一类 咸类	五十二豏一类 减类	五十七陷一类 陷类	三十洽一类 洽类

㉙ 盐韵共有"廉、盐、占、炎、淹"5个切下字，290类将此5字系联为一类。陈氏系联作"廉、盐、占"与"炎、淹"两类。炎，于廉切。陈氏以为"炎"与"廉"韵类不同，"炎"用"廉"作切下字为误。

㉚ 叶韵共有"涉、辄、叶、摄、接"5个切下字，290类系联作一类，陈氏系联作"涉、叶、摄"与"辄"两类。辄，陟叶切。陈氏以为"辄"与"叶"韵类不同，"辄"用"叶"作切下字为误。

88.衔类（衔开二）	二十七衔一类 衔类	五十三槛一类 槛类	五十八鉴一类 鉴类	三十二狎一类 甲类

89.严类（严开三）	二十八严一类 严类	五十四俨一类 广类	五十九酽一类 酽类[31]	三十三业一类 业类
90.凡类（凡合三）	二十九凡一类 凡类	五十五范一类 犯类[32]	六十梵一类 剑类	三十四乏一类 法类

㉛ 酽韵共有“欠、剑、酽”3 个切下字，其中“欠、剑”2 字在梵韵，陈氏及 290 类均以为“欠、剑”在此韵中作切下字属于借用。

㉜ 范韵共有“鋄、范、犯”3 个切下字。其中鋄，亡范切；范，防鋄切；“犯”与“范”音同（犯属范小韵）。陈氏从明本，顾本改“范”的切语为“防泛切”。泛字在去声梵韵，陈氏以为“泛”属借用，并认为后人因“泛”在去声而改用鋄字作切，故陈氏犯类含犯、范两个切下字，290 类依张本反切，其犯类含犯、鋄两个切下字。

二、《广韵》的韵母

在上节所列的对照表中，290 类包含的平声韵共有 82 类，上声韵共有 75 类，去声韵共有 82 类，入声韵共有 49 类，合计实为 288 类（不计声调为 90 类），加上痕韵的入声和废韵的开口一类（王力在注中作了说明。其中痕韵的入声依《七音略》而增，废韵的开口类因只有 1 个“刈”字而未在表中立类。）即为 290 类，不计声调为 91 类（90 类 + 废开三）。

如果从韵母结构的角度进行计算，则这 91 个韵类中包含的不同韵母共有 140 个，其中阴声韵 39 个，阳声韵 51 个，入声韵 50 个。《汉语史稿》的分类与此稍有不同，在《史稿》中，王力于戈韵和昔韵中分别增添了[ĭɑ](戈开三)、[ĭwɛk](昔合三)两音。按照《史稿》的这种分类,《广韵》的韵类总数便成了292类,不计声调为92类(91类+戈开三),所含的不同韵母共有142个,其中阴声韵40个,阳声韵51个,入声韵51个。本书采用《史稿》的说法,将《广韵》韵母确定为142个,其具体名称及音值详见第五章第二节"中古韵母音值表"(表12)。

第四章 《韵 镜》

《广韵》的主要作用是为诗人用韵服务的,因此,它对字音的分析只到韵为止,而没有直接展示出中古声母和韵母的面貌。要想通过《广韵》了解中古声韵的状况,还得对《广韵》的反切进行研究。为了直接展示中古音的声韵面貌,古人在撰写韵书之外又专门编制了一种等韵书,这种等韵书通过声韵配合表的形式直接展示了中古的声韵状况及其配合规律,《韵镜》就是其中最早并且是最重要的一种,可看作是《广韵》的姊妹篇,它与《广韵》互为补充,互相参证,是考察中古音的另一重要材料。与《韵镜》性质相同,而成书时代稍后的等韵书是南宋人郑樵的《七音略》。

第一节 《韵镜》的产生和作用

一、《韵镜》的产生

《韵镜》的作者和成书的确切年代已不可考,有人(罗常培、葛毅卿等)认为它在《切韵》著成后不久即产生了,是据《切韵》而作。也有人(李新魁等)认为《韵镜》成书于宋代,是据《礼部韵略》的前身《景德韵略》而作。从《韵镜》所列的音节来看,有些与唐代的韵书相合而与《广韵》《集韵》《礼部韵略》等宋代韵书不合,有些则与《广韵》等韵书相合而与唐代的韵书不合。从分韵为二〇六韵的情况来看,《韵镜》与《广韵》《集韵》则完全一致。因此,应把《韵镜》成书的年代推定在唐代，同时必须承认该书到北宋经过了时人的修订。只有这样，才能使上述现象得到合理的解释。

现在所见到的《韵镜》是南宋三山张麟之在高宗绍兴辛巳年(1161)刊行的。刊行时张麟之作有一序，序中说："读书难字过，不知音切之病也。诚能依切以求音，即音而知字，故无载酒问人之劳。学者何以是为缓而不急与？余尝有志斯学，独恨无师承，既而得友人授《指微韵镜》一编，且教以大略。曰：'反切之要，莫妙于此，不出四十三转，而天下无遗音。'"此书宋理宗淳祐年间(1241～1252)传入日本，此后国内反而失传。清末黎庶昌出使日本时才得到永禄本《韵镜》，后收入《古逸丛书》，1955年由古籍出版社影印出版。还有一种刻本也流入日本，叫宽永本，后来也回到国内。

二、《韵镜》的作用

《韵镜》的作用是多方面的，主要有以下几个方面：

1.展示中古音系 《韵镜》所列图表类似于今天的声韵配合表，它以七音为经，通过"清、次清、浊、清浊"等术语将七音中所含的声母区分开来；以二〇六韵为纬，通过4个格子将韵中所含的韵母区分开来。在声、韵交叉处便是音节代表字。这样就将中古汉语的声韵调(韵本身包含声调)及其配合规律展示出来。详见下页所附《韵镜》影印件。

2.帮助正音 《韵镜》中的每一个音节都是标准音，因此根据《韵镜》便可以校正读音。例如对韵书中的反切如果把握不好，即可从《韵镜》中查到其音节代表字，通过音节代表字就知道了其声母及所属韵和等呼。

3.方便练音 《韵镜》相当于一个完备的音节表。它代表了所有汉字的读音，因此，只要熟读《韵镜》中的每一个音节，便可以以简驭繁地掌握所有汉字的读音。

第二节 《韵镜》的体例

一、以七音为经，以二〇六韵为纬

七音按照唇音、舌音、牙音、齿音、喉音、舌齿音（包括半舌半齿）的顺序列于每一图的上方。唇音含一组声母“帮滂並明”，分别用“清、次清、浊、清浊”表示。舌音含两组声母“端透定泥”和“知彻澄娘”，分别同时用“清、次清、浊、清浊”表示；由于端组只与一等和四等格子上的韵相拼，知组只与二三等格子上的韵相拼，所以这两组音不混。牙音含一组声母“见溪群疑”，分别用“清、次清、浊、清浊”表示。齿音含三组声母“精清从心邪”“庄初崇生俟”和“章昌船书禅”，分别同时用“清、次清、浊、清、浊”表示；由于规定精组只与一等和四等格子上的韵相拼，庄组只与二等格子上的韵相拼，章组只与三等格子上的韵相拼，所以这三组音不会相混。喉音含两组声母“影晓匣云”和“以”，分别同时用“清、清、浊、清浊”表示；“云”与“以”均为清浊音，由于规定“云”只与三等格子上的韵相拼，“以”只与四等格子上的韵相拼，所以“云”与“以”不会相混。舌齿音含两个声母“半舌”与“半齿”，均用“清浊”表示，在右者为“半舌”，在左者为“半齿”。

二〇六韵按照平上去入四声置于每一图的左方，每韵居一栏，每栏又分为 4 个格子，一韵之中所包含的韵母就是通过这 4 个格子表示的。第一格为一等韵，第二格为二等韵，余类推。

二、按类归图

根据韵腹相同或相近、韵尾相同或部分相同的类别将 206 韵归为 43 图。43 图是分开合的，分别称作“内转第一开”“内转第二

附录三

《韵 镜》图 例

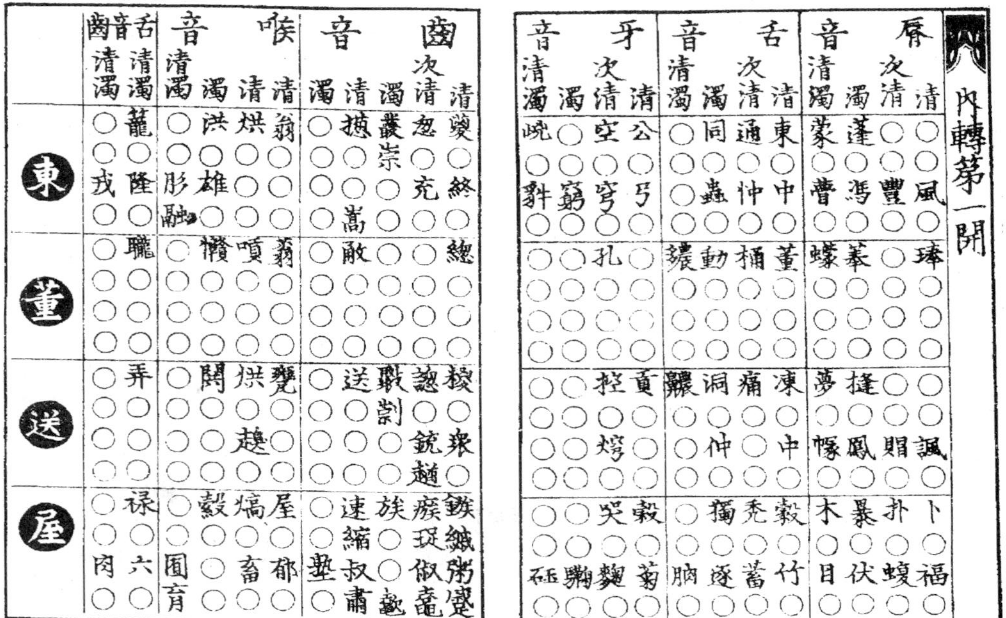

内轉第一開

唇音 清	唇音 次清	唇音 濁	唇音 清濁	舌音 清	舌音 次清	舌音 濁	舌音 清濁	牙音 清	牙音 次清	牙音 濁	牙音 清濁	齒音 清	齒音 次清	齒音 濁	齒音 清	齒音 濁	喉音 清	喉音 清	喉音 濁	喉音 清濁	舌音齒 清濁	舌音齒 清濁	
○	○	蓬	蒙	東	通	同	○	公	空	○	岘	㚇	怱	叢	揔	○	翁	烘	洪	○	籠	○	東
○	○	○	○	○	○	○	○	○	○	○	○	○	○	崇	○	○	○	○	○	○	○	○	
風	豐	馮	瞢	中	忡	蟲	○	弓	穹	窮	[illegible]	終	充	○	○	○	○	○	雄	肜	隆	戎	
○	○	○	○	○	○	○	○	○	○	○	○	○	○	○	嵩	○	○	○	○	融	○	○	
琫	○	菶	蠓	董	桶	動	襛	○	孔	○	○	總	○	○	敵	○	蓊	嗊	懵	○	曨	○	董
○	○	○	○	○	○	○	○	○	○	○	○	○	○	○	○	○	○	○	○	○	○	○	
○	○	○	○	○	○	○	○	○	○	○	○	○	○	○	○	○	○	○	○	○	○	○	
○	○	○	○	○	○	○	○	○	○	○	○	○	○	○	○	○	○	○	○	○	○	○	
○	○	𢶍	夢	凍	痛	洞	齈	貢	控	○	○	糉	謥	戳	送	○	甕	烘	閧	○	弄	○	送
○	○	○	○	○	○	○	○	○	○	○	○	○	○	[illegible]	○	○	○	○	○	○	○	○	
諷	賵	鳳	幪	中	○	仲	○	○	焪	○	○	眾	銃	○	○	○	○	趬	○	○	○	○	
○	○	○	○	○	○	○	○	○	○	○	○	○	趥	○	○	○	○	○	○	○	○	○	
卜	扑	暴	木	㲉	禿	獨	○	穀	哭	○	○	鏃	瘯	族	速	○	屋	熇	縠	○	祿	○	屋
○	○	○	○	○	○	○	○	○	○	○	○	縬	珿	○	縮	○	○	○	○	○	○	○	
福	蝮	伏	目	竹	畜	逐	朒	菊	麴	驧	砡	粥	俶	○	叔	塾	郁	畜	○	囿	六	肉	
○	○	○	○	○	○	○	○	○	○	○	○	蹙	鼀	[illegible]	肅	○	○	○	○	育	○	○	

内轉第四開合

	脣音清	脣音次清	脣音濁	脣音清濁	舌音清	舌音次清	舌音濁	舌音清濁	牙音清	牙音次清	牙音濁	牙音清濁	齒音清	齒音次清	齒音濁	齒音清	齒音濁	喉音清	喉音清	喉音濁	喉音清濁	舌音齒清濁	清濁
支	○	○	○	○	○	○	○	○	○	○	○	○	○	○	○	○	○	○	○	○	○	○	○
	○	○	○	○	○	○	○	○	○	○	○	○	齜	差	齹	釃	○	○	○	○	○	○	○
	陂	鈹	皮	糜	知	摛	馳	○	羈	攲	奇	宜	支	眵	疵	施	匙	猗	犧	○	○	離	兒
	卑	披	陴	彌	○	○	○	○	○	○	祇	○	貲	雌	○	斯	○	○	○	○	移	○	○
紙	○	○	○	○	○	○	○	○	○	○	○	○	○	○	○	○	○	○	○	○	○	○	○
	○	○	○	○	○	○	○	○	○	○	○	○	批	○	○	躧	○	○	○	○	○	○	○
	彼	破	被	靡	[illegible]	褫	豸	抳	掎	綺	技	螘	紙	侈	舐	弛	氏	倚	○	○	○	邐	爾
	俾	諀	婢	弭	○	○	○	○	踦	企	○	○	紫	此	○	徙	○	○	○	○	酏	○	○
寘	○	○	○	○	○	○	○	○	○	○	○	○	○	○	○	○	○	○	○	○	○	○	○
	○	○	○	○	○	○	○	○	○	○	○	○	柴	○	○	屣	○	○	○	○	○	○	○
	賁	帔	髲	○	智	○	○	○	寄	檢	芰	義	寘	卶	○	翅	豉	倚	戲	○	○	詈	○
	○	○	○	○	○	○	○	○	馶	企	○	○	積	刺	漬	賜	○	○	○	○	易	○	○
	○	○	○	○	○	○	○	○	○	○	○	○	○	○	○	○	○	○	○	○	○	○	○
	○	○	○	○	○	○	○	○	○	○	○	○	○	○	○	○	○	○	○	○	○	○	○
	○	○	○	○	○	○	○	○	○	○	○	○	○	○	○	○	○	○	○	○	○	○	○
	○	○	○	○	○	○	○	○	○	○	○	○	○	○	○	○	○	○	○	○	○	○	○

外轉第十五開

唇音 清	唇音 次清	唇音 濁	唇音 清濁	舌音 清	舌音 次清	舌音 濁	舌音 清濁	牙音 清	牙音 次清	牙音 濁	牙音 清濁	齒音 清	齒音 次清	齒音 濁	齒音 清	齒音 濁	喉音 清	喉音 清	喉音 濁	喉音 清濁	舌音 清濁	齒音 清濁	
○	○	○	○	○	○	○	○	○	○	○	○	○	○	○	○	○	○	○	○	○	○	○	
○	○	牌	眲	○	扠	○	[illegible]	佳	[illegible]	○	崖	○	釵	柴	崽	○	娃	[illegible]	膎	○	○	○	佳
○	○	○	○	○	○	○	○	○	○	○	○	○	○	○	○	○	○	○	○	○	○	○	
○	○	○	○	○	○	○	○	○	○	○	○	○	○	○	○	○	○	○	○	○	○	○	
○	○	○	○	○	○	○	○	○	○	○	○	○	○	○	○	○	○	○	○	○	○	○	
擺	○	罷	買	○	○	廌	嬭	解	[illegible]	箉	○	○	○	○	○	○	矮	○	蟹	○	○	○	蟹
○	○	○	○	○	○	○	○	○	○	○	○	○	○	○	○	○	○	○	○	○	○	○	
○	○	○	○	○	○	○	○	○	○	○	○	○	○	○	○	○	○	○	○	○	○	○	
貝	霈	旆	眛	帶	太	大	奈	蓋	磕	○	艾	○	蔡	○	○	○	藹	餀	害	○	賴	○	泰
[illegible]	○	○	○	○	○	○	○	懈	[illegible]	○	睚	債	差	瘵	曬	○	隘	誒	邂	○	○	○	卦
○	○	○	○	○	○	○	○	○	○	○	○	○	○	○	○	○	○	○	○	○	○	○	
蔽	潎	獘	袂	○	○	○	○	○	○	○	藝	○	○	○	○	○	[illegible]	○	○	曳	○	○	祭
○	○	○	○	○	○	○	○	○	○	○	○	○	○	○	○	○	○	○	○	○	○	○	
○	○	○	○	○	○	○	○	○	○	○	○	○	○	○	○	○	○	○	○	○	○	○	
○	○	○	○	○	○	○	○	○	○	○	○	○	○	○	○	○	○	○	○	○	○	○	
○	○	○	○	○	○	○	○	○	○	○	○	○	○	○	○	○	○	○	○	○	○	○	

外轉第二十五開

唇音清	唇音次清	唇音濁	唇音清濁	舌音清	舌音次清	舌音濁	舌音清濁	牙音清	牙音次清	牙音濁	牙音清濁	齒音清	齒音次清	齒音濁	齒音清	齒音濁	喉音清	喉音清	喉音濁	喉音清濁	舌音清濁	齒清濁	
褒	橐	袍	毛	刀	饕	陶	猱	高	尻	○	敖	糟	操	曹	騷	○	鏖	蒿	豪	○	勞	○	豪
包	胞	庖	茅	嘲	颵	桃	鐃	交	敲	○	聱	䕅	謅	巢	捎	○	顟	虓	肴	○	顟	○	肴
鑣	藨	○	苗	朝	超	晁	○	驕	蹺	喬	垚	昭	弨	○	燒	韶	妖	囂	○	鴞	燎	饒	宵
○	○	○	○	貂	挑	迢	○	驍	鄡	○	嶢	○	○	○	蕭	○	幺	膮	○	○	聊	○	蕭
寶	犥	抱	蓩	倒	討	道	腦	暠	考	○	𩕄	早	草	皁	嫂	○	襖	好	晧	○	老	○	晧
飽	○	鮑	卯	䝤	○	○	獿	絞	巧	○	齩	爪	煼	巐	㪢	○	拗	○	澩	○	○	○	巧
表	麃	藨	○	○	[illegible]	趙	○	矯	○	𩭶	○	沼	麨	○	少	紹	殀	○	○	○	繚	擾	小
○	○	○	○	鳥	朓	窕	嬲	皎	磽	○	○	湫	○	○	篠	○	杳	曉	皛	○	了	○	篠
報	○	暴	帽	到	○	導	臑	誥	鎬	○	傲	竈	操	漕	喿	○	奧	耗	號	○	嫪	○	號
豹	奅	皰	貌	罩	趠	棹	橈	教	敲	○	樂	抓	抄	巢	稍	○	靿	孝	效	○	○	○	效
○	○	○	廟	○	朓	召	○	驕	○	嶠	○	照	○	○	少	邵	○	○	○	○	療	饒	笑
○	○	○	○	弔	糶	藋	尿	叫	竅	○	顤	○	○	○	嘯	○	窔	歊	○	○	顟	○	嘯
○	○	○	○	○	○	○	○	○	○	○	○	○	○	○	○	○	○	○	○	○	○	○	
○	○	○	○	○	○	○	○	○	○	○	○	○	○	○	○	○	○	○	○	○	○	○	
○	○	○	○	○	○	○	○	○	○	○	○	○	○	○	○	○	○	○	○	○	○	○	
○	○	○	○	○	○	○	○	○	○	○	○	○	○	○	○	○	○	○	○	○	○	○	

五一

开合(应为合)”等①;如果不分开合,则可并为25组,这25组就是十六摄的前身。由此可以看出,《韵镜》虽还没有提出“摄”的名称,但已有了“摄”的概念。以下是这25组的具体情况(见表8):

表8 《韵镜》43图归组表

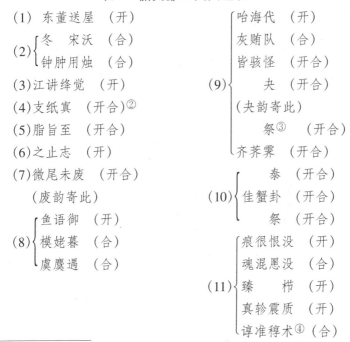

组	韵	开合
(1)	东董送屋	(开)
(2)	冬 宋沃	(合)
	钟肿用烛	(合)
(3)	江讲绛觉	(开)
(4)	支纸寘	(开合)②
(5)	脂旨至	(开合)
(6)	之止志	(开)
(7)	微尾未废(废韵寄此)	(开合)
(8)	鱼语御	(开)
	模姥暮	(合)
	虞麌遇	(合)
(9)	咍海代	(开)
	灰贿队	(合)
	皆骇怪	(开合)
	夬(夬韵寄此)	(开合)
	祭③	(开合)
	齐荠霁	(开合)
(10)	泰	(开合)
	佳蟹卦	(开合)
	祭	(开合)
(11)	痕很恨没	(开)
	魂混慁没	(合)
	臻 栉	(开)
	真轸震质	(开)
	谆准稕术④	(合)

---

① 一图称作一转。“转”本是声母依次与韵母相拼的意思,拼的结果列为一图。

② 《韵镜》个别转原标作“开合”,本书根据多数人的说法改为“开”或“合”。此以下所标的“开合”为本书所加,表示该组韵具有开合两类韵母,《韵镜》分置于开合两图,下同。

③ “祭”为重纽韵,分置于两图,一图在三等格,一图在四等格。这里列出的“祭”置于三等格,第10组的“祭”置于四等格。

④ “真”“谆”《广韵》分作两韵,《韵镜》分置于两图,一开一合,后人多以为此两韵是相配的,故这里将“谆”组列于“真”组之后。第14组中寒与桓、16组中歌与戈、24组中严与凡的情况同此。

(12) 欣隐焮迄（开）
文吻问物（合）

(13) 山产裥鎋（开合）
元阮愿月（开合）
仙狝线薛①（开合）

(14) 寒旱翰曷（开）
桓缓换末（合）
删潸谏黠（开合）
仙狝线薛（开合）
先铣霰屑（开合）

(15) 豪皓号（开）
爻巧效（开）
宵小笑（开）
萧筱啸（开）
（宵小笑　开）②

(16) 歌哿箇（开）
戈果过（开合）

(17) 麻马祃（开合）

(18) 唐荡宕铎（开合）
阳养漾药（开合）

(19) 庚梗敬陌（开合）
清静劲昔（开合）③

(20) 耕耿诤麦（开合）
清静劲昔（开）
青迥径锡（开合）

(21) 侯厚候（开）
尤有宥（开）
幽黝幼（开）

(22) 侵寝沁缉（开）

(23) 覃感勘合（开）
咸豏陷洽（开）
盐琰艳叶（开）
添忝㮇帖（开）

---

① 仙组韵为重纽四等，列于四等格；第14组的仙组韵为重纽三等，列于三等格。

② 宵组韵为重纽四等，列于四等格，独占一图；第15组的宵组韵为重纽三等，列于三等格。又，宵组韵（重四）及下面的歌、侵、谈等组韵《韵镜》作合口，今据《七音略》改作开口。

③ 清组韵为重纽四等，列于四等格；第20组的清组韵为重纽三等，列于三等格。

(24)
- 谈敢阚盍 (开)
- 衔槛鉴狎 (开)
- 严俨酽业 (开)
- 凡泛梵乏 (合)
- 盐琰艳叶 (开)①

(25)
- 登等嶝德 (开合)
- 蒸拯证职 (开)
- 职 (合)

三、依图列等

将一图内所含韵母总体上分析为四类,称作四等,分置于四格。例如"外转第二十五开"这一图共有"豪爻宵萧"四韵,各含有一个韵母,依次定为一二三四等韵,分别置于第一二三四等格,其音值今或拟作[ɑu][au][iæu][ɛu]。当一图内所含韵母不足四等时,所缺音节用"○"补充。例如"外转第十三开"一图共有"咍皆齐"三韵,各含一个韵母,分属一二四等韵,本图无三等韵,三等格上的空位用"○"补充。当图中某韵含有两个以上的韵母时,这些韵母所组成的音节各依其等分列于相应的格位,例如"内转第一开",东韵含有两个韵母,分别属一等韵和三等韵,和一等韵组成的音节列于一等格,和三等韵组成的音节列于三等格。

四、假二等与假四等的安排

齿音一栏中的精组声母可以和一三四等韵相拼,庄组声母可以和二三等韵相拼,章组声母只和三等韵相拼。这三组声母有一个共同点即都可以和三等韵相拼,而三等格只有一个,安排不下。处理的方法是:规定章组与三等韵所拼的音节居于三等格;庄组与三等韵相拼的音节居于第二格,这叫做"假二等",例如"内转第六开"中

① 盐组韵为重纽四等,列于四等格;第 23 组的盐组韵为重纽三等,列于三等格。

“脂”韵栏第二格齿音下的“师”字；精组与三等韵相拼的音节居于第四格，这叫做“假四等”，例如“内转第六开”中“脂”韵一栏第四格齿音下的“咨、郪、茨、私”四字。这样安排的根据是，庄组声母不会同时与同一图中的二等韵和三等韵相拼，精组声母也不会同时与同一图中的三等韵和四等韵相拼。庄组声母可与相拼的三等韵有“鱼虞支脂之尤侵真臻谆阳蒸”等12个，这12个韵均不与二等韵同处于一图；与二等韵同处一图的三等韵有“祭元仙宵清庚$_{三}$盐严”等8个，但这8韵均不与庄组声母相拼。所以庄组下的二等格不会同时出现既有二等音节又有三等音节的问题，有二等则肯定没有三等，有三等则肯定没有二等。例如在“内转第十二合”的第一栏中，有一等模韵和三等虞韵，无二等韵，二等格的位置是空的，所以庄组与虞韵所拼的“㑳”“刍”等音节可置于第二格。又如在“外转第二十五开”的第一栏中，有二等爻韵又有三等宵韵，庄组与爻韵相拼的“巢”“梢”等音节列于第二格，由于庄组不与宵韵相拼，所以不需要第二格的位置。精组声母可与相拼的三等韵有“东$_{三}$钟支脂之鱼虞祭真谆仙宵麻$_{三}$阳清尤(《广韵》部分尤韵字《韵镜》列在幽韵)侵盐蒸”等19韵，这19韵与精组相拼的音节全部被安排在四等格上，均为假四等。其中“东$_{三}$钟支脂之鱼虞真谆麻$_{三}$阳幽侵蒸”等14韵均不与四等韵同图，即这些韵出现时四等韵不出现，第四格是空的，所以可以寄放“假四等”；其中“祭仙宵清盐”5韵分别与四等韵“霁先萧青添”同图，这时按一般排列规则让“祭”等与章组相拼的音节居于第三格，让“霁”等与精组相拼的音节居于第四格，而让“祭”等与精组相拼的音节居于另一图的第四格上。例如在“外转第二十三开”中，仙韵居第三格，先韵居第四格，仙韵与精组相拼的音节被安排在“外转第二十一开”的第四格上。当“祭”等与精组相拼的音节被安排在另一图上时，即使该图无三等韵，“祭”等也不能居于三等格，因为第三格始终是章组与三等韵所拼音节的位置。例如在“外转第二十六开”(永禄本《韵镜》作“合”,应为“开”)的平声栏中,虽只有三等宵1韵,也被安排在第四格上。

此外,喉音中云(喻三)、以(喻四)两个声母都只与三等韵相拼,为了避免共居三等格的冲突,规定“云”母与三等韵所拼的音节居于三等格,而让“以”母与三等韵所拼的音节居于四等格,这也叫做假四等。与“以”母相拼的三等韵共有“东三钟支脂之虞祭真谆仙宵麻三阳清幽侵盐”等17韵。其中“东三钟支脂之虞真谆麻三阳幽侵”等12韵所在的图上都没有四等韵,故“以”母与这些韵相拼的音节可置于四等格上;“祭仙宵清盐”5韵所在的图上分别有四等韵“霁先萧青添”,这时“祭”等与“以”母相拼的音节均被安排在另一图的第四格上,如“外转第四十合(应为开)”平声栏中的盐小韵所处的位置即在四等格上。

五、重纽的安排

“支脂祭真仙宵侵盐”等韵遇唇、牙、喉音被分成两类,一类使之与舌齿音所拼的音节同处于三等格,一类使之处于四等格,这就是对重纽的安排。例如“内转第四开合”中平声栏唇音与支韵相拼的音节被分成“陂铍皮縻”与“卑披陴弥”两类。前一类与舌齿音下的音节同处于三等格,后一类处于四等格。

第三节 《韵镜》对中古声母和韵母的分析

《韵镜》通过图表的形式展示了作者对中古汉语声母和韵母的研究结果,使我们据此可以了解到当时汉语声、韵的特点及其配合规律，这不但是研究中古音必不可少的材料，而且对上古音、近代音以及现代音的研究都非常重要。

一、对中古声母的分析

1.《韵镜》将中古的声母分析为38个①，同时指明了每一声母的清浊，这些声母及其清浊情况如下（见表9）：

表9 《韵镜》声母表

声母 发音方法 / 发音部位	清	次清	浊	清浊	清	浊
唇音	帮（非）	滂（敷）	並（奉）	明（微）		
舌音	端 知	透 彻	定 澄	泥 娘		
牙音	见	溪	群	疑		
齿音	精 庄 章	清 初 昌	从 崇 船		心 生 书	邪 俟 禅
喉音	影			云 以	晓	匣
舌齿音				来 日		

① 和三十六字母相比，唇音中少了4个，齿音中多了5个，喉音中多了1个。《韵镜》的正文之前列了1个三十六字母与"清、次清、浊、清浊"的对应关系表，但"清、次清、浊、清浊"实际所包含的声母并不等于三十六字母。根据我们的观察，《韵镜》的声母共有38个。一说是42个，多出的4个是非敷奉微，详见邵荣芬《汉语语音史讲话》120页（天津人民出版社，1979）。

2. 指明了每一声母所能相拼的韵母,赋予声母以“等”的色彩。“等”本来是区分韵母的概念,《韵镜》将不同的韵母列于四等格子中,对每一格中的韵母所能相拼的声母作了明确的规定,这种规定表明了哪类声母可以和哪类韵母相拼,从而使声母也具有了等的色彩。《韵镜》38 声母所含等的情况如下:

四等具全的声母: 帮滂並明(非敷奉微) 见溪疑 影晓 来

一二四等声母: 匣

一三四等声母: 精清从心

一四等声母: 端透定泥

二三等声母: 知彻澄娘 庄初崇生

三等声母: 群俟章昌船书禅邪云以日

二、对中古韵母的分析

1. 将二〇六韵按类归纳为 25 组(详见本章第二节),同组韵表明其韵腹相同或相近、韵尾相同或部分相同。

2. 将二〇六韵按开合归为 43 图,这样就明确将韵母的开合显示了出来。二〇六韵的开合情况如下:

具有开合两类韵母的韵:支脂微齐佳皆祭泰夬废元删山先仙麻阳唐庚耕清青登职

只有开口韵母的韵:东江之鱼咍真臻欣痕寒萧宵爻(肴)豪歌蒸尤侯幽侵覃谈盐添咸衔严①

① 东、鱼二韵《韵镜》作开口,《七音略》也作开口,故这里列入开口,今人一般作合口。江韵及支韵第一图(内转第四)《韵镜》作开合,《七音略》作开口,应为开口。虞、模二韵《韵镜》作开合,《七音略》作合口,应为合口。宵(重纽四等)、歌、侵、谈、盐(重纽四等)、衔、严七韵《韵镜》作合口,《七音略》作开口,应为开口。真韵《广韵》有合口字,《韵镜》归入谆韵。

只有合口韵母的韵：冬钟虞模灰谆文魂桓戈[1] 凡

3.在同一图内用四个格子将不同等的韵母区别开来。二〇六韵所含等的情况如下：

独立一等韵：冬模泰灰咍魂痕寒桓豪歌唐登侯覃谈

独立二等韵：江佳皆夬删山爻(肴)耕咸衔

独立三等韵：

a.微废文欣元严凡(此七韵及庚三所拼的声母较少，只限于唇牙喉音，韵图列在三等格。)

b.钟之鱼虞臻谆阳清蒸尤幽(此十一韵及东三戈三麻三所拼的声母较多，除"端透定"外都可以相拼，在韵图上遇庄组声母时被排在二等格，遇精组声母及"以"母时被排在四等格。)[2]

c.支脂祭真仙宵侵盐(此八韵具有 b 类韵的全部特点，同时遇唇牙喉音时分为重纽，重纽韵图分别排在三、四格。)

独立四等韵：齐先萧青添

一三等合韵：东戈

二三等合韵：麻庚

根据《韵镜》的分析，可知其所含韵共有 291 类[3]，不计声调为 90 类，具体情况如下表(见表 10)：

表 10 《韵镜》韵类表

1.东开一　　董开一　　送开一　　屋开一

① 戈韵《韵镜》只列合口，王力《汉语史稿》列有开口三等。

② 臻韵只与庄组声母拼，其所属字居于二等格，有些书中把臻韵归入 C 类，那是把臻韵与真韵按同音来对待的。谆韵不与庄组声母拼，其所属字只居于三、四格。在《切韵》中谆韵归入真韵。

③ 这个数字是把重纽作为一类统计出的。

2.东开三		送开三	屋开三
3.冬合一		宋合一	沃合一
4.钟合三	肿合三	用合三	烛合三
5.江开二	讲开二	绛开二	觉开二
6.支开三	纸开三	寘开三	
7.支合三	纸合三	寘合三	
8.脂开三	旨开三	至开三	
9.脂合三	旨合三	至合三	
10.之开三	止开三	志开三	
11.微开三	尾开三	未开三	
12.微合三	尾合三	未合三	
13.		废开三	
14.		废合三	
15.鱼开三	语开三	御开三	
16.模合一	姥合一	暮合一	
17.虞合三	麌合三	遇合三	
18.咍开一	海开一	代开一	
19.灰合一	贿合一	队合一	
20.皆开二	骇开二	怪开二	
21.皆合二	①	怪合二	
22.		夬开二	
23.		夬合二	
24.		祭开三	

① “外转第十四合”上声骇韵二等格只列一“鬠”字，此字《广韵》在贿韵，陟贿切，《七音略》于骇韵未列此字，疑《韵镜》有误，故此处不列韵。

25.			祭合三	
26.	齐开四	荠开四	霁开四	
27.	齐合四		霁合四	
28.			泰开一	
29.			泰合一	
30.	佳开二	蟹开二	卦开二	
31.	佳合二	蟹合二	卦合二	
32.	痕开一	很开一	恨开一	没开一
33.	魂合一	混合一	慁合一	没合一
34.	臻开三			栉开三
35.	真开三	轸开三	震开三	质开三
36.	谆合三	准合三	稕合三	术合三
37.	欣开三	隐开三	焮开三	迄开三
38.	文合三	吻合三	问合三	物合三
39.	山开二	产开二	裥开二	辖开二
40.	山合二	产合二	裥合二	辖合二
41.	元开三	阮开三	愿开三	月开三
42.	元合三	阮合三	愿合三	月合三
43.	寒开一	旱开一	翰开一	曷开一
44.	桓合一	缓合一	换合一	末合一
45.	删开二	潸开二	谏开二	黠开二
46.	删合二	潸合二	谏合二	黠合二
47.	仙开三	狝开三	线开三	薛开三
48.	仙合三	狝合三	线合三	薛合三
49.	先开四	铣开四	霰开四	屑开四
50.	先合四	铣合四	霰合四	屑合四

51.豪开一　皓开一　号开一
52.爻开二　巧开二　效开二
53.宵开三　小开三　笑开三
54.萧开四　筱开四　啸开四
55.歌开一　哿开一　箇开一
56.戈合一　果合一　过合一
57.戈合三
58.麻开二　马开二　祃开二
59.麻合二　马合二　祃合二
60.麻开三　马开三　祃开三
61.唐开一　荡开一　宕开一　铎开一
62.唐合一　荡合一　宕合一　铎合一
63.阳开三　养开三　漾开三　药开三
64.阳合三　养合三　漾合三　药合三
65.庚开二　梗开二　敬开二　陌开二
66.庚合二　梗合二　敬合二　陌合二
67.庚开三　梗开三　敬开三　陌开三
68.庚合三　梗合三　敬合三
69.耕开二　耿开二　诤开二　麦开二
70.耕合二　耿合二　诤合二　麦合二
71.清开三　静开三　劲开三　昔开三
72.清合三　静合三　劲合三　昔合三
73.青开四　迥开四　径开四　锡开四
74.青合四　迥合四　径合四　锡合四
75.侯开一　厚开一　候开一
76.尤开三　有开三　宥开三

77. 幽开三	黝开三	幼开三	
78. 侵开三	寝开三	沁开三	缉开三
79. 覃开一	感开一	勘开一	合开一
80. 咸开二	豏开二	陷开二	洽开二
81. 盐开三	琰开三	艳开三	叶开三
82. 添开四	忝开四	㮇开四	帖开四
83. 谈开一	敢开一	阚开一	盍开一
84. 衔开二	槛开二	鉴开二	狎开二
85. 严开三	俨开三	酽开三	业开三
86. 凡合三	范合三	梵合三	乏合三
87. 登开一	等开一	嶝开一	德开一
88. 登合一			德合一
89. 蒸开三	拯开三	证开三	职开三
90.			职合三

上表共含平声韵 81 类，上声韵 74 类，去声韵 86 类，入声韵 50 类。其中阴声韵为 39 类；阳、入声韵相配者为 49 类，再加上阳声韵庚合三（无入声韵相配）与入声韵职合三（无阳声韵相配）共为 51 类；两者合计为 90 类。如果从韵母结构的角度来计算，这 90 类所包含的韵母共有阴声韵 39 个，阳声韵 50 个，入声韵 50 个，总数为 139 个。

第四节 《韵镜》和《广韵》在考察中古音中的互补作用

《广韵》是研究中古音的最重要的材料，通过系联法对《广韵》反切上下字进行归类，可以弄清《广韵》所包含的声类和韵类。不过，要进一步了解中古声、韵及其配合规律的具体情况，单靠一部

《广韵》是不够的。因为系联法有它的局限性,例如要将声类归纳为声母,就必须要知道每一声类所能相拼的韵等,而系联法本身并不能解决这一问题。又如根据系联法可以知道《广韵》含有 140 个韵类(不计声调),但是每一韵类的开、合情况、韵头的有无、韵腹开口度的大小及韵尾的特征等则无从得知。这些只有通过《韵镜》(或《七音略》)才能清楚。此外,如果离开了《韵镜》,系联结果的准确性也难以把握,例如《广韵》中閍、趟、横三字均以"盲"为切下字,按系联归为一类,根据《韵镜》才得知,"閍""趟"为开口,"横"为合口。"盲"所以同时作开、合口字的切上字,因为它是唇音字,开合不分。以上情况并不是说,《广韵》对考察中古音是无关紧要的,只要通过《韵镜》(或《七音略》)就可以达到目的。恰恰相反,如果没有《广韵》,同样也无法弄清中古音的本来面目。例如《韵镜》中的"假二等"和"假四等",分别处在第二格和第四格,如果单凭《韵镜》,就会误以为它们分别是二等韵和四等韵,通过《广韵》切下字的系联,我们才知道它们和三等韵实为一类。因此,对于考察中古音来说,《广韵》与《韵镜》的作用是互为补充、相得益彰的。此外,通过《广韵》与《韵镜》的比较,还可以发现二者之间的差异,这对中古音的研究也是有帮助的。例如,根据系联,《广韵》中的真韵分为两类(一开一合),谆韵为另一类;而《韵镜》将真韵中的一类列在开口,另一类则与谆韵合成一类列在合口。又如,根据系联,庚韵中的切下字"兵明荣"为一类,《韵镜》则将"兵明"二字列在开口,而将"荣"字列在合口①。

① 《韵镜》将"荣"字列在四等格,《七音略》列在三等格,应在三等格,《韵镜》与"营"字误倒。

第五章　中古音系

上文提到,《广韵》与《韵镜》(包括《七音略》)在中古音的研究中是互为补充、缺一不可的。通过《广韵》与《韵镜》的分析比较,相互参证,中古音的声母、韵母、声调、音值及声韵的配合情况就可以确定了。

第一节　中古音的声母

《广韵》的声母有 37 个,《韵镜》的声母有 38 个,二者的差别只在于,《广韵》的喉音中有影、晓、匣、以(喻$_{四}$)四母,《韵镜》的喉音中则有影、晓、匣、云(喻$_{三}$)、以 5 母,所以《韵镜》比《广韵》多出 1 母。就《韵镜》的情况来看,"云"母已从"匣"母中分化出来,但尚未同"以"母合流,这种现象说明《韵镜》所确定的声母要晚于《切韵》(《广韵》的声母即代表《切韵》的声母),但不会晚于守温制作三十字母的晚唐时期,因为在守温的三十字母中云、以已合流为喻。本书将中古声母确定为 37 个,亦即《广韵》的 37 母,理由是让"云"归"匣"更能反映出隋唐时期汉语声母的面貌。下面是 37 声母表及其拟音(见表 11)。

表中的 37 声母和唐末宋初的三十六字母相比,唇音中少了 4 个,正齿音中多了 5 个,喉音中的喻母有分有合,数目没有增减。兹将表中的有关情况说明如下(见 106—109 页):

表 11　中古声母音值表

发音部位新名	发音部位旧名	中古声母及拟音／发音方法	全清	次清	全浊	次浊	全清	全浊
双唇	唇	重唇	帮[p]（非）	滂[p‘]（敷）	並[b]（奉）	明[m]（微）		
舌尖中	舌	舌头	端[t]	透[t‘]	定[d]	泥[n]		
舌面前		舌上	知[ȶ]	彻[ȶ‘]	澄[ȡ]	娘[ȵ]		
舌尖前	齿	齿头	精[ts]	清[ts‘]	从[dz]		心[s]	邪[z]
舌叶		正齿	庄[tʃ]	初[tʃ‘]	崇[dʒ]		生[ʃ]	俟[ʒ]
舌面前			章[tɕ]	昌[tɕ‘]	船[dʑ]		书[ɕ]	禅[ʑ]
舌根	牙		见[k]	溪[k‘]	群[g]	疑[ŋ]		
零声母	喉		影[o]					
舌根音							晓[x]	匣[ɣ]（云）
半元音						以[j]		
舌尖中	半舌					来[l]		
舌面鼻擦音	半齿					日[ȵʑ]		

第一,表中保留了娘母。不少音韵学家认为在中古没有娘母,例如李荣先生即认为在《切韵》时代没有娘母,王力先生《汉语音韵》中认为《切韵》有娘母,而在其后的《汉语史稿》和《汉语语音史》中也取消了娘母。从反切的实际情况看,泥、娘二母在中古时期应是并存的,无论是《王三》还是《广韵》,其反切上字的系联结果都显示泥、娘分作两类,这和端与知、透与彻、定与澄分作两类的结果相同。另外,从《王三》《广韵》《博雅音》《晋书音义》等书中的音和与类隔切来看,泥与娘固然有一些互为切上字的类隔数,但端与知、透与彻、定与澄同样也都有一些类隔数,看不出二者之间有多大差别,例如①:

	《王三》		《广韵》	
	小韵总数	类隔数	小韵总数	类隔数
端知	156	11	162	9
透彻	138	2	153	3
定澄	151	5	160	4
泥娘	116	10	123	9

	《博雅音》		《晋书音义》	
	反切数	类隔数	反切数	类隔数
端知	102	7	194	16
透彻	109	3	189	0
定澄	183	3	259	4
泥娘	99	8	115	13

第二,王力先生在《汉语语音史》中认为《切韵》并不代表一时一地之音,他以陆德明《经典释文》和玄应《一切经音义》的反切为

① 邵荣芬《切韵研究》33 页,中国社会科学出版社,1982 年。

依据,考证出隋至中唐汉语的声母为 33 个。王力的这一结论不但取消了娘母,连知、彻、澄三母也同时被取消了。从本表中去掉知、彻、澄、娘四母,即是王力的 33 母。

第三,庄组音高本汉拟作[tʂ][tʂʻ][dʐ][ʂ]等,中国学者陆志韦、李荣等人改拟为[tʃ]等,理由是[tʃ]等是舌尖及舌面音,便于解释庄组既和二等又和三等韵相拼的现象。本表采用的是陆、李等人的拟音。

第四,俟母(禅$_{二}$)只出现在"漦、俟"两个小韵中。"漦、俟"分别属于《广韵》的之韵和止韵。漦小韵只有漦一字,俟甾切。俟小韵共含"俟、竢、涘"等 7 字,床史切。中古是否有一个俟母,对此问题存在着两种相反的观点。一种观点认为应当承认俟母,理由是:从系联角度看,此两小韵的声母似乎为崇(床$_{二}$)母,但在之韵中,漦小韵与茬小韵对立,茬属崇母;在止韵中,俟小韵与士小韵对立,士也属崇母。根据韵同则声必不同的原则,"漦、俟"两小韵的声母当不会是"崇"。《七音略》在之、止两韵中都将"漦、俟"列在禅二的位置,《韵镜》在之韵禅二的位置未列漦字,但在止韵禅二的位置列有俟字,据此可知,"漦、俟"两小韵的声母为俟。李荣先生在《切韵音系》中说:"俟(禅$_{二}$)类只有'俟、漦'两个小韵,通常归入崇(床$_{二}$)类(因此禅只有一类),是错误的。"① 俟母的情况实际比较复杂。据邵荣芬先生进一步的考证,俟母的音切大致可分为三类,一类是俟母字不与其他声母字系联;第二类是俟母字用崇母字注音或作切;第三类是俟母字以喉牙音字作切或谐声,这种现象出现的时代较早。邵氏推论说,第一类的证据只有两家,材料少见,说明《切韵》俟母的分立并不代表当时大多数方言。第三类的情况说明俟

① 《切韵音系·单字音表》4 页,科学出版社,1956 年。

母原来大概是喉牙音，后来才变为齿音二等的，这种变化《切韵》以前并没有在所有的方言发生。第二类的情况表明这些方言在俟母上和《切韵》是同类型的，只不过它们已经经历了俟母作为正齿擦音二等而独立的阶段，达到了“崇、俟”合并的时期。另一种观点认为俟母并不存在，陈澧就是这一派的主要代表，他认为《广韵》止韵中俟小韵(床史切)七字紧列于士小韵(鉏里切)5字之后，12字相连，当为同一小韵，“床史”“鉏里”音实相同而误分成两切。他又引《尔雅·释诂》“竢音仕”(字又作俟亦作戺)、《玉篇》“士、涘并事几切”为证，说明《广韵》分“床史”“鉏里”两切实误，《集韵》《指掌图》《七音略》等亦皆沿《广韵》之误，只有《五音集韵》“士、俟”同音不误①。李新魁先生也对俟母抱否定的态度。他在《韵镜校正》“内转第八”的校语4中说：“俟字《广韵》《集韵》俱作床史切，论音切当在床纽二等‘士’字地位。《玉篇》《二徐音》《慧琳音》俟字作事滓切，《玄应音》事几反，亦当在床纽。查《切三》《王三》俟字作漦史反，漦又作俟之反，俟、漦二字互为音切，据《切三》《王三》极难断定俟字当归何纽。若依《七音略》等，则俟当入禅纽。……《切三》《王三》等以漦为俟字之切语，无法断定其音韵地位，故《广韵》等遂改从床史切。然其与士字对立，则仍之。因此，依《广韵》俟字作床史切，自当入床纽。《韵镜》《七音略》《指掌图》《等子》等以俟字入禅纽，均与《广韵》切语不合。……从《广韵》的角度出发，《韵镜》以俟列禅纽是不对的。”本书基本同意邵氏《切韵》有俟母但并不代表当时大多数方言的说法，故在表中增加了俟母。

第五，影母的拟音或作零声母，或作喉清塞音[ʔ]②。在现代

① 陈澧《切韵考》卷四。

② 将影母拟作零声母的学者以陆志韦为代表，拟作[ʔ]的学者以西人马伯乐、高本汉为代表。

方言中，凡平声分为阴、阳者，影母字大都读作阴平声。将影母拟作零声母的理由是，汉语声调的变化取决于声母的清浊，影母平声字后来一般都变成了阴平声，与其他清声母平声字的变化特点一致。影母作[ʔ]，原是马伯乐、高本汉为了与喻三喻四区别所拟，陆志韦先生认为喻三喻四实际是辅音，与影母并不冲突，故影母不必从马伯乐、高本汉拟作[ʔ]，而应拟作零声母①。将影母拟作清塞音[ʔ]的理由之一是，影母入声字在《中原音韵》中和次浊声母入声字一起派入到去声，现代北方话中原影母入声字一般也都读作去声。这种现象说明影母入声字的声调变化与影母平声字的变化不一致：平声字声调的变化和清声母导致的结果相同，入声字声调的变化和浊声母导致的结果相同。如果将影母拟作清塞音[ʔ]，这种现象就可以得到合理的解释：[ʔ]是清音，所以影母平声字变成了阴平声；后来[ʔ]消失了，影母字的始音变成了元音或半元音，所以其入声字和次浊声母入声字一起变成了去声②。影母究竟拟作零声母合理还是作[ʔ]合理，此问题尚待作进一步的探讨，本书暂定为零声母。

第六，日母的音值王力先生在《汉语音韵学》中引用高本汉的拟音作[ȵʑ]，在《汉语音韵》中又拟作[ɽ]，在《汉语史稿》中又拟作[nʑ]，在《汉语语音史》中拟作[ȵ]。本表中采用的是高氏的拟音。

第二节　中古音的韵母

通过第三、四两章我们得知，《广韵》的韵类共有 292 类（王力

① 《陆志韦语言学著作集》（一）9 页，中华书局，1985 年；（二）510 页，中华书局，1999 年。

② 邵荣芬《切韵研究》108 页。

《汉语史稿》的分类或王力《汉语音韵学》中的290类再加上戈$_{开三}$和昔$_{合三}$[①])。如果不计声调，则为92类，其中所含韵母计有142类。《韵镜》的韵类共有291类（比《广韵》少1个戈$_{开三}$），如果不计声调，则为90类，其中所含韵母共有139类。两相比较，《广韵》比《韵镜》只多出真$_{合三}$、质$_{合三}$及戈$_{开三}$3个韵母[②]。由此可以看出，《广韵》切下字系联的结果和《韵镜》所列的韵类数是极其接近的，这说明了系联结果的可靠性。本书把《广韵》的142个韵母确定为中古的韵母，下面是这142个韵母的名称及拟音，序次按92类的形式排列，其中平声韵的拟音代表平、上、去三声（见表12）。

表12 中古韵母音值表

1. 东开一oŋ　屋开一ok
2. 东开三ioŋ　屋开三iok
3. 冬合一uŋ　沃合一uk
4. 钟合三iuŋ　烛合三iuk
5. 江开二ɔŋ　觉开二ɔk
6. 支开三ie
7. 支合三iue
8. 脂开三iei
9. 脂合三iuei
10. 之开三i
11. 微开三iəi
12. 微合三iuəi
13. 鱼开三io
14. 虞合三iu
15. 模合一u
16. 齐开四ɛi
17. 齐合四uɛi
18. 祭开三iɛi

---

① 参见第三章第八节“《广韵》290韵类与311韵类对照表”第56禾类注⑰与第72营类注㉕。

② 《韵镜》中的平声韵比《广韵》少两个，即真$_{合三}$与戈$_{开三}$；上声韵比《广韵》多了1个耿$_{合二}$，又少了两个，即轸$_{合三}$与冬韵的上声湩类；去声韵比《广韵》多3个，即诤$_{合二}$、劲$_{合三}$与径$_{合四}$；入声韵比《广韵》少1个，即质$_{合三}$。从韵母结构的角度看，其中真$_{合三}$、戈$_{开三}$与质$_{合三}$三韵是《广韵》比《韵镜》实际多出的韵母，其余几个韵类的有无都没有改变《广韵》和《韵镜》的韵母数。

19. 祭合三iuɛi
20. 泰开一ɑi
21. 泰合一uɑi
22. 佳开二ai
23. 佳合二uai
24. 皆开二ɐi
25. 皆合二uɐi
26. 夬开二æi
27. 夬合二uæi
28. 灰合一uɒi
29. 咍开一ɒi
30. 废开三iɐi
31. 废合三iuɐi
32. 真开三ien　质开三iet
33. 真合三iuen　质合三iuet①
34. 谆合三iuɛn　术合三iuɛt
35. 臻开三iɛn　栉开三iɛt
36. 文合三iuən　物合三iuət
37. 欣开三iən　迄开三iət
38. 元开三iɐn　月开三iɐt
39. 元合三iuɐn　月合三iuɐt
40. 魂合一uən　没合三iuɐt
41. 痕开一ən　没开一uət
42. 寒开一ɑn　曷开一ɑt
43. 桓合一uɑn　末合一uɑt
44. 删开二an　辖开二at
45. 删合二uan　辖合二uat
46. 山开二æn　黠开二æt
47. 山合二uæn　黠合二uæt
48. 先开四ɛn　屑开四ɛt
49. 先合四uɛn　屑合四uɛt
50. 仙开三iæn　薛开三iæt
51. 仙合三iuæn　薛合三iuæt
52. 萧开四ɛu
53. 宵开三iæu
54. 肴开二au
55. 豪开一ɑu
56. 歌开一ɑ
57. 戈合一uɑ
58. 戈开三iɑ
59. 戈合三iuɑ
60. 麻开二a
61. 麻合二ua
62. 麻开三ia
63. 阳开三iaŋ　药开三iak
64. 阳合三iuaŋ　药合三iuak
65. 唐开一ɑŋ　铎开一ɑk
66. 唐合一uɑŋ　铎合一uɑk

①《广韵》的真韵合口字《韵镜》列在谆韵之中。

67. 庚开二aŋ	陌开二ak	80. 登合一uəŋ	德合一uək
68. 庚合二uaŋ	陌合二uak	81. 尤开三iəu	
69. 庚开三iaŋ	陌开三iak	82. 侯开一əu	
70. 庚合三iuaŋ		83. 幽开三ieu	
71. 耕开二ɐŋ	麦开二ɐk	84. 侵开三iem	缉开三iep
72. 耕合二uɐŋ	麦合二uɐk	85. 覃开一ɒm	合开一ɒp
73. 清开三iæŋ	昔开三iæk	86. 谈开一ɑm	盍开一ɑp
74. 清合三iuæŋ	昔合三iuæk	87. 盐开三iæm	叶开三iæp
75. 青开四ɛŋ	锡开四ɛk	88. 添开四ɛm	帖开四ɛp
76. 青合四uɛŋ	锡合四uɛk	89. 咸开二ɐm	洽开二ɐp
77. 蒸开三iəŋ	职开三iək	90. 衔开二am	狎开二ap
78.	职合三iuək	91. 严开三iɐm	业开三iɐp
79. 登开一əŋ	德开一ək	92. 凡合三iuɐm	乏合三iuɐp

这142个韵母的拟音是在《汉语史稿·广韵的韵母》拟音的基础上确定的。《史稿》的拟音基本上取自高本汉的《中国音韵学研究》。高氏的拟音有相当一部分被国内学者证明是有问题的，所以本表在采用《史稿》的拟音时对其中那些源于高氏的有问题的拟法作了一定的调整。现将调整的一些主要情况说明如下：

第一，《史稿》有[u][w]两种合口介音，这是高氏的假定。[u]是所谓强的元音性的介音，用于一等合口韵（合口独韵或开合合韵中的合口韵）；[w]是所谓弱的辅音性的介音，用于二三四等开合合韵中的合口韵或三等合口独韵。高氏对合口介音的这种区分，中国学者多以为是没有必要的。陆志韦曾指出："[u]跟[w]既然没有音素的分别，又不能确切的表出历史上真实的语音，二者之中不免要删去1个。"①陆氏主张删去[u]，一律拟作[w]，理由是二

①《陆志韦语言学著作集》（一）21页，中华书局，1985年。

三四等韵断不能用[u]。李荣也认为高氏的这种区分不可信。他说:“本来[u]跟[w]都是一样的,不过[u]又可以当主要元音,又可以当介音用,[w]当主要元音用不便,所以我们老用[u]写《切韵》开合韵合口的介音①。”我们在表中采用的是李荣的说法,把[w]介音也改为[u]。

第二,高氏假定四等也有一个[i]介音,为了使四等韵的介音与三等韵的介音有所区别,高氏把三等韵的介音拟作弱的辅音性的[i̯],而把四等韵的介音拟作强的元音性的[i]。陆志韦、李荣等人根据反切上字系联结果三等与一二四等有分组的趋势以及四等韵在与声母的配合关系上同于一二等韵而不同于三等韵的特点②,断定四等韵没有介音[i]。李荣这样说:“一二四等全没有[i]介音,三等有[i]介音,所以反切上字为求介音和谐,有分组的趋势。一二四等全没有[i]介音,所以不跟前腭音章[tɕ]组拼。我们取消四等的[i]介音,照样可以解释方言的音变③。”如果四等韵没有介音[i],三等韵的开口介音就没有必要拟成[i̯]了。显然,陆、李的说法是比较合乎事实的。《史稿》将三等韵的开口介音拟作轻而短的[ĭ],将四等韵的介音拟作较强的[i],原因还是承认四等韵有开口介音④。我们同意陆、李二人的说法,故在表中取消了四等韵[i]介音,而将三等韵的介音确定为[i]。

第三,高本汉把四等韵的主要元音拟作[e],把部分三等韵的主要元音拟作短元音[ĕ]。短[ĕ]的出现,目的是想从主要元音上把三等与四等韵区别开来。中国学者大都不太同意高氏《切韵》音

① 《切韵音系》134页,科学出版社,1956年。
② 参见本书115页《中古声韵配合简表》。
③ 《切韵音系》112~113页。
④ 《汉语史稿》上册51页。

系有长短音的说法，其中做得最彻底的是邵荣芬先生。他不但在一二等韵上取消了长短音，而且将三等韵中的长短音也一律取消了。《史稿》虽在一二等韵和部分三等韵中取消了长短音，但在真、谆、侵三个三等韵中保留了短元音[ĕ]。我们基本同意邵氏的做法，故在表中将真、谆、侵三韵中的主要元音拟成了一般元音。至于四等韵的主要元音[e]，我们根据陆、邵二人的拟法改成了[ɛ]，同时将《史稿》三等韵中的主要元音[ɛ]改成了[æ]。[e]是半高元音，如把它作为四等韵的主要元音，与同摄一二三等韵的主要元音相差太远，显得不类，所以改为半低元音[ɛ]为宜。

第四，高氏把东韵拟作可以两读的[u(o)ŋ]，把冬韵拟作[uoŋ]。他的理由是："结论显而易见。古代已经有方言的不同了：冬韵在所有的方言里韵母都是[－uoŋ]。但是东韵在古代的一个方言里(日译汉音、高丽译音跟安南译音所根据的语言)韵母是[－uoŋ]，在另一个方言里(《切韵》的方言)韵母是[－uŋ]。为把古代的材料全部顾到起见，我们就把东韵写成一个两读的韵母[－u(o)ŋ]，可是对于冬韵，就只能写作[－uoŋ]，没有任何理由可以写成别样的东西。"①中国学者多数对这种拟法没有原则上的改动，例如《古音说略》《切韵音系》《汉语史稿》《切韵研究》等都将东韵一等拟作[uŋ]。至于冬韵，《说略》拟作[woŋ]，《切韵音系》《切韵研究》拟作[oŋ]，《史稿》拟作[uoŋ]。严学宭《广韵导读》、唐作藩《音韵学教程》、陈复华《汉语音韵学基础》的拟音均同于《史稿》。在我们所能见到的材料中，只有李新魁在他的《古音概说》和《汉语音韵学》中将东韵一等拟作[oŋ]，而将冬韵拟作[uŋ]。王力在其后的《汉语语音史》中对东、冬韵的拟音作了修改，修改结果同于李氏。

① 《中国音韵学研究》525页，1948年中文再版。

这种新的拟法与高氏的拟音有着较大的区别。我们同意李氏及《汉语语音史》的拟法，理由是《韵镜》和《七音略》中都将东韵列为开口，将冬韵列为合口，这种现象在拟音时应当予以考虑。李氏在其《韵镜校正》"内转第一"的校语中说："本转注为'开'，与《七音略》作'重中重'（开口）及邵雍《皇极经世声音图》作'闢'（开口）相合。作开口当据唐宋时之实际语音。后代一般对《广韵》东韵的拟音作合口，江永《四声切韵表》及梁僧宝《四声韵谱》也具作合口，与《韵镜》不合。"王力在《语音史》中也说："高本汉把东冬钟拟测为[uŋ][uoŋ][ĭ^{w}oŋ]，屋沃烛拟测为[uk][uok][ĭ^{w}ok]，也不妥。东部的音值自先秦到隋唐都是开口韵，屋部亦同。《韵镜》把东韵及其入声屋韵定为'内转第一开'，可为确证。"① 高氏显然没有考虑这一情况，在为东韵拟音时反囿于多歧的方音，莫衷一是，举棋不定。根据高丽译音、日译汉音、安南译音都将东韵一等的元音译作[o]（当然，冬韵的元音也被译成了[o]）以及韵图的启示，我们让开口度较大的半高圆唇元音[o]代替了东韵的元音[u]，而让[u]作了冬韵的元音。

第五，《切韵》的真组韵在《广韵》中被分成了真、谆两组韵，韵图中虽也分成了两组，但很不彻底，或者与《广韵》的分法不一致。如《韵镜》谆韵三等格中所列的筠、贇、囷等字《广韵》均列在真韵。另外，在《切韵》中臻韵与真韵虽分为两组，但二者的关系极近，《韵镜》将真韵的音节安排在三、四等格，而将臻韵的音节安排在二等格。根据以上两种情况，研究《切韵》的著作一般都将其真韵分为开合两类（算重纽则是四类），其中合口类包括《广韵》真韵的部分字（这部分字韵图排在谆韵）及谆韵字，而视臻韵与真韵的开口类

① 《汉语语音史》221页。

为互补关系,音值没有区别,陆志韦、李荣、邵荣芬的做法就是这样。研究《广韵》的著作一般则是让真韵的开、合口、谆韵、臻韵四者对立,《史稿》及唐作藩《音韵学教程》的做法就是这样①。作为对《广韵》的拟音,我们以为还是让真韵的开、合口与谆韵、臻韵互有区别为妥。《史稿》将真韵的开、合口拟作[ĭěn][ĭwěn],将谆韵拟作[ĭuěn],将臻韵拟作[ĭen],这虽使四者有了区别,但韵腹的差别似乎太小,故我们在表中将谆、臻的韵腹改为[ɛ],使二者相配,同时使谆韵与真韵合口的韵腹有了较大的区别。高本汉在他的《汉语字族》中正是把臻韵的韵腹修改为[ɛ]的,不过他同时将真合口修改成了[ĭwɛn],致使真韵的开口与合口不相配了②。本表的改法则避免了这一问题。这样改主要是从《广韵》分韵的角度考虑拟音,至于韵图上将《广韵》真韵部分字归入谆韵的现象就不能兼顾了。

第三节　中古声母和韵母的配合关系

前面在介绍中古声母和韵母的同时,已经涉及到了声、韵之间的配合关系,现在我们将中古的声母与韵母列成一个配合简表(见表 13),以便全面了解声、韵的配合规律。表中不列具体的韵母,只列出其等属。三等韵的情况比较复杂,故分成三等 ɑ、三等 b、三等 c 三类。此三类所代表的韵母及特点详见第四章第三节(《韵镜》)“对中古韵母的分析”部分。表中“ + ”号表示声、韵交叉处有音节。

---

① 也有把谆韵作为真韵的合口或把真、臻两韵合为一类的。
② 《汉语史稿》上册 52 页注①。

表 13　中古声韵配合简表

声韵配合关系 韵母等属 三十七声母	一等韵	二等韵	三等 a	三等 b	三等 c	四等韵
帮	+	+	+	+	+	+
滂	+	+	+	+	+	+
並	+	+	+	+	+	+
明	+	+	+	+	+	+
端	+					+
透	+					+
定	+					+
泥	+					+
知		+		+	+	
彻		+		+	+	
澄		+		+	+	
娘		+		+	+	
精	+			+	+	+
清	+			+	+	+
从	+			+	+	+
心	+			+	+	+
邪				+	+	
庄		+		+	+	
初		+		+	+	
崇		+		+	+	
生		+		+	+	
俟				+		
章				+	+	
昌				+	+	
船				+	+	
书				+	+	
禅				+	+	

见	+	+	+	+	+	+
溪	+	+	+	+	+	+
群			+	+	+	
疑	+	+	+	+	+	+
影	+	+	+	+	+	+
晓	+	+	+	+	+	+
匣	+	+	+	+	+	+
以				+	+	
来	+	+		+	+	+
日				+	+	

从上表中可以看出，能和一、四等韵相拼的声母共有 19 个：帮滂並明端透定泥精清从心见溪疑影晓匣来；能和二等韵相拼的声母共有 20 个：帮滂並明泥知彻澄娘庄初崇生见溪疑影晓匣来[①]；能和三等 α 类韵相拼的声母共有 11 个：帮滂並明见溪群疑影晓匣；能和三等 b 类相拼的声母共有 34 个；帮滂並明泥知彻澄娘精清从心邪庄初崇生俟章昌船书禅见溪群疑影晓匣以来日[②]；能和三等 c 类韵相拼的声母与 b 类韵的声母相同，只是少一个"俟"而已[③]。同时又可以进一步知道，三等 b、c 两类韵所能拼的声母是最完备的，与一二四等韵及三等 α 类韵相拼的声母除"端透定"三母外都可以和它们相拼；能够与三等 b、c 两类相拼而不能与一二四等及三等 α 类韵相拼的声母则有"邪俟章昌船书禅日群以"十个

① 例外："打"字韵属二等，声属端母。

② 如果认为云母(喻三)已经从匣母中分化出来，象《韵镜》中所列的那样，则匣母就应从这些声母及和三等 C 类相拼的声母中去掉。

③ 例外："地"字属三等 c 类韵，声母为定母。

之多(群母可以与三等 ɑ 相拼)。

第四节　中古音的声调

中古的调类共有四个,即平上去入四声。《切韵》《广韵》以及《韵镜》《七音略》等都是按照这四声分韵的,隋唐诗人用韵的实际也说明情况如此。高本汉在《中国音韵学研究》中对中古声调提出了一个四声八调说。他一方面承认中古的平上去入四声,另一方面又认为每一声分高低两种,所谓清声母字为高调,浊声母字为低调,合起来实际成了八声,即阴平声、阳平声,阴上声、阳上声,阴去声、阳去声,阴入声、阳入声①。高氏的说法完全是为了解释现代方言而对中古声调所进行的一种假设,这种假设固然对吴、粤等方言的解释有一定的用处,但与韵书、韵图及诗人用韵的实际不符,何况吴、粤等方言每一调类分为阴、阳的现象完全可以用声调受声母清浊影响而分化成两类的规律去解释。陆志韦根据《切韵》反切上下字清浊搭配的研究结果支持了高氏的观点②,但证据并不充

表 14

四声	没有辅音韵尾的韵母	收 – m – n – ŋ 的韵母	收 – p – t – k 的韵母
平	平	平	
上	上	上	
去	去	去	
入			入

① 《中国音韵学研究》437 ~ 438 页。

② 陆志韦《古反切是怎样构造的》,《中国语文》1963 年 5 期。

分。邵荣芬在《切韵研究》中已指出了陆说的错误。此外,李荣先生在《切韵音系》中还提出了一个“四声三调”说[①]。他为《切韵》音系韵母和四声的关系制了这样一个表(见表14):

就此表他解释说:“收[-p][-t][-k]的韵母只有入声,别的韵母只有平上去三声。现在我们看看,入声的调值跟平上去有没有关系。比较各方言本身各调类的调值,在好些方言里可以看到平行的事实,就是去声入声的调值常常符合。为解释这种现象,可以有一个假设,就是《切韵》平上去入四声,论调值只有三个调位(toneme),平声是一类,上声是一类,去声入声是一类。去声入声的不同是韵尾的不同,去声收浊音,入声收清音,乐调是一样的。这个假设我管它叫四声三调说,可以帮助我们了解历史上许多事实,就是去声入声的关系何以特别密切。”李氏接着为四声三调设计了一个表,用以表示《切韵》音系调类跟韵母的关系,现亦照录如下(见表15):

表15

调类	没有辅音韵尾的韵母	收-m-n-ŋ的韵母	收-p-t-k的韵母
一	平	平	
二	上	上	
三	去	去	入

我们以为李氏的这一假设同样不能成立,困难主要有以下三点:

首先,四声三调说缺乏来自上古音方面的根据。例如在《诗

① 《切韵音系》152页。

经》时代，尽管去声与入声在押韵谐声等方面关系比较密切，但没有材料可以证明那时去、入声的调值是一样的，因为去、入声相押、相谐的现象完全可以解释成是乐调较近的异调的相押、相谐。

其次，李氏的证据是安南译音和龙州僮语汉语借字、广西傜歌、广州话、福州话、厦门话以及吴语区的几个方言点，至于日译汉音等其余的域外译音及汉语中另外一些有入声的方言点则没有提及，而这些方言点如湘方言中的长沙话、赣方言中的南昌话、客家方言中的梅县话、闽方言中的浙南话、潮州话以及吴方言中的苏州话等等，其中去声和入声的调值都是不一致的。如果说少数方言点中去、入声调值一致的现象反映了古音的实际，为什么多数方言点中去、入声调值不一致的现象却反而不能反映古音的实际呢？要对这一问题作出合理的解释大概是困难的。

再其次，中古四声调值的具体情况虽已无从得知，但我们却可以看到古人对四声调值的不少描写（详见下文）。在这些描写中，去声和入声使用同一描写语的情况是没有的。这足以说明中古去声与入声的调值是不相同的，否则古人为什么都会作出两种不同的描写呢？这一现象似乎也不好解释。

下面，我们讨论中古四声的调值。

隋刘善经在《四声论》中说[①]："昔周孔所以不论四声者，正以春为阳中，德泽不偏，即平声之象；夏，草木茂盛，炎炽如火，即上声之象；秋，霜凝木落，去根离本，即去声之象；冬，天地闭藏，万物尽收，即入声之象。"

---

① 刘善经，隋河间（今河北河间县一带）人，历官著作佐郎，太子舍人。日本僧人遍照金刚《文镜秘府论》载《四声论》一篇，据潘规考证是刘氏所撰。

唐阳宁公南阳释处忠《元和韵谱》中说①："平声者哀而安，上声者厉而举，去声者清而远，入声者直而促。"

唐时日本沙门安然在《悉昙藏》中描写表(或疑表为袁之误)信公所传日译汉音的声调说②："平声直低，有轻有重；上声直昂，有轻无重；去声稍引，无轻无重；入声径止，无内无外。"

明释真空《篇韵贯珠集·创安玉钥匙捷径门法歌诀》："平声平道莫低昂，上声高呼猛烈强，去声分明哀远道，入声短促急收藏。"

以上几种描写虽用语不尽相同，但描写的特点可以说是大同小异，从中可以大体知道平声的调子是平直的，上声是上扬的，去声是下滑的，入声是短促的。我们根据平上去入四字也可以知道四声调值的大概，因为此四字本身就是对当时四声调值的描写。

高本汉和邵荣芬都对中古四声的调值有一个假定，兹录出以资参考：

高氏的假定③	邵氏的假定④
1)平声(横调，舒收)	平声是个平调，中
2)上声(升调，舒收)	上声是个升调，高
3)去声(想来大概是降调，舒收)	去声是个降调，或降升调
4)入声(促收)	入声是个促调

由于中古四声到今音中发生了很大的变化，一般人很难把握现代四声在中古时的调属。为了便于初学，前人王鉴曾作《四声纂

① 《大广益会玉篇》书末所载沙门神珙《四声五音九弄反纽图序》引文，中华书局，1986年影印版。

② 《悉昙藏·卷五·定异音》条。

③ 《中国音韵学研究》437页。

④ 《切韵研究》136页。

句》,旨在将汉字按中古四声辑成四字成语,以助记认。逐条读之,合调成趣。今仿其例编成中古四声歌诀如下,计四十条,有心者稍加浏览,当有所裨益。

中古四声歌诀

河海未测	官场势恶	朝野俱寂	明捧暗克
依草附木	钩腿鬥角	垂死挣扎	无可救药
仁美狩猎	忠保御敌	兄弟怒目	相翦太急
挥手告别	趋本背末	无祸自福	为善最乐
兰紫桂白	梅有傲骨	人品正直	尧禹帝喾
相忍为国	惩忿去隙	君子意笃	模范事迹
重返教育	夫子圣哲	书好字黑	人手二册
王冕善笛	回也好学	秦女弄玉	天狗望月
欢饮坐席	民喜瑞雪	勤勉度日	虽苦快活
车马炮卒	中午对弈	拿土换锡	如此妙极

第六章　《广韵》一系的韵书和韵图

第一节　《广韵》以后的几种韵书

《广韵》之后，陆续出现了几种与其同属一系的韵书，主要有《景德韵略》《集韵》《礼部韵略》《壬子新刊礼部韵略》《五音集韵》和《古今韵会举要》。这些韵书都是在《广韵》的基础上修订改制而成。或删繁就简，合并韵部，以便考生；或增字增音，改造体制，务求完备。

一、《景德韵略》

据南宋王应麟《玉海》所记，《景德韵略》是与宋重修本《切韵》（第二年更名为《广韵》）同时颁行的一部韵书，为龙图待制戚纶等奉皇帝之命撰成，刊行于宋真宗景德四年（1007）。《韵略》是《广韵》的简本，它与《广韵》分韵、体例完全相同，只是不收冷僻字，注释也比较简略，旨在方便考生应试之用。该书已佚。

二、《集韵》

《集韵》是《广韵》的增修本。《广韵》颁行31年后（宋仁宗景祐四年，1037），太常博士宋祁、太常丞郑戬上书指出《广韵》“多用旧文，繁略失当”，皇帝遂诏宋祁、郑戬与国子监直讲贾昌朝、王洙共同对《广韵》进行修订，而令刑部郎中丁度、礼部员外郎李淑主持其事[①]。修订的宗旨是"务从该广"。修订本于宋仁宗宝元二年(1039)纂成刊行,皇帝赐名《集韵》。《集韵》的分韵也是二〇六,但其余内容与《广韵》多有不同,主要有以下几个方面:

1.《广韵》共分5卷。《集韵》则分为10卷,其中一、二卷为上平声,三、四卷为下平声,五、六卷为上声,七、八卷为去声,九、十卷为入声。

2.《集韵》的韵目用字、目次及韵目下所注的独用、同用(《集韵》作"与……通")与《广韵》有所不同。例如《广韵》的"肴""添"二韵目,《集韵》分别作"爻""沾";《广韵》"业第三十三乏同用",《集韵》作"业第三十一";《广韵》"问独用",《集韵》作"问与焮通"。

3.《广韵》收字26 194个,《集韵》收字53 525个,比《广韵》多出27 331个。这些多出来的字,有许多是古体、异体或俗体。例如:

穅 康 糠 粇

4.《广韵》的注释较繁,《集韵》的注释较略。例如东韵"忠"字,《广韵》注:"无私也,敬也,直也,厚也。亦州名,本汉临江县,属巴郡,后魏置临州,贞观为忠州。"《集韵》注:"《说文》:'敬也。'亦州名。"

5.《集韵》对一些字的归韵与《广韵》不同,例如"因、堇、寅、银、困"等字,《广韵》归在真韵,《集韵》则归入谆韵。

6.对于多音字,《广韵》将其字同时归入有关韵中,在字下互注"又音";《集韵》则未注。例如"涷"字,《广韵》收入东韵,注"德红切""又都贡切";同时收入去声送韵,注"多贡切,又音东"。《集韵》收入东韵,注"都笼切",同时收入送韵,注"多贡切"。

---

① 《集韵·韵例》。

7.《集韵》改变了《广韵》的一些反切用字，例如“6”中所举的涷字，《广韵》作“德红切”，《集韵》作“都笼切”。

8.《集韵》增加了一些字的又音，这些新增的音可能是古音，也可能是方音或为区别词义而增加的新音。例如：

类 《广韵》至韵：力遂切。善也，法也，等也，种也。《说文》云：“种类相似，唯犬为甚，从犬类。”

《集韵》至韵：力遂切。《说文》：“种类相似，唯犬为甚。”一曰善也。古通作胃。亦姓。 贿韵：路罪切。偏颇也。《春秋传》：“刑之颇类。”徐邈读。 队韵：卢对切。偏也。《春秋传》：“刑之颇类。”

狼 《广韵》唐韵：鲁当切。豺狼。《说文》曰，豺似犬，锐头而白颊，高前广后。……又姓。《左传》晋有大夫狼瞫。

《集韵》唐韵：卢当切。《说文》：“似犬锐头，白颊，高前广后。”亦姓。 荡韵：里党切。狼犺，兽名，似猴。 宕韵：郎宕切。博狼，地名，在阳武。

《集韵》一书的刊修，工程浩大，费时费力，但是由于它使用起来很不方便，故流传不广，尤其在元明时期，没有引起人们的重视。

三、《礼部韵略》

礼部是隋唐以后国家负责考试的机关。《礼部韵略》是由礼部颁行的一种注释简略的韵书，宋丁度等撰，成书时间为宋仁宗景祐四年(1037)，早于《集韵》两年，其前身是《景德韵略》。该书撰修时皇帝诏令丁度刊定临近的窄韵，允许通押，共13处。清人戴震在《声韵考》卷二中指出这13处为贾昌朝所奏请，它们分别是：

合欣于文	合隐于吻
合焮于问	合迄于物
合废于队代	合严于盐添

合俨于琰忝　　合酽于艳桥

合业于叶帖　　合凡于咸衔

合范于豏槛　　合梵于陷鉴

合乏于洽狎

《礼部韵略》共收字 9 590 个,韵部分合与《集韵》相同,注释非常简略,戴震认为与《集韵》"为景祐、宝元间详略二书"。原书已佚,有后人的修订本传于世,如《附释文互注礼部韵略》、毛幌父子的《增修互注礼部韵略》等。

四、《五音集韵》

原名《改并五音集韵》,金人韩道昭著,书成于金崇庆元年(公元 1212 年;一说为金泰和八年,即公元 1208 年),系据时人洨川(今河北赵县)人荆璞《五音集韵》改并重编而成。韩道昭,字伯晖,号昌黎,真定松水(今河北灵寿县)人。该书的主要特色是将《广韵》《集韵》的二〇六韵据当时北音的实际合并成 160 韵,依三十六字母的序次排列所收小韵(小韵按开合分开),并在字母下以一、二、三、四标明了其等次。全书共分 15 卷,上平、中平、下平各 2 卷,上、去、入声各 3 卷,分别含平声 44 韵,上声 43 韵,去声 47 韵,入声 26 韵。书中所收字与《集韵》同,共为 53 525 字。对所收字的注释主要依据《广韵》,计为 335 840 字。书中所用反切多采自《广韵》,少数采自《集韵》,有时让《广韵》、《集韵》的切语并存,将其一作为又音。另有一些切语则属作者自制。全书共并韵 46 个,具体内容如下:

平声

脂(支之)　皆(佳)　真(臻)　山(删)　仙(先)

宵(萧)　庚(耕)　尤(幽)　覃(谈)　盐(添)

咸(衔)　凡(严)

上声

旨(纸止)　骇(蟹)　产(潸)　獮(铣)　小(篠)
梗(耿)　有(黝)　感(敢)　琰(忝)　豏(槛)
范(俨)

去声

至(寘志)　怪(卦夬)　谏(裥)　线(霰)　笑(啸)
诤(敬)　宥(幼)　勘(阚)　艳(栝)　陷(鉴)
梵(酽)

入声

质(栉)　辖(黠)　薛(屑)　陌(麦)　合(盍)
叶(帖)　洽(狎)　乏(业)

并韵的情形可以分为3种:

1、《广韵》注明同用的韵部,有些被《五音集韵》归并,如脂与支之、皆与佳、山与删等。

2、《广韵》注明同用的韵部,有些《五音集韵》则没有归并,如冬与钟、虞与模、灰与咍等。

3、《广韵》注明同用的韵部有些包括三个韵部,《五音集韵》只归并了其中的两个,而让另一个分立,仍注明同用,例如真谆臻、庚耕清、尤侯幽三组韵,《广韵》分别注明同用,《五音集韵》将真与臻、庚与耕、尤与幽分别合并,而让谆、清、侯三韵分立,分别注明与真、庚、尤同用。

《五音集韵》开启了根据实际语音合并旧韵的先河,在一定程度上反映了当时北音的实际,是研究《切韵》至《中原音韵》过渡时期北音系统的重要资料。在体例上,该书以等韵的理念编排韵书,风格为之一变,使韵书兼有用韵和表现语音面貌的作用。《五音集韵》的这种改革精神对后代韵书的编写产生了积极的作用,南宋

"平水韵"对旧韵的合并以及元人熊忠《古今韵会举要》、明人兰茂《韵略易通》、清人樊腾凤《五方元音》等韵书都受了它的影响。

《五音集韵》有金元明三代的刻本传世,今人宁忌浮著有《校订五音集韵》一书(中华书局,1992)。

五、《壬子新刊礼部韵略》

《壬子新刊礼部韵略》成书于南宋淳祐壬子年(1252),是毛晃父子《增修互注礼部韵略》的修订本,作者刘渊,江北平水(今山西临汾)人。《壬子新刊礼部韵略》有一种革新精神,它将《广韵》《礼部韵略》等书注明同用的邻韵进行了合并,使二〇六韵变成了一〇七韵。该书已佚,现在只能从元代熊忠《古今韵会举要》的记载中得知其分韵的情况是上平声 15 韵,下平声 15 韵,上声 30 韵,去声 30 韵,入声 17 韵。

一般所说的"平水韵"开始就是指刘渊的《壬子新刊礼部韵略》,因为刘渊是平水人。但在刘书撰成二十多年以前,金人平水书籍王文郁即编过一本韵书叫《平水韵略》,清人钱大昕曾见过一个刻本,书前有许古在金正大六年(1229)写的序。该书分韵为一〇六韵,比刘渊的《壬子新刊礼部韵略》只少一个拯韵。王文郁是平水的书籍(官名),所以平水韵的得名也许始于王文郁的《平水韵略》。在《平水韵略》稍后,金人张天锡编了一本《草书韵会》,王国维曾见过一种本子①。该书分韵与《平水韵略》相同,书前有赵秉文于金正大八年(1231)二月写的序。元时阴时夫编了一部《韵府群玉》,分韵也是一〇六。《壬子新刊礼部韵略》青韵的上声"迥"韵独用,"蒸"韵的上声"拯"韵和"登"韵的上声"等"韵相通,《韵府群玉》则是将"迥"与"拯""等"三韵归为一韵。以上几种韵书都属于

① 《观堂集林·书张天锡〈草书韵会〉后》。

"平水韵"一类。"平水韵"对二〇六韵归并的具体情况如下(见表16):

表16 "平水韵"归韵表

上平声十五韵

一东	二冬(钟)	三江	四支(脂之)
五微	六鱼	七虞(模)	八齐
九佳(皆)	十灰(咍)	十一真(谆臻)	十二文(欣)
十三元(魂痕)	十四寒(桓)	十五删(山)	

下平声十五韵

一先(仙)	二萧(宵)	三肴	四豪
五歌(戈)	六麻	七阳(唐)	八庚(耕清)
九青	十蒸(登)	十一尤(侯幽)	十二侵
十三覃(谈)	十四盐(添严)	十五咸(衔凡)	

上声廿九韵

一董	二肿	三讲	四纸(旨止)
五尾	六语	七麌(姥)	八荠
九蟹(骇)	十贿(海)	十一轸(准)	十二吻(隐)
十三阮(混很)	十四旱(缓)	十五潸(产)	十六铣(狝)
十七筱(小)	十八巧	十九皓	二十哿(果)
廿一马	廿二养(荡)	廿三梗(耿静)	廿四迥(拯等)
廿五有(厚黝)	廿六寝	廿七感(敢)	廿八琰(忝俨)
廿九豏(槛范)			

去声三十韵

一送	二宋(用)	三绛	四寘(至志)
五未	六御	七遇(暮)	八霁(祭)
九泰	十卦(怪夬)	十一队(代废)	十二震(稕)
十三问(焮)	十四愿(恩恨)	十五翰(换)	十六谏(裥)
十七霰(线)	十八啸(笑)	十九效	二十号
廿一箇(过)	廿二祃	廿三漾(宕)	廿四敬(诤劲)
廿五径(证嶝)	廿六宥(候幼)	廿七沁	廿八勘(阚)
廿九艳(㮇酽)	三十陷(鉴梵)		

入声十七韵

一屋	二沃(烛)	三觉	四质(术栉)
五物(迄)	六月(没)	七曷(末)	八黠(辖)
九屑(薛)	十药(铎)	十一陌(麦昔)	十二锡
十三职(德)	十四缉	十五合(盍)	十六叶(帖业)
十七洽(狎乏)			

唐时虽还没有“平水韵”,但已有独用同用的规定,“平水韵”基本上就是根据这些独用同用例归并而成,所以唐诗的用韵和“平水韵”是一致的。此举几首律诗为证。

北阙休上书,南山归敝庐,(鱼)
不才明主弃,多病故人疏。(鱼)
白发催年老,春阳逼岁除。(鱼)

永怀愁不寐，松月夜窗虚。（鱼） 鱼韵①

孟浩然《岁暮归南山》

流落征南将，曾驱十万师。（脂）
罢归无旧业，老去恋明时。（之）
独立三边静，轻生一剑知。（支）
茫茫江汉上，日暮欲何之？（之） 支韵

刘长卿《送李中丞归汉阳别业》

牛渚西江夜，青天无片云。（文）
登舟望秋月，空忆谢将军。（文）
余亦能高咏，斯人不可闻。（文）
明朝挂帆去，枫叶落纷纷。（文） 文韵

李白《夜泊牛渚怀古》

望君烟水阔，挥手泪沾巾。（真）
飞鸟没何处？青山空向人。（真）
长江一帆远，落日五湖春。（谆）
谁见汀洲上，相思愁白蘋。（真） 真韵

刘长卿《饯别王十一南游》

向晚意不适，驱车登古原。（元）
夕阳无限好，只是近黄昏。（魂） 元韵

李商隐《登乐游原》

寂寂花时闭院门，（魂）美人相并立琼轩。（元）

---

① 此为《平水韵》的韵目，诗中韵脚字后括号内所标者为二〇六韵的韵目，下同。

含情欲说宫中事， 鹦鹉前头不敢言。（元） 元韵

朱庆馀《宫词》

昨夜星辰昨夜风，（东）画楼西畔桂堂东。（东）
身无彩凤双飞翼， 心有灵犀一点通。（东）
隔座送钩春酒暖， 分曹射覆蜡灯红。（东）
嗟尔听鼓应官去， 走马兰台类转蓬。（东） 东韵

李商隐《无题》

由于“平水韵”的分韵比较符合唐代用韵的实际，且易于掌握，于是逐渐成了正统。明清时代科举考试用的诗韵都是一〇六韵，如清康熙年间张玉书等人奉诏编撰的《佩文韵府》（其简本为《佩文诗韵》《佩文诗韵释要》）、余照的《诗韵珠玑》《诗韵集成》、汪慕杜的《诗韵合璧》、汤氏的《诗韵合璧》、惜阴主人的《诗韵全璧》等等。由于这些诗韵的分部都是一〇六，所以也叫做“平水韵”。

六、《古今韵会举要》

简称《韵会》，元初黄公绍原撰，熊忠举要。书成于元大德元年（公元1297年）。黄公绍，字直翁，昭武（今福建昭武县）人，宋咸淳年间进士，入元不仕。熊忠，字子忠，亦昭武人，黄氏门客。南宋末黄氏撰成《古今韵会》（原书已佚）一书，参考了《广韵》《集韵》《礼部韵略》《韵补》《壬子新刊礼部韵略》《七音韵》《切韵指掌图》《增修互注礼部韵略》《蒙古字韵》等宋金以来的多种韵书，其训释博采经史百家，详赡繁杂，事物伦理制度莫不详载，熊忠嫌其卷帙浩繁，不便学子，遂简化其注，且据《壬子新刊礼部韵略》和《增修互注礼部韵略》对《韵会》失收字进行增补而成此书。

全书30卷，共收12 652字（据该书《凡例》，疑误，应为12 752字），韵部仿刘渊《礼部韵略》之例并《广韵》二０六韵为一０七韵，

韵中字仿《五音集韵》之体按七音、三十六字母的格局进行排列(书中未直接标出三十六字母,只是用角、徵、宫、商、羽、半徵商、半商徵表示七音,注明其清浊以表示三十六字母。见小韵首字之下注),同时据实际语音对部中小韵进行了合并和序次调整。在形式上,它继承了传统韵书的分韵,在内容上则于各部之内通过区分韵母和加注的方式反映了当时语音的实际。具体作法是,在各韵内部将同韵母的字排在一起,选用一个代表字为之命名,叫做"字母韵"。全书共有217个字母韵,其中平声67个,入声29个。不管出现在哪个韵部中的韵母,只要其读音相同,都采用同一个字母韵去标注。所谓"旧韵所载,考之七音,有一韵之字而分入数韵者,有数韵之字而并为一韵者,今每韵依《七音韵》各以类聚,注云'以上案七音属某字母韵'。"(见该书《凡例》)例如在东韵中,于"公工功攻……空箜……泷拢"等字之后注"已上案七音属公字母韵";在庚韵中,于"……宏紘鈜竑……嵘"等字之后亦注"已上属公字母韵"。又如在东韵中,于"弓躬……绒㭜茙褣"等字之后注"已上属弓字母韵";在冬韵中,于"……龙笼茏宠龓珑庞茸……"等字之后亦注"已上属弓字母韵。"这样的处理,既指明了旧韵部在当时的混同和分化情况,同时从中可以看到中古入声韵尾已经发生消变的事实。例如"缉""物""职"三个入声韵,在《广韵》中分别收[p][t][k]尾,而在《韵会》中,缉韵的"立粒苙入廿"等字、勿(物)韵的"汔肸忔"等字、职韵的"翊翌力屴"等字均注"属讫字母韵"。这就是说,[p][t][k]三种入声韵尾当时已经消变为喉塞音[ʔ],或已经完全消失,只是作为一个独立的调类而存在。

在声母方面,《韵会》从疑、喻二母中分出一个鱼母(原属疑母三等的鱼、虞、危、元等字与喻母三等的帷、韦、员、云、荣等字的声母被合并为鱼),从影母中分出一个幺母(伊鷖因烟幺渊等字的声母)，从匣母中分出一个合母(洪怀回和寒含弘等字的声母)。又将照、穿、床三母分别并入知、彻、澄三母。使原来的三十六母多了鱼、幺、合三母；又少了照、穿、床三母(见卷首《〈礼部韵略〉七音、三十六母通考》)。这些变动显然都是根据当时的实际语音作出的。

《韵会》有一种革新的精神，虽然没有后来的《中原音韵》那样大胆彻底，但它改造了传统韵书的体制，在很大程度上反映了当时语音的面貌，是研究宋代以后北方语音的重要资料。《四库全书提要》对《韵会》作了这样的评价："自金韩道昭《五音集韵》始以七音、四等、三十六字母颠倒唐宋之字纽，而韵书一变，南宋刘渊景定(应为淳祐)《壬子新刊礼部韵略》始合并通用之部分，而韵书又一变。忠此书字纽遵韩氏法，部分从刘氏例，兼二家所变而用之，而韵书旧第至是尽变无遗。"此书有元刻明补本传世。今人宁忌浮著《古今韵会举要及相关韵书》一书(中华书局，1997)对《韵会》及其相关韵书的传承关系进行了较系统的研究。

第二节　《韵镜》以后的几种韵图

《韵镜》以后明代以前出现的韵图主要有《七音略》《四声等子》《切韵指掌图》和《经史正音切韵指南》。这几种韵图同属《切韵》系统，其共同特点是，所列韵均为二〇六韵，韵分平上去入、开合四等。所不同的是，《七音略》与《韵镜》完全依照《广韵》将所列韵确定为二〇六，共分 43 图；《四声等子》《指掌图》《切韵指南》则虽然也按《广韵》二〇六韵标目，但根据当时实际语音对一些韵部进行了合并，其韵图也减少到 20 个或 24 个。《韵镜》及这几种韵图均为南宋及元人所作，故有人称为宋元派等韵。

一、《七音略》

《七音略》的作者是宋人郑樵(1104～1162),刊行于宋高宗绍兴三十二年(1162)前后,收在郑氏的《通志》之中。《七音略》的蓝本是《七音韵鉴》,《七音韵鉴》为胡僧所作。郑樵在序中说:"臣初得《七音韵鉴》,一唱而三叹,胡僧有此妙义,而儒者未之闻……今作谐声图,所以明古人制字通七音之妙,又述内外转图,所以明胡僧立韵得经纬之全。"

《七音略》与《韵镜》属于同一韵图体系,反映的基本上也是《广韵》的声韵系统。在编排体例上,它与《韵镜》有同有异,大同小异。具体如下:

(一)声母

1.《七音略》的声母和《韵镜》一样也是38个。《韵镜》用七音和发音方法"清""次清""浊""清浊"的形式表示38个声母,《七音略》则是采用三十六字母表示38个声母(比三十六字母多一个俟母,喻母分成云、以两母),共列为23个竖行。其中"帮滂並明"与"非敷奉微"并列,"端透定泥"与"知彻澄娘"并列,"精清从心邪"与"照穿床审禅"并列。"帮滂並明"只与一二四等格及开口三等格的韵相拼,"非敷奉微"只与合口三等格的韵相拼,二者互为补充,应为一类声母(《广韵》切上字系联为一类)。"照穿床审禅"列为一类,实为两类,一类只与二等格子中的韵相拼,一类只与三等格子中的韵相拼(之、止韵齿音禅母下的二等格子中分别有漦、俟二字,其声母应为禅$_{二}$,即俟母)。

2.在三十六字母下用羽、徵、角、商、宫、半徵、半商表示声母的发音部位。其中"羽"指唇音帮滂並明(包括非敷奉微),"徵"指舌音端透定泥、知彻澄娘,"角"指牙音见溪群疑,"商"指齿音精清从心邪、庄初崇生俟及章昌船书禅,"宫"指喉音影晓匣喻,"半徵"指半舌音来,"半商"指半齿音日。

(二)韵部

1.《七音略》所分韵为二〇六,归为43个图,即43个转,与《韵镜》相同。

2.各转所含韵与《韵镜》基本相同,不同之处有:a.《韵镜》中废韵与微韵同在内转第九、十图。《七音略》中的废韵既与微韵相配,同在内转第九、十图;又与佳、泰、祭韵相配,同在外转第十五、十六图。在第九图中,废韵只有一个"刈"小韵,第十图中废韵无小韵。b.《韵镜》中入声铎、药与唐、阳相配,同在内转第三十一图和三十二图。《七音略》中,入声铎、药既与阳声韵唐、阳相配,同在第三十四图和三十五图;又与豪、肴、宵、萧韵相配,同在外转第二十五图。

2.《七音略》与《韵镜》部分韵图的次序不同,例如《韵镜》"覃咸盐添谈衔严凡"八韵在"侵"韵之后、"登蒸"韵之前,《七音略》此八韵在"麻"韵之后、"唐阳"韵之前。现将二书三十一图以后的韵目次第对比如下:

《韵镜》		《七音略》	
三十一	唐阳	三十一	覃咸盐添
三十二	唐阳	三十二	谈衔严盐
三十三	庚清	三十三	凡
三十四	庚清	三十四	唐阳
三十五	耕清青	三十五	唐阳
三十六	耕青	三十六	庚清
三十七	侯尤幽	三十七	庚清
三十八	侵	三十八	庚清青
三十九	覃咸盐添	三十九	耕青
四十	谈衔严盐	四十	侯尤幽
四十一	凡	四十一	侵

四十二　登蒸	四十二　登蒸
四十三　登	四十三　登蒸

3.某些图属内转还是外转,《七音略》与《韵镜》也不够一致,这些图是:

《韵镜》		《七音略》	
外转第十三开	咍皆齐夬	内转第十三重中重	咍皆齐夬
内转第二十九开	麻	外转二十九重中重	麻
外转第三十四合	庚清	内转三十七轻中轻	庚清

4.某些转属于开口还是合口,《七音略》与《韵镜》也不一致,这些转是:

《韵镜》		《七音略》	
内转第二开合	冬钟	内转第二轻中轻	冬钟
外转第三开合	江	外转第三重中重	江
内转第四开合	支	内转第四重中轻(内重)	支
内转第十二开合	模虞	内转第十二轻中轻	模虞
外转第二十六合	宵	外转二十六重中重	宵
内转第二十七合	歌	内转二十七重中重	歌
外转第四十合	谈衔严盐	外转三十二重中轻	谈衔严盐
内转第三十八合	侵	内转四十一重中重	侵

(三)声调

《韵镜》让声调隐含于韵中,《七音略》则明确在各转的右方标明平上去入。

除以上三点外,图中所列的小韵,《七音略》和《韵镜》互有差异，且各有舛误。总体来说，《七音略》的正确性比《韵镜》多些。

二、《四声等子》

《四声等子》的撰者不详，成书约在12世纪以后，曾附于《龙龛手鉴》之后刊行，该书的重要特点是根据当时的实际语音把二〇六韵归为十六摄，把43图并为20图。其具体编排体例主要如下：

(一)声母

《四声等子》用三十六字母表示声母，以牙、舌、唇、齿、喉、半舌、半齿为次，其中喉音的顺序是晓、匣、影、喻。这三十六个字母共列为23行，其中“端透定泥”与“知彻澄娘”并列，“帮滂並明”与“非敷奉微”并列，“精清从心邪”与“照穿床审禅”并列。

(二)韵部

1.将二〇六韵归为十六摄，或一摄一图，或一摄分居开合两图，或两摄共一图，全书分为20图。各摄的次序及其所含韵的情况如下：

通摄：东冬钟

效摄：豪肴宵(萧并入宵)

宕摄：唐阳

江摄：江

遇摄：模鱼虞

流摄：侯尤(幽并入尤)

蟹摄：哈灰皆(佳并入皆)齐泰祭废

止摄：脂微

臻摄：痕魂臻文真谆

山摄：寒桓山(删并入山)仙(先并入仙)元

果摄：歌戈

假摄：麻

曾摄:登蒸

梗摄:庚清青

咸摄:覃咸凡盐

深摄:侵

2.将早期韵图中某些分列的几个图并为一图,使其中所含的小韵混列,注明“××相助”。例如《韵镜》《七音略》中东韵独居一图,冬、钟韵共居一图,《四声等子》将东、冬、钟合为一图,注明“东冬钟相助”。这类注明相助的韵,其读音当已混同,如东、冬均属一等韵,并为一图后,其所属小韵一部分被略去,剩余的杂居一起,无从区别。

3.将早期韵图中某些分列的在等上不发生冲突的几个图合为一图,原各韵所属小韵仍旧分列,注明“××借形”。例如《韵镜》《七音略》中唐、阳两韵为一图,江韵为一图,唐为一等韵,阳为三等韵,江为二等韵。《四声等子》将唐、阳、江合为一图,其中唐韵仍居一等格,江韵仍居二等格,阳韵居三、四两格,注明“江阳借形”。借形的意思就是借格、借位。这类标明“借形”的韵其韵腹的读音很接近或已混同。

4.将两韵并列在同一格,注明“××借用”。例如“蟹摄外二”中的“祭”“废”并列在一格,注明“祭废借用”。这类并列的韵其实际读音当已混同,因其所属小韵杂然相列,无从辨别。

5.直接将两小韵并为一韵,图中只列一韵,另一韵省去,注明“×并入×”。例如“效摄外五”中只列宵韵,未列萧韵,注明“萧并入宵”。这种处理说明所并的韵读音相同。

6.将在“等”上不发生冲突的两个相邻的摄合为一图。如这两摄中的一摄有二等韵,另一摄无二等韵,则注明“内外混等”。如“曾摄内八”与“梗摄外八”合为一图,梗韵有二等韵,曾摄有一、三等韵,无二等韵,旁注"内外混等"。

7.让本属[-t][-k]尾的入声韵同时配阳声韵和阴声韵。这种情况说明入声韵尾[-t]、[-k]可能已经消变混同到了[ʔ]的阶段。例如:

山摄外四:寒旱翰曷　山产裥辖　仙狝线薛
蟹摄外二:咍海黡曷　皆骇怪黠　齐荠祭薛
宕摄内五:唐荡宕铎　江讲绛觉　阳养漾药
效摄外五:豪皓号铎　肴巧效觉　宵小笑药

8.关于四个等列的表示,《韵镜》《七音略》是先按平上去入四韵分为4栏,在每一栏中分4格表示四等。《四声等子》相反,它是先按四等分为4栏,在每一栏中再分4个格子安排平上去入4韵。

9.关于开合的表示共有以下几种情况:a、对开合相配的韵图除注明"重少轻多韵"等字样外,又分别注明"开口呼""合口呼";b、对只具有开口或开合口共居的韵图(个别图中既有开口韵又有合口韵),不注明开、合字样,只是注明"全重无轻""重少轻多""重多轻少""轻重俱等"等字样①。例如"流摄内六"图注明"全重无轻",表示该图中的韵均为开口;"遇摄内三"图注明"重少轻多",表示该图中的开口韵(鱼韵)少,合口韵(模、虞韵)多。"重少轻多"也可以用在开合相配的两个图中,在这种情况下则表示开口图的韵少,合口图的韵多。例如"止摄内二"分开合两图,均注明"重少轻多韵",开口图的韵只有"脂旨至质"一组,合口图的韵则有"脂旨至质""微尾未物""脂旨至质"三组之多。又如"山摄外四"分开合两图,均注明"轻重俱等韵",表示两图的韵数相等:开口图所含的韵为"寒山仙"(先并入仙韵),合口图所属的韵为"桓山元仙"(删并入

① "重"一般表示开口,"轻"一般表示合口。

山；仙元相助，“仙元相助”相当一个韵）。

（三）声调

《四声等子》没有明确地标出四声，和《韵镜》一样是通过不同声调的韵去体现平上去入四声的。

三、《切韵指掌图》

《切韵指掌图》旧题司马光撰，成书时间约在13世纪。清人莫友芝在《韵学源流》中对司马光为该书作者的问题提出怀疑。近人邹特夫经考证认为该书的作者为宋人杨中修。《指掌图》根据实际语音对二〇六韵中的部分韵进行了合并，在性质上与《四声等子》很接近，但在体例上有不少差异：

（一）声母

《指掌图》以三十六字母表示声母，排列为36行，序次为：

见溪群疑　端透定泥　知彻澄娘　帮滂並明　非敷奉微　精清从心邪　照穿床审禅　影晓匣喻　来日

这种排序的特点是将舌音中的端组与知组、唇音中的帮组与非组分开排列，而《四声等子》则是将端组与知组、帮组与非组分别合列在一栏。此外，《指掌图》喉音的序次是“影、晓、匣、喻”，与《四声等子》“晓、匣、影、喻”的序次也不够一致。

（二）韵部

1.《指掌图》全书共分20个图，与《四声等子》所列图数相同，其内容则有同有异，同多于异，主要区别在于《指掌图》将止、蟹两摄打乱重新作了划分，具体情况如下：

《指掌图》	《四声等子》
（1）豪爻宵萧	效摄：豪肴宵萧
（2）东冬钟	通摄：东冬钟

(3)模鱼虞	遇摄:模鱼虞
(4)侯尤幽	流摄:侯尤幽
(5)谈覃咸衔严凡盐沾	咸摄:覃咸凡盐
(6)侵	深摄:侵
(7)寒山删仙元先	山摄开:寒山删仙先
(8)桓删山先元	山摄合:桓山删元仙
(9)痕魂臻真欣谆	臻摄开:痕臻真
(10)魂谆文真	臻摄合:魂文谆
(11)歌麻	果、假摄开:歌麻
(12)戈麻	果、假摄合:戈麻
(13)唐阳	宕、江摄开:唐江阳
(14)唐江阳	宕、江摄合:唐江阳
(15)庚耕登清青	曾、梗摄开:登庚蒸青
(16)登庚耕清蒸青	曾、梗摄合:登庚清
(17)哈皆佳荠泰夬祭	蟹摄开:哈皆佳齐泰祭
(18)之支脂齐祭	止摄开:脂
(19)灰支微脂齐泰	止摄合:脂微
(20)皆佳哈夬	蟹摄合:灰皆齐祭废

2.《指掌图》没有摄的名称,但有摄的内容,按其各图的特点进行归类,共有十三摄,独居一图的韵为一摄,开合相配图中的韵合为一摄。十六摄中的果与假、宕与江、梗与曾在《指掌图》中分别合为一图,故比十六摄少了3摄。这十三摄可以称作:

通止遇蟹臻山效果(假)宕(江)梗(曾)流深咸

3.《指掌图》对开合的处理与《四声等子》有所不同:《指掌图》将江韵归于合口图,《四声等子》将江韵归于开口图。

4.《指掌图》中入声韵与阴声韵的配法也不同于《四声等子》。例如：

《指掌图》	**《四声等子》**
四图：侯德	流摄：侯屋
尤幽：栉 迄 质	流摄：尤（幽）屋

5.《指掌图》对有些韵进行了合并，其内容与《四声等子》的做法有同有异，例如：

《指掌图》	**《四声等子》**
二图：东冬 屋沃	通摄：东冬钟 屋沃烛
东钟 屋烛	（东冬钟相助）
一图：宵萧	效摄：萧并入宵类
三图：鱼虞	遇摄：鱼虞相助
十图：谆魂文 迄质术物	臻摄合：文谆 物术

6.《指掌图》有时将三四等并列，或将三等韵列入四等格，这说明三四等韵的差别在当时已经消失。例如：

一图：宵萧（四等格）　　四图：尤幽（四等格）

七图：先仙（四等格）

7.《指掌图》中没有注明"摄""转""内外""轻重"等，只是在篇首标明了每图开合与独用的情况。

(三)声调

《指掌图》像《韵镜》一样,让平上去入四类韵的韵目分别居于四栏之末(每一栏分4个格子列等),同时在各栏之前明确标出四声。

四、《经史正音切韵指南》

《经史正音切韵指南》简称《切韵指南》,元代刘鉴撰。成书于元至元二年(1336)。《切韵指南》与《四声等子》的性质很接近。元熊泽民在《切韵指南·序》中说:"古有《四声等子》,为流传之正宗。然而中间分析尚有未明,不能曲尽其旨,又且溺于经圣仁然之法而失其真者多矣。安西刘君士明,通儒也。特造书府来访于余,出示其所编前贤千载不传之秘,欲锓诸梓以广其传。"刘鉴在自序中说:"故仆于暇日,因其旧制,以成十六摄。"据此,《切韵指南》制作时是以《四声等子》作为蓝本的,其体例与《四声等子》基本相同,而与金人韩道昭的《五音集韵》互为补充。主要有以下几个方面:

(一)将二〇六韵归为十六摄:这十六摄的顺序与《四声等子》不尽相同,它们是通、江、止、遇、蟹、臻、山、效、果、假、宕、曾、梗、流、深、咸。

(二)将十六摄分为24图,比《四声等子》多出4图。《四声等子》把"江"附于"宕",把"麻"附于"果",把"梗"附于"曾",《切韵指南》把"江"分出单列一图,把"梗"分出变为开合两图,又将咸摄开合混图分开为开合两图,故成了24图。具体情况如下:

1.通摄:东冬钟
2.江摄:江
3.止摄开:脂微
4.止摄合:微脂
5.遇摄:模鱼虞
6.蟹摄开:咍皆齐泰祭
7.蟹摄合:灰皆齐泰废
8.臻摄开:痕真殷
9.臻摄合:魂谆文
10.山摄开:寒山仙元

11. 山摄合：桓山元仙
12. 效摄：豪肴宵
13. 果、假摄开：歌麻
14. 果、假摄合：戈麻
15. 宕摄开：唐阳
16. 宕摄合：唐阳
17. 曾摄开：登蒸
18. 曾摄合：登蒸
19. 梗摄开：庚清青
20. 梗摄合：庚清青
21. 流摄：侯尤
22. 深摄：侵
23. 咸摄开：覃咸盐
24. 咸摄合：凡

（三）《切韵指南》对一些韵进行了合并，合并的内容与《四声等子》基本相同。例如：

《切韵指南》	《四声等子》
谆准稕术　（合口） 文吻问物　（合口） （文韵宜并入谆韵）	文吻问物　（合口） 谆准稕术　（合口） （文谆相助）
仙猕线薛　（开口） 元阮愿月　（开口） （元韵宜与仙韵通押，不当合入魂韵）	仙猕线薛　（开口） （先并入仙韵）（开口）
元阮愿月　（合口） 仙猕线薛　（合口） （元韵宜与先韵通押，不当合入魂韵）	元阮愿月　（合口） 仙猕线薛　（合口） （仙元相助）

（四）《切韵指南》也以入声韵同时配阳声韵与阴声韵，其中与阴声韵相配的配法与《四声等子》有所不同：

	《切韵指南》	《四声等子》
遇摄：	模屋	模沃

	鱼烛	鱼屋
	虞	虞烛
蟹摄开：	皆辖	皆黠
	齐荠祭质	齐荠祭薛
	齐荠霁质	齐荠霁屑
蟹摄合：	皆辖	皆黠
	齐　废术	齐荠祭屑 废月
	齐荠霁术	齐荠祭屑
流摄：	尤烛	尤屋

第三编 近代音
——从中古音到北京音的变化

第七章 近代音

近代音指元明清时代以北方中原话为基础的汉语共同语语音系统，研究近代音的学问或称“北音学”。反映近代音的韵书主要是元代周德清的《中原音韵》和明代兰茂的《韵略易通》。此外还有元代无名氏的《蒙古字韵》、卓从之的《中州音韵》、熊忠的《古今韵会举要》、八思巴的《八思巴字》和明代乐韶凤等的《洪武正韵》、毕拱宸的《韵略汇通》以及清人樊腾凤的《五方元音》、李光地、王兰生的《音韵阐微》等。近代音的研究始于20世纪30年代，其早期学者有赵荫棠、陆志韦、罗常培、日本人金井保三、石山福治、服部四郎、藤堂明保等。

第一节 《中原音韵》

《中原音韵》成书于元泰定元年(1324)。著者周德清，字挺斋，高安(今江西高安县)人。此书改革了历来韵书的体制，不受《广韵》一系韵书的束缚，直接为当时的词曲制作服务，因此一向不受重视，被排斥在正统韵书之外。该书依据的是元代大都或汴洛一带的实际语音，对于考察当时的语音具有特别重要的意义①。该书的体例如下：

一、韵书部分

1.全书共收5 866字（一说5 869字），分十九韵，十九韵的韵目各用两个代表字表示：

一东钟	二江阳	三支思	四齐微
五鱼模	六皆来	七真文	八寒山
九桓欢	十先天	十一萧豪	十二歌戈
十三家麻	十四车遮	十五庚青	十六尤侯
十七侵寻	十八监咸	十九廉纤	

2.分部不论声调。一部之中包括平、上、去声韵字，其中平声分为阴、阳两类。中古的入声字被分别附于平、上、去声字之后，称作“入派三声”。例如：

东钟

平声

阴　东冬〇锺鐘中忠衷终〇通蓪〇……

阳　同筒铜桐峒童僮曈瞳膧潼鼕〇戎莪……

上声

董懂〇肿踵种冢〇孔恐〇桶统〇……

去声

洞动栋冻蝀〇凤奉讽缝〇贡共供〇……

鱼模

平声

① 关于《中原音韵》所根据的基础方言具体属于何地，目前学术界尚有争论。主要有两种观点：一种观点认为依据的是当时的大都（今北京）音，一种观点认为大都作为首都只有几十年，当时还没有真正成为全国的文化中心，所以依据的仍然是宋代以来占主导地位的汴洛音。

阴　居裾琚鶋车驹拘俱○诸猪……

阳　庐闾驴胪蒌○如茹……

入声作平声

独读牍渎犊毒突纛○復佛伏……

上声

语雨与圄圉龉敔御愈羽宇禹庾○吕侣旅膂缕偻○……

入声作上声

谷彀毂骨○蔌缩谡速○……

去声

御驭遇妪裕谕芋誉预豫○虑滤屦○……

入声作去声

禄鹿漉麓○木沐穆睦没牧目鹜○……

3. 各部中的同音字之间用○隔开，例见上。

二、《中原音韵》作词起例

这部分讨论作曲的方法和押韵等问题。

第二节　《韵略易通》

《韵略易通》成书于明英宗正统七年（1442），作者兰茂，字挺秀，号止庵、和光道人，云南杨林人。兰茂著书的目的是为了便于初学写诗的人用韵，故书中不收繁难异僻字，只收常用便俗字。所依据的方言是当时通行于云南一带的官话。云南官话和当时的北方话为近亲关系，故《韵略易通》对于研究《中原音韵》有重要的参证作用。该书的特点主要如下：

一、分韵20部，前10部为上卷，平、上、去、入四声俱全，后10部为下卷，只有平、上、去三声，无入声。各部韵目的用字及次序与

《中原音韵》稍异。这些韵目是：

一东红	二江阳	三真文	四山寒
五端桓	六先全	七庚晴	八侵寻
九缄咸	十廉纤	十一支辞	十二西微
十三居鱼	十四呼模	十五皆来	十六萧豪
十七戈何	十八家麻	十九遮蛇	二十幽楼

这20部比《中原音韵》多出了一个“居鱼”部。

二、声调为平上去入四声，其中平声没有分阴阳，入声与阳声韵相配（即与前十部相配）。这一特点与《中原音韵》大不相同，大概当时云南官话的实际情况如此。

三、分部不论声调。同一部中包括平、上、去、入四声之字或平、上、去三声之字。

四、明确将声母确定为20类，用“早梅诗”一首表示。诗中每一字的声母各代表当时云南官话的一个声母，其诗如下：

东风破早梅，向暖一枝开，冰雪无人见，春从天上来。

第三节 近代音的声、韵、调

元代时，近代音的基础已经形成。元代以后，近代音虽有所发展，但没有发生大的变化。《中原音韵》是以元代中原实际语音为依据的一部韵书，因此，它所包含的声、韵、调大体上反映了近代音的面貌。

一、近代音的声母

《中原音韵》没有明确显示其声母是多少，但是它在每部之中将同音字排在一起，中间用○号隔开，据此，只要对各同音字组进行研究，即可得知《中原音韵》所包含的声母。根据罗常培先生的研究,《中原音韵》共含有20个声母[①],这20个声母正好与兰茂"早梅诗"所代表的声母相同。下面是这20个声母与三十六字母的对照表[②](见表17):

表17　早梅诗与三十六字母对照表

冰[p] (帮並$_{\text{仄}}$)	破[pʻ] (滂並$_{\text{平}}$)	梅[m] (明)	风[f] (非敷奉)
无[v] (微)	东[t] (端定$_{\text{仄}}$)	天[tʻ] (透定$_{\text{平}}$)	暖[n] (泥娘)
来[l] (来)	见[k] (见群$_{\text{仄}}$)	开[kʻ] (溪群$_{\text{平}}$)	向[x] (晓匣)
枝[tʂ] (知照澄$_{\text{仄}}$床$_{\text{仄}}$)	春[tʂʻ] (彻穿澄$_{\text{平}}$床$_{\text{平}}$禅$_{\text{平}}$)	上[ʂ] (审床$_{\text{平仄}}$禅$_{\text{平仄}}$)	人[ʐ] (日)
早[ts] (精从$_{\text{仄}}$)	从[tsʻ] (清从$_{\text{平}}$邪$_{\text{平}}$)	雪[s] (心邪$_{\text{平仄}}$)	一[o] (影喻疑)

这个声母系统和中古声母相比,消失了全浊声母及疑母;和北京话相比,已非常接近,只是比北京话多了微[v]这一声母,少了[tɕ][tɕʻ][ɕ]三个声母。

继罗常培之后,赵荫棠在《中原音韵研究》中将《中原音韵》的

① 罗氏考订的方法主要有二:"凡一音之中而括有等韵三十六母二纽以上者,即可据以证其合并,偶有单见,不害其同,此一例也。""故凡全浊声母去声混入全清者,则平声虽与阴调分纽,声值实与次清无别,此二例也。"见《中原音韵声类考》,前中央研究院历史语言研究所《集刊》第2本第4分,1932年;又见《罗常培语言学论文选集》65页。

② 下表据王力《汉语音韵》75页"早梅诗与守温字母对照表"而制,其中音值采用王力《汉语史稿》上册110页"早梅诗"之拟音。

声母确定为 25 类①,陆志韦、王力分别在《释中原音韵》和《汉语史稿》中确定为 24 类②,杨耐思、宁继福分别在《中原音韵音系》和《中原音韵表稿》中确定为 21 类③。以上五人的拟音与本书所用音的对比情况详见表 18。

从表中可以看出,各家确定的声母总体上是比较接近的,但还存在着一定的差异,例如赵荫棠确定的声母数比罗氏多了 5 母,王力、陆志韦确定的声母数均比罗氏多了 4 母,杨耐思、宁继福确定的声母数比罗氏多了 1 母。在拟音上,各家确定的音值也不完全相同。这些都反映了大家认识上的不一致。例如罗氏的[tʃ][tʃ'][ʃ][ʒ],赵氏拟作[tʂ][tʂ'][ʂ][ʐ]。王力则将此四母各析为两类,分别拟作[tʃ][tʃ'][ʃ][ʒ]和[tʂ][tʂ'][ʂ][ʐ](陆氏将其中前三母析作[tʂ][tʂ'][ʂ]和[tɕ][tɕ'][ɕ])。他解释说:“在《中原音韵》里,只有‘支思’韵里的照系字和日母字才变成了卷舌音[tʂ][tʂ'][ʂ][ʐ],其余各韵的知照系字和日母字还是念[tʃ][tʃ'][ʃ][ʒ]。”④ 不主张将[tʃ][tʃ'][ʃ][ʒ]四母各分为两类的一派则认为,[tʂ][tʂ'][ʂ]从不出现在[i]音前,而[tʃ][tʃ'][ʃ]必出现在[i]音前,这两组音没有构成对立音位,故应合并为一组;日母在“支思”韵前和非“支思”韵前的读音虽有一定差异,但出现在非“支思”韵前的日母也不出现在“支思”韵前,两者同样没有构成对立,也应合并为一个音位⑤。

---

① 《中原音韵研究》,音韵学专著,出版于 1936 年,1956 年商务印书馆重印。

② 《释中原音韵》见《燕京学报》31 期,1946 年。

③ 《中原音韵音系》,中国社会科学出版社,1981 年。《中原音韵表稿》,吉林文史出版社,1985 年。

④ 《汉语史稿》上册 109~100 页。

⑤ 《中原音韵表稿》所附王均先生的来信。

表 18 《中原音韵》声母各家分类比较表

罗常培	赵荫棠	陆志韦	王力	杨耐思	宁继福	本书用音
p	p	p	p	p	p	p
pʻ	pʻ	pʻ	pʻ	pʻ	pʻ	pʻ
m	m	m	m	m	m	m
f	f	f	f	f	f	f
v	v	w	v	v	v	v
t	t	t	t	t	t	t
tʻ	tʻ	tʻ	tʻ	tʻ	tʻ	tʻ
n	n	n	n	n	n	n
l	l	l	l	l	l	l
ts	ts	ts	ts	ts	ts	ts
tsʻ	tsʻ	tsʻ	tsʻ	tsʻ	tsʻ	tsʻ
s	s	s	s	s	s	s
tʃ	tʂ	tʂ、tɕ	tʃ、tʂ	tʃ	tʂ	tʂ
tʃʻ	tʂʻ	tʂʻ、tɕʻ	tʃʻ、tʂʻ	tʃʻ	tʂʻ	tʂʻ
ʃ	ʂ	ʂ、ɕ	ʃ、ʂ	ʃ	ʂ	ʂ
ʒ	ʐ	ʐ	ʒ、ʐ	ʒ	ʅ	ʐ
k	k、tɕ	k	k	k	k	k
kʻ	kʻ、tɕʻ	kʻ	kʻ	kʻ	kʻ	kʻ
(o)	ŋ、ɲ	ŋ	(o)	ŋ	ŋ	(o)
x	x、ç	x	x	x	x	x
o	o	o	o	o	o	o

二、近代音的韵母

要确定《中原音韵》19 个韵部中包含有多少韵母，主要方法也是通过对每一部中的同音字组进行研究。不同的小韵(即用○号隔开的同音字组)必不同音。在声母相同的情况下,小韵的韵母必不相同,这就是归纳法。使用归纳法进行研究,再参照其他材料即可考订出《中原音韵》的韵母系统。赵荫棠、陆志韦、杨耐思、邵荣芬、宁继福等人都对《中原音韵》的韵母作过研究[①],其中杨耐思、宁继福的研究比较系统深入。杨耐思参照《古今韵会举要》《蒙古字韵》《八思巴字》等材料将《中原音韵》的韵母确定为46个,宁继福在"归纳法"的基础上又使用"内部分析法"(分析各音位间的相互关系)将《中原音韵》的韵母也确定为46个。两人的拟音也基本相同,差别仅表现在"桓欢""萧豪""歌戈"三部上。我们采用46韵母的说法[②],此将这46类韵母及其拟音[③] 列表如下(见表19):

表19 《中原音韵》韵母表

东钟	uŋ	iuŋ		
江阳	aŋ	iaŋ	uaŋ	
支思	ï			
齐微	ei	i	uei	
鱼模	u	iu		
皆来	ai	iai	uai	
真文	ən	iən	uən	iuən
寒山	an	ian	uan	
桓欢	uɔn			

① 邵荣芬对《中原音韵》韵类的研究见《汉语语音史讲话》第四章,天津人民出版社,1979年。

② 邵荣芬在《汉语语音史讲话》中也将《中原音韵》的韵母确定为46类。

③ 拟音基本采自《中原音韵表稿》,在个别地方作了一定的调整。

先天		iɛn		iuɛn
萧豪	au	iau		
		iɛu		
歌戈	ɔ	iɔ	uɔ	
家麻	a	ia	ua	
车遮		iɛ		iuɛ
庚青	əŋ	iəŋ	uəŋ	iuəŋ
尤侯	əu	iəu		
侵寻	əm	iəm		
监咸	am	iam		
廉纤		iɛm		

三、近代音的声调

近代音的声调，周德清在《中原音韵》中已明确列出，即阴平、阳平（周氏于平声中分阴、阳二类）、上声、去声，它与今天北京话的四声完全一致，只是具体的归字有所不同而已。关于中古的入声字，周氏将它们分别附在平（阴平、阳平）、上、去三声之后，而未独立为之立类。这种情况表明中古的入声到元代官话里已经消失，学术界多数人都持这种看法。也有一些学者认为入声到元代时仍然存在，陆志韦、杨耐思、李新魁等人即持这种看法。周德清曾在《中原音韵·正语作词起例》中说道："入声派入平、上、去三声者，以广其押韵，为作词而设耳。然呼吸言语之间，还有入声之别。"这句话是"入声存在说"的主要依据。

第八章　从中古音到北京音的变化

第一节　声母的变化

一、全浊声母的清化

中古汉语的声母共有 37 个，其中並（奉）、定、澄、从、邪、崇、俟、船、禅、群、匣 11 母为全浊音，这些全浊音到了《中原音韵》时代全部变成了清音声母。全浊音变为清音时因受到声调的影响而发生了分化：其中塞音和塞擦音受平声的影响一般变成了送气音，受仄声的影响一般变成了不送气音；全浊擦音的变化更复杂一些。例如：

平[p‘]：陪瓢脾旁贫
並[b]<
仄[p]：抱（上） 病（去） 白（入）

並（奉）[b]——平仄[f]：肥（平）、犯（上）、附（去）、乏（入）

平[t‘]：亭同唐驮
定[d]<
仄[t]：道（上）、盗（去）、毒（入）

平[tʂ‘]：茶潮陈除缠
澄[ɖ]<
仄[tʂ]：柱（上）、阵（去）、浊（入）

从[dz]
- 洪音
  - 平[tsʻ]:才惭残曹藏
  - 仄[ts]:在(上)、字(去)、族(入)
- 细音
  - 平[tɕʻ]:乔秦憔全泉
  - 仄[tɕ]:聚(上)、贱(去)、截(入)

邪[z]
- 洪音
  - 平
    - [tsʻ](之韵):词辞祠
    - [s](支韵):随隋
  - 仄[s]:似(上)、颂(去)、俗(入)
- 细音
  - 平
    - [tɕʻ](尤韵):囚泅
    - [ɕ](其他韵):斜详旋寻
  - 仄[ɕ]:绪(上)、谢(去)、席(入)

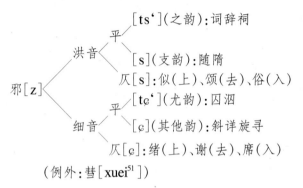

(例外:彗[xuei⁵¹])

崇[dʒ]
- 平[tʂʻ]:柴床潺愁茬
- 仄
  - [tʂ]:撰(上) 寨(去) 镯(入)
  - ʂ(止、志韵):士(上)、事(去)

(例外:岑[tsʻen³⁵])

俟[ʒ]
- 平[tʂʻ]:漦
- 仄[ts]:俟涘竢(去)

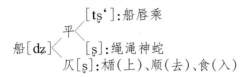

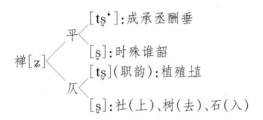

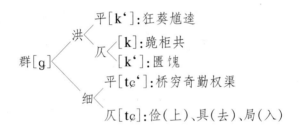

- 船[dʑ]
  - 平
    - [tʂ‘]:船唇乘
    - [ʂ]:绳渑神蛇
  - 仄[ʂ]:楯(上)、顺(去)、食(入)

- 禅[ʑ]
  - 平
    - [tʂ‘]:成承丞酬垂
    - [ʂ]:时殊谁韶
  - 仄
    - [tʂ](职韵):植殖埴
    - [ʂ]:社(上)、树(去)、石(入)

- 群[g]
  - 洪
    - 平[k‘]:狂葵馗逵
    - 仄
      - [k]:跪柜共
      - [k‘]:匮愧
  - 细
    - 平[tɕ‘]:桥穷奇勤权渠
    - 仄[tɕ]:俭(上)、具(去)、局(入)

- 匣[ɣ]
  - 洪[x]:华祸憾合
  - 细[ɕ]:嫌限巷协

二、[f]的产生

[f]的前身是《切韵》时代的帮、滂、並三母,到了北宋初年的三十六字母时期,逢合口三等韵及流摄开口三等韵的帮、滂、並分别变成了非、敷、奉三母。此后帮、滂、並只与开口一二三四等韵及合口一二四等韵拼合;非、敷、奉三母则只与合口三等韵和流摄开口三等“尤”“有”韵拼合。元明时期,随着全浊音的消失,非、敷、奉三母合流并变成了[f],反映这一重要变化的文献材料是元周德清的

《中原音韵》和明兰茂《韵略易通》中的《早梅诗》。根据以上情况可以看出，非、敷、奉三母基本上是受合口三等韵的影响而产生的，[f]母的正式出现是在元明时期。

三、[tɕ][tɕ‘][ɕ]的产生

今音[tɕ][tɕ‘][ɕ]这三个声母大致产生于清初稍后的时期①，因为在清初樊腾凤的《五方元音》中[tɕ][tɕ‘][ɕ]尚未出现（如“剪”[ts]母字有：精尖尊钻；“金”[k]母字有：京坚根干）。此三母各有两个来源，即《中原音韵》中的[k][k‘][x]与[ts][ts‘][s]：

[k]、[ts] > [tɕ]	[k‘]、[ts‘] > [tɕ‘]	[x]、[s] > [ɕ]

其产生的具体原因是这样的：舌根音[k][k‘][x]与齐、撮呼韵母相拼，受[i][y]韵头或韵母的影响而发生了腭化，腭化后舌位前移，遂变成了[tɕ]、[tɕ‘]、[ɕ]。例如：

例字	中古音	近代音	今音
姜	见阳[kiaŋ]→	见江阳[kiaŋ]→	[tɕiaŋ]
去	溪语[k‘io]→	溪鱼模[k‘y]→	[tɕ‘y]
乾	群仙[giæn]→	溪先天[k‘iɛn]→	[tɕ‘ian]
晓	晓筱[xɛu]→	晓萧豪[xiau]→	[ɕiau]
兮	匣齐[ɣɛi]→	晓齐微[xi]→	[ɕi]

舌尖前音[ts][ts‘][s]与齐、撮呼韵母相拼，受[i][y]韵头或韵母

① 汉语[tɕ][tɕ‘][ɕ]这类舌面辅音中古即存在（其中[ɕ]上古即有），属章组音。章组到今天变成了 zh、ch、sh 这类舌尖后音。今天的[tɕ][tɕ‘][ɕ]和中古的章组音没有承继关系。

的影响发生了腭化,腭化后舌位后移,也变成了[tɕ][tɕʻ][ɕ]。例如:

例字	中古音	近代音	今音
将	精阳[tsiaŋ]→	精江阳[tsiaŋ]→	[tɕiaŋ]
趣	清遇[tsʻiu]→	清鱼模[tsʻy]→	[tɕʻy]
前	从先[dzɛn]→	清先天[tsʻiɛn]→	[tɕʻian]
小	心小[siæu]→	心萧豪[siau]→	[ɕiau]
夕	邪昔[ziæk]→	心齐微[si]→	[ɕi]①

变成[tɕ][tɕʻ][ɕ]后,原与细音相拼的[k]组声母与[ts]组声母便无从分辨。清乾隆八年(1743),有人(佚名,一说名存之堂)写了一本叫《圆音正考》(圆音即团音)的书,目的是要教人们如何辨别尖音与团音②,这说明当时尖音与团音均已变成了[tɕ][tɕʻ][ɕ]。现在京剧中还分尖团,南方不少方言中都分尖团,如粤方言、客家方言、闽方言中齐、撮呼字的见组、晓组声母基本上都读作[k][kʻ][x],齐、撮呼字的精组声母基本上都读作[ts][tsʻ][s];吴方言中齐、撮呼字的见组、晓组声母变成了[tɕ][tɕʻ][ɕ],齐、撮呼字的精系声母仍然读作[ts][tsʻ][s]。在北方方言中,分尖团的地区主要有河北南部、山东东部、河南西南部、陕西中部北部和广西东北部等。这些方言中大部分都是齐、撮呼字的见组、晓组声母变成了[tɕ][tɕʻ][ɕ],而齐、撮呼的精系声母没有发生变化(多数方言是部分字的声母没有发生变化),例如陕西长武、郃县、扶风、郿县一带把薑(见)、劫(见)、欺(溪)、孝(晓)四字分别读作[tɕiɣ̃][tɕiɛ][tɕʻi]

① 以上两组音中的近代音多数为《中原音韵》的拟音,只有[y]母为《韵略易通》"居魚"部的拟音。

② 古"精清从心邪"五母与细音韵母(今齐、撮两呼)相拼的音叫尖音;古"见溪群晓匣"五母与细音相拼的音叫团音。

[ɕiau]；而把将（精）、姐（精）、齐（从）、消（心）四字分别读作[tsiaɣ̃][tsiɛ][ts'i][siau]。

四、[tʂ][tʂ'][ʂ]的产生

[tʂ][tʂ'][ʂ]三母是由中古的知组、庄组、章组声母合流而成，其演变的情形大致是：庄组、章组在唐末宋初之际合并为照组，大约到了《中原音韵》时期，知组又与照组合并。此将这个演变过程图示如下：

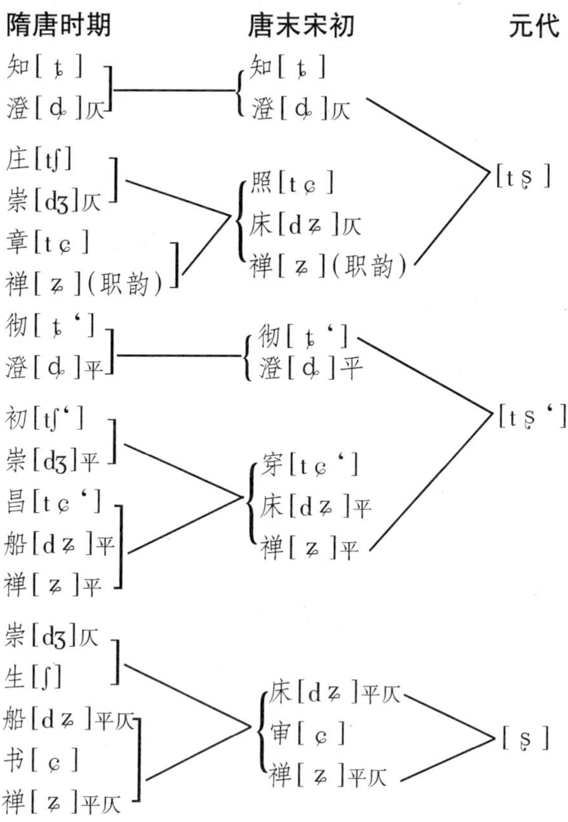

五、零声母的增加

隋唐时零声母只有一个“影”母，到了现代北京话中，中古的微、疑、影、云(出现于《韵镜》《七音略》)、以五母都成了零声母。其中疑、影、云、以四母变成了[i][u][y]三类零声母，微母变成了[u]类零声母，疑、影二母同时又变成了[a](包括[o][ə])类零声母。具体情况如下：

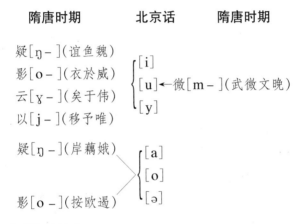

隋唐时期	北京话	隋唐时期
疑[ŋ－](谊鱼魏) 影[o－](衣於威) 云[ɣ－](矣于伟) 以[j－](移予唯)	[i] [u]← [y]	微[m－](武微文晚)
疑[ŋ－](岸藕娥) 影[o－](按欧遏)	[a] [o] [ə]	

六、[v]母的消失

[v]母的消失是从清初的《五方元音》① 一书中反映出来的。该书将声母分为20类，以“梆、匏、木、风”等字命名。此20个声母中已取消了[v]母，原[v]母字被并进了[O]声母。下面是这20个声母的拟音：

梆[p]　匏[p‘]　木[m]　风[f]

① 《五方元音》，韵书，撰成于清顺治十一年至康熙十二年(1654～1673)之间，共收8 400余字，分12韵部，后6部各有入声相配，每部中依20个声母及声调的次第列字。作者樊腾凤，清直隶尧山(今河北隆尧县)人，精于音韵之学。

斗[t]　土[t‘]　鸟[n]　雷[l]

竹[tʂ]　虫[tʂ‘]　石[ʂ]　日[r]

剪[ts]　鹊[ts‘]　系[s]　云[j]①

金[k]　桥[k‘]　火[x]　蛙[w][o](例字:文晚恩安)

文、晚二字在《中原音韵》中属于“无”[v]母,《五方元音》将此类字归入“蛙”母,这说明此时“无”[v]母作为一个独立的音位已经消失。

第二节　韵母的变化

一、二呼四等变为四呼

中古的开合二呼四等韵到今北京话中变成了开齐合撮四类韵,其演变的情形大致如下:

1.中古的开口一二等韵变成了今音的开口韵。例如:

毛[mɑu](豪开一)
　　　　　　　　＞[mau]
茅[mau](肴开二)

2.中古开口三四等韵变成了今音的齐齿韵。例如:

联[liæn](仙开三)
　　　　　　　　＞[lian]
莲[lɛn](先开四)

3.中古合口一二等韵变成了今音的合口韵。例如:

光[kuɑŋ](唐合一)——[kuaŋ]

关[kuan](删合二)——[kuan]

---

① “云”[j]母应与“蛙”母合为一类,如果这样处理,则《五方元音》的声母实际只有19类。

4.中古合口三四等韵变成今音的撮口韵。例如：

员[ɣiuæn](仙合三)
　　　　　　　　>[yan]
渊[uɛn](先合四)

以上变化只是大致的趋势，实际上每种变化都有不同的情况，主要如下：

1.开口二等韵逢见组、晓组声母多数没有变为开口韵，而变成了齐齿韵。例如：

嘉[ka]　(见麻开二)——[tɕia]
敲[k‘au]　(溪肴开二)——[tɕ‘iau]
咸[ɣɐm]　(匣咸开二)——[ɕian]

2.开口二等江韵(包括上、去、入声)逢知组、庄组声母没有变为开口韵，而变成了合口韵。例如：

椿[ʈɔŋ]　(知江开二)——[tʂuaŋ]
撞[ɖɔŋ]　(澄江开二)——[tʂuaŋ]
窗[tʃ‘ɔŋ]　(初江开二)——[tʂ‘uaŋ]
双[ʃɔŋ]　(生江开二)——[ʂuaŋ]

3.开口三等韵逢知系声母没有变为齐齿韵，而变成了开口韵。例如：

知[ʈie]　(知支开三)——[tʂʅ]
师[ʃiei]　(生脂开三)——[ʂʅ]
十[ʑiep]　(禅缉开三)——[ʂʅ]
辄[ʈiæp]　(知叶开三)——[tʂɤ]
遮[tɕia]　(章麻开三)——[tʂɤ]
朝[ʈiæu]　(知宵开三)——[tʂau]
昭[tɕiæu]　(章宵开三)——[tʂau]

4.开口三等尤韵(包括上、去声)逢帮组声母(后来多变为非组)没有全部变为齐齿韵,而是多数变成了合口韵①。例如:

蜉[biəu] (並尤开三)——[fu]

负[biəu] (並有开三)——[fu]

富[piəu] (帮宥开三)——[fu]

5.合口一等韵逢帮组声母多数没有变为合口韵,而变成了开口韵②。

杯[puɒi] (帮灰合一)——[pei]

胚[p‘uɒi] (滂灰合一)——[p‘ei]

搬[puɑn] (帮桓合一)——[pan]

伴[buɑn] (並缓合一)——[pan]

奔[puən] (帮魂合一)——[pən]

门[muən] (明魂合一)——[mən]

篷[boŋ] (並东合一)——[p‘əŋ]

蒙[moŋ] (明东合一)——[məŋ]

6.合口三等韵逢帮组声母(后来变为非组)没有变为撮口韵,其中大部分字变成了开口韵,小部分字变成了合口韵。例如:

飞[piuəi] (帮微合三)——[fei]

吠[biuɐi] (並废合三)——[fei]

分[piuən] (帮文合三)——[fən]

帆[biuɐm] (並凡合三)——[fan]

妨[p‘iuɑŋ] (滂阳合三)——[faŋ]

---

① 尤韵(包括上、去)逢帮组声母(后来多变为非组)有一部分变成了开口呼,如"否缶""谋眸侔牟"等字。

② 如果中古合口一等韵演变到今音只含1个音素[u],那么此类韵今音仍为合口,如"逋补布仆扑"等。

肤[piu]　　(帮虞合三)——[fu]

物[piuət]　(帮物合三)——[u]

芙[biu]　　(並虞合三)——[fu]

无[miu]　　(明虞合三)——[u]

7.合口三等韵逢知系声母没有变为撮口韵,而变成了合口韵。例如:

诛[ʈiu]　　(知虞合三)——[tʂu]

锤[ɖiuei]　(澄脂合三)——[tʂʻuei]

崇[dʒioŋ]　(崇东合三)——[tʂʻuŋ]

专[tɕiuæn](章仙合三)——[tʂuan]

充[tɕʻioŋ](昌东合三)——[tʂʻuŋ]

8.合口三等韵逢精组声母没有变为撮口韵,而变成了合口韵。例如:

纵[tsiuŋ]　(精钟合三)——[tsuŋ]

脆[tsʻiuɛi](清祭合三)——[tsʻuei]

萃[dziuei](从至合三)——[tsʻuei]

肃[siok]　(心屋合三)——[su]

俗[ziuk]　(邪烛合三)——[su]

关于四呼形成的时间,大体可以确定在明代初年。明初兰茂的《韵略易通》(1642)将《中原音韵》中的"鱼模"部分成了"居鱼""呼模"两部,可见其时[y]韵母和[y]介音已经出现。[y]韵母和[y]介音的出现,意味着开齐合撮四呼已经形成(中古的开口细音后来即叫做齐齿呼),只是尚未有其名而已。开齐合撮的名称是清初潘耒正式提出来的,他在其《类音》①中首次使用了这些名称。

二、相近韵母的合并

中古同摄的韵读音比较接近,其中一等韵与二等韵、三等韵与四等韵后来多数都发生了合并,一部分三四等韵与一二等韵也发生了合并。例如:

开[k'ɒi](溪咍开一)
楷[k'ɐi](溪皆开二)
> [k'ai]

薨[xuəŋ](晓登合一)
轰[xuɐŋ](晓耕合二)
> [xuŋ]

披[p'ie](滂支开三)
批[p'ei](滂齐开四)
> [p'i]

旋[ziuæn](邪仙合三)
玄[ɣuɛn](匣先合四)
> [çyan]

交[kau](见肴开二)
焦[tsiæu](精宵开三)
浇[kɛu](见萧开四)
> [tçiau]

碗[uɑn](影缓合一)
绾[uan](影潸合二)
晚[miuɐn](微阮合三)
> [uan]

---

①《类音》,音学论著,书成于康熙壬辰年(1712)。全书共分8卷。卷一是"音论",卷二是"图说",卷三是"切音",卷四~八是"韵谱"。作者潘耒(1646~1708),江苏吴江(今吴江县)人,师从顾炎武,精于经史、音韵、训诂之学。

相近韵母的合并是中古韵母大量减少的重要原因之一。

三、[－m]尾韵变为[－n]尾韵

《广韵》深、咸两摄的韵均属[－m]尾韵，这类韵共有九个，即“侵覃谈盐添咸衔严凡”。在《中原音韵》中，这九类韵被合并成了“侵寻”“监咸”“廉纤”3部。到明末毕拱宸的《韵略汇通》[①]时，此3部与“真文”“寒山”“桓欢”“先天”4部被合并为“真寻”“山寒”“先全”3部，这说明其时[－m]尾已经消失。此将《韵略汇通》的16个韵目列示如下：

一东洪	二江阳	三真寻	四庚晴
五先全	六山寒	七支辞	八灰微
九居鱼	十呼模	十一皆来	十二萧豪
十三戈何	十四家麻	十五遮蛇	十六幽楼

[－m]尾韵并入[－n]尾韵，这是中古韵母大量减少的又一重要原因。

四、入声韵的消失

中古的入声韵有[－p][－t][－k]三种清塞音韵尾，到了《中原音韵》时，这三种韵尾全部发生了脱落。韵尾脱落后，入声韵即转变成了阴声韵，遂与原阴声韵发生了合并，这种合并是造成中古韵母减少的主要原因。例如：

插[tʃʻɐp]（初洽开三）
差[tʃʻa]（初麻开二） ＞[tʂʻa]

① 《韵略汇通》，韵书，撰成于明崇祯十五年（1642）。作者毕拱宸系明末掖县（今山东掖县）人。该书据兰茂的《韵略易通》分合删补而成，分韵16部，在体系上与兰书有很大的不同，反映了17世纪山东方言的语音系统。

脱[t'uɑt](透末合一)
拖[t'ɑ](透歌开一) → [t'uo]

哭[k'ok](溪屋合一)
枯[k'u](溪模合一) → [k'u]

第三节　声调的变化

一、平分阴阳

中古的平声到现代北京话中变成了阴平和阳平两个调类，这个变化在元代时已经形成[①]。分化的条件是声母的清浊，其规律是：(1)清音变阴平，即声母为全清、次清的古平声字，北京话中读作阴平声[②]。例如：东(端)风(非)吹(昌)衣(影)。(2)浊音变阳平，即声母为全浊、次浊的古平声字，北京话中都读作阳平声[③]。例如：唐(定)时(禅)传(澄)奇(群)、牛(疑)迷(明)难(泥)来(来)。

二、全浊变去

"全浊变去"是指上声而言。中古上声字中的全浊声母字在现代北京话中多数都读成了去声，这个变化至少在唐代末年已经开始。唐末人李涪曾在他的《刊误》一书中批评《切韵》将一些去声字归入上声韵部[④]。李涪所举的例字正好都是《切韵》中的全浊上声

---

① 参见本书第七章第三节"近代音的声、韵、调·近代音的声调"。

② 少数平声字的声母属于清音但声调后来变成了阳平，如"痊诠铨荃筌"等。

③ 少数平声字的声母属于全浊音和次浊音，但后来变成了阴平声，如"屐疵嵇期兮奚蹊傒夕铢洙殊殳苔推涛焘(以上全浊音)猫捞摸捏捋勒(以上次浊音)"等。

④ 《刊误》《四库全书》列入杂家类，该书考究典故，引旧制以正唐末之失，引古制以纠唐制之误。作者李涪，曾官国子祭酒、宗正卿等职，后被流放，死于岭南。

字，如“舅”“皓”等。这些例子说明不是《切韵》将字归错了，而是在李涪那个时代全浊声母的上声字有一部分已转化为去声。北宋以后，这种变化的趋势更为明显。到了现代北京话中，大部分全浊上声字都变成了去声①。例如：

父(奉)坐(从)弟(定)跪(群)　巨(群)象(邪)抱(並)柱(澄)

三、入派三声

中古入声韵到元代消变为阴声韵后，其调值受声母清浊的影响也发生了分化：凡声母为全浊音的中古入声字被派入到平声(阳平)的行列，如“白、食”；凡声母为次浊音的中古入声字被派入到去声的行列，如“月、落”；凡声母为清音的中古入声字被派入到上声的行列，如“七、八、德、国、百、尺、作、客”。这种变化称为“入派三声”。其变化规律是：全浊变阳平，次浊变去声，清音变上声。其中派入上声的字最多。从《中原音韵》到现代北京话，原入声字的调属又发生了一定的变化。具体地说，《中原音韵》派到阳平的入声字今音仍旧读作阳平，如“白、食”。《中原音韵》派到上声的入声字今音一部分读阴平，如“七、八”；一部分读阳平，如“德、国”；一部分仍旧读上声，如“百、尺”；一部分读去声，如“作、客”。《中原音韵》派到去声的入声字今天仍然读去声，如“月、落”。这种新的变化称作“入派四声”。其变化规律是，全浊变阳平，次浊变去声，清音变四声。其中进入去声的字最多。现将上述两种变化图示如下(见《中古入声演变图》)。

最后，我们将中古四声与北京话四声列成一个对照表(见表20)：

---

① 少数全浊上声字没有变为去声，如“殍坂奉釜腐辅缓皖浣莞很俭窘强挺艇梃仅瑾馑墐楯吮场汞澒洞迥”等。

表 20　中古四声与北京话四声对照表

中古四声	中古声母		阴平	阳平	上声	去声
平	清		东风吹衣			
	浊	全浊		唐时传奇		
		次浊		牛迷难来		
上	清				好打小虎	
	浊	全浊				父坐弟跪
		次浊			老李有米	
去	清					要去应试
	浊	全浊				大病盗汗
		次浊				议论浪漫
入	清		七鸽八鸭	啄折竹菊	百尺铁笔	不必作色
	浊	全浊		独服猾贼		
		次浊				月落日跃

中古入声演变图

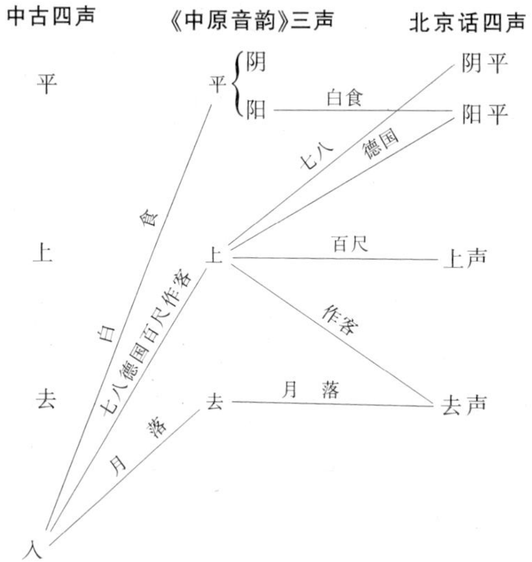

附论一

根据今音辨识中古音方法说略

辨识中古音，掌握中古汉语的声、韵、调，对于了解古今音的异同以便从事古籍整理、汉语史研究及古体诗词创作等工作来说都具有重要的意义。由于中古音到今音的变化较大，一种中古音往往会演变成几种不同的今音，或一种今音往往会来自于几种不同的中古音，并且有些变化的规律性较差或无规律可寻，所以根据今音所能确定的中古音只是一部分（且往往只能知其部分特点或总体情况），还有一部分字的古音则很难根据今音作出准确的判断，需要查检有关字典才能得知。

一、根据今音辨识中古的声母

(一)今音声调为阴平声的字,今音声母不是鼻音、边音、浊擦音(r)的上声字,今音声调为去声、声母为送气音的字,其声母在中古一般为清音。如果今音属塞音、塞擦音和擦音者,其发音方法基本上都能和中古的清塞音、清塞擦音和清擦音保持一致,即不送气音分别为中古的帮、端、知等母,送气音分别为中古的滂、透、彻等母,擦音为中古的心、审、晓等母。例如:

1.今音声调为阴平声的字:

(1)来自中古平声者:巴波班奔(帮)葩坡潘喷(滂)夫飞藩分(非)孵妃翻芬(敷)腮骚三桑(心)瓜羁甘经(见)夸欺堪卿(溪)蛙医鸳膺(影)

(2)来自中古入声者:八钵逼掰(帮)泼劈霹拍(滂)作作坊匝积接(精)七漆戚切(清)息熄悉膝(心)刮鸽郭激击揭(见)喝吸歇黑(晓)鸭约揖一(影)

例外:猫捞摸捏捋勒(次浊音)屐疵嵇期兮奚蹊徯夕铢洙茱殊殳苔推涛焘(全浊音)

注意:今音阴平声的零声母开口呼字及零声母齐齿呼字,其声母在中古绝大多数为影母,极少数为"以"母字,如"阿哀埃熬熬肉欧鸥庵安鞍恩雅甲猗衣依一壹妖夭忧优淹焉烟胭音阴因央秧莺英婴(影)椰悠攸(以)"等,此外"於、滢"等少数字今读阳平,古亦属影母字。

2.今音声母不是鼻音、边音、浊擦音的上声字(不包括零声母字):

(1)来自中古上声者:洗玺扫嫂(心)者旨指帚(章)扯侈齿(昌)几己感(见)启坎坷(溪)

(2)来自中古入声者:笔百柏北(帮)匹癖劈撇(滂)塔獭铁帖(透)甲戟骨蹶(见)

注意：今音零声母的上、去声字，其声母少数在中古属清音“影”母，如“碗枉矮椅轧握益苑”等；多数在中古属次浊音“云、以、疑、微”母，如“雨域(云)我卧(疑)颖滕(以)晚万(微)”等。

3.今音声调为去声、声母为送气音的字：

(1)来自中古去声者：套跳炭烫(透)虿趁畅怅(彻)差谶龀衬(初)炽臭串唱(昌)

(2)来自中古入声者：踏榻阒挞(透)彻撤饬黜(彻)刹恻策龊(初)叱赤斥绰(昌)

(二)今音声母为送气音的阳平声字，今音声母为擦音、韵尾为鼻音的阳平声字(除“於、滢”等字)，其声母中古属全浊音。例如：

1.今音声母为送气音的阳平声字：爬婆皮贫(並)驼驮覃潭(定)慈磁惭蚕(从)茄渠钳黔(群)　例外：察壳殼(中古声母为清音)

2.今音声母为擦音、韵尾为鼻音的阳平声字：凡烦汾房(奉)桓咸浑杭红黄皇凰形邢(匣)详祥翔庠(邪)绳渑神(船)

(三)今音声母为鼻音、边音、浊擦音的字，今音零声母的阳平声字(除“於、滢”等字)，其声母中古属次浊音。例如：

1.今音声母为鼻音、边音、浊擦音的字：妈麻满慢(明)那拿辇念(泥)黎离两亮(来)如柔汝刃(日)

2.今音零声母的阳平声字：无薇文闻(微)蛾娥严颜(疑)违炎王熊(云)怡姚盐簷(以)

二、根据今音辨识中古的韵母

A.根据今韵母辨识中古韵母的摄属、开合与等次。

(一)ia 韵母的字中古均为开口，其中多数属蟹、假摄二等字及山、咸摄二等入声字，少数属咸摄四等入声帖韵字。例如：

蟹摄字：佳涯崖　假摄字：家加嘉虾暇霞瑕假蟒下雅牙芽亚讶

山摄二等入声字：戛瞎黠辖轧　咸摄二等入声字：夹袷甲掐恰洽狭峡匣狎鸭押压　咸摄四等入声帖韵字：荚颊铗侠挟

（二）ï 韵母的字中古均为开口三等字，包括止、蟹摄三等字和臻、梗、曾、深摄三等入声字。例如：

止摄字：纸死字资姿兹子自雌慈此知支脂词祠辞赐次斯私司赐四似祀寺俟　蟹摄字：世滞彘制势誓逝噬筮　臻摄入声字：日虱窒秩帙栉质鑕叱失实　梗摄入声字：石只掷摭蹠炙尺赤斥適释　曾摄入声字：直饰式轼拭食蚀识寔湜饬敕织　深摄入声字：汁执湿十什拾　例外：喫（梗开四锡韵）

（三）er 韵母的字均属中古止摄开口三等字。例如：

支韵字（包括纸韵字）：儿尔迩　至韵字：二贰　之韵字（包括止、志韵字）：而耳饵佴

（四）ai 韵母的字中古为开口，包括蟹摄一二等字及梗、曾摄一二三等入声字。例如：

蟹摄字：戴贷待怠代胎台乃奈来灾在才腮该开孩哀爱（一等）摆拜败排牌派埋卖迈斋债寨豺筛矮（二等）　梗摄入声字：掰白百柏麦脉摘择窄拆（二等）　曾摄入声字：塞（一等）侧色骰（三等）　例外：徘还（合口一二等字）

（五）uai 韵母的字中古均为合口，包括止摄三等字及蟹摄一二等字。例如：

止摄字：揣衰帅率（三等）　蟹摄字：会刽外（一等）嘬乖拐怪夬蒯块哙淮怀槐怀歪（二等）

（六）uei 韵母的字中古均为合口，包括蟹、止摄一三四等字。例如：

蟹摄字：堆对队推颓腿罪最催崔淬碎瑰刽盔魁灰恢回偎桅（一等）岁缀赘税锐睿喙卫（三等）圭闺桂奎惠慧（四等）　止摄字：嘴醉

翠萃粹虽随隋祟遂追锥缒吹炊垂水蕊龟归鬼贵亏愧毁讳微位（三等）

（七）ao 韵母的字中古均为开口，包括效、流摄及江、宕摄一二三等入声字。例如：

效摄字：褒宝保毛冒刀叨桃猱捞劳早操骚高考好熬（一等）包饱抛猫爪抄稍（二等）照烧少饶（三等）　流摄字：茂贸（一等）矛蟊（三等）　江摄入声字：剥雹（二等）　宕摄入声字：薄烙酪落凿郝（一等）着勺芍（三等）

（八）iao 韵母的字中古均为开口，多数属效摄二三四等字，少数属流摄三等字及江、宕摄入声二三等字。例如：

效摄字：交郊教绞狡校敲巧肴淆孝效咬（二等）膘飘苗描秒庙燎焦椒骄轿悄俏消宵小摇姚夭（三等）刁钓吊掉挑条跳鸟尿聊了浇叫萧箫晓啸杳（四等）　流摄字：彪缪（三等）　江摄字：角饺觳（二等）　宕摄字：嚼脚雀鹊削约药钥（三等）

（九）ou 韵母的字中古开、合都有。多数属流摄开口一三等侯、尤韵字（其中声母属 f、zh、ch、sh、r 者为三等字，余多为一等字），少数属通摄开口入声屋韵三等字。例如：

流摄字：剖某兜斗抖豆逗偷头投透耨搂楼漏镂走奏凑叟嗽勾口侯欧藕（一等）谋眸浮否邹搜周舟州肘纣宙抽绸愁手首柔（三等）　通摄入声字：粥轴妯熟肉（三等）　例外：都都是露露出（遇合一模、暮韵）

（十）iou 韵母的字中古均为流摄开口三等字。例如：谬牛流究秋修悠尤由有又莠幼例外：六宿一宿（通开三屋韵）

（十一）uan 韵母的字中古均为合口，包括山摄一二三等字。例如：端短湍团彖暖銮乱鑽纂窜酸官馆贯宽欢缓豌腕（一等）篡撰闩玩（二等）专转传川船万（三等）　例外：赚（咸开二陷韵）

（十二）üan 韵母的字中古均为合口，包括山摄合口三四等字。例如：娟捐眷倦圈诠荃泉全权拳劝喧渲鸢远苑愿（三等）涓畎犬玄悬绚泫眩炫渊（四等） 例外：轩（山开三元韵）

（十三）in 韵母的字中古均为开口三等字，包括臻、梗、曾、深摄字。例如：

臻摄字：彬贫牝岷邻吝津亲辛信因银 梗摄字：姘聘皿馨 曾摄字：矜 深摄字：品林淋凛淋祲今侵琴心寻音吟 例外：尹（臻合三准韵）

（十四）uen 韵母的字中古均为合口，包括臻摄一三等字。例如：敦顿嫩论尊村存寸孙损衮昆坤困昏婚浑混温稳（一等）轮遵俊笱谆准椿春纯顺舜润荤文吻问（三等） 例外：吞（臻开一痕韵）

（十五）ün 韵母的字中古均为三等字，开合都有。多数为合口，属臻摄合口三等字；少数为开口，包括臻、曾、深摄开口三等字。例如：

臻摄合口字：均钧君军俊群熏荀旬迅徇训匀云雲陨酝韵 臻摄开口字：竣汛讯 曾摄开口字：孕 深摄开口字：寻浔挦

（十六）iang 韵母的字中古均为开口，多数属宕摄三等字，少数属江摄二等字。例如：

宕摄字：娘良亮将匠枪羌墙强相箱香向项央秧羊杨养样 江摄字：江讲降绛虹腔项巷

（十七）ong 韵母的字中古均为合口，包括通、梗、曾摄合口一二三等字。例如：

通摄字：东冬董冻通同桶痛农弄笼宗粽聪空烘红（一等）浓隆龙陇从容嵩中（三等）梗摄字：觥轰宏泓（二等）荣（三等） 曾摄字：肱薨（一等）

（十八）ueng 韵母的字中古均为通摄开口东韵（包括董、送韵）一

等字。例如:翁滃瓮

B. 根据今声母和韵母辨识中古韵母的摄属、开合与等次。

(一)今音声母为 b p m、韵母为 en 的字,中古属臻摄合口一等魂韵(包括混、慁韵)。例如:奔本笨喷盆门扪闷懑

(二)今音声母为 f 的字,不管韵母如何,中古除流摄字外均属合口三等韵,流摄字属开口三等韵。例如:

非流摄字:

fa 音节字:发伐筏罚髮(山合三月韵)乏法(咸合三乏韵)

fo 音节字:佛(臻合三物韵)

fei 音节字:飞非妃霏肥匪废肺吠痱费(止合三微、尾韵)

fan 音节字:藩翻幡烦繁樊反返贩饭(山合三元阮愿韵)凡帆范犯範泛梵(咸合三凡范梵韵)

fen 音节字:分吩芬纷氛焚汾坟粉粪奋愤(臻合三文吻问韵)

fang 音节字:方坊妨芳防仿纺舫访放(宕合三阳养漾韵)

feng 音节字:风枫丰沣封峰蜂锋烽冯逢缝讽凤奉俸(通开三东送韵、通合三钟肿韵)

fu 音节字:肤郛俘符苻夫扶芙府斧釜父付赋傅赴讣(遇合三虞麌遇韵)福蝠服腹覆蝮复馥(通开三屋韵)

流摄字:

fu 音节字:浮蜉涪妇富副复(流开三尤有宥韵)

fou 音节字:否缶(流开三尤有韵)

(三)今音声母为 d、t、n、l 的字,其韵母的开合多数与中古开合一致,不一致的情况有:

1. "讷"字今音为开口,中古属合口(臻合一没韵)。

2. "馁、内"二字今音为开口,中古属合口(蟹合一贿、队韵)。

3. lei 音节的字今音为开口,中古只有"勒、肋"二字属开口(曾

开一德韵），多数属合口，例如"雷擂累蕾磊垒耒类泪"（蟹、止摄合口灰脂纸旨队寘至韵）。

4. dou、lou 音节中的"都都是露"露出二字中古属合口（遇合一模暮韵）。

5. den、nen 音节中的"扽扽引嫩"二字今音为开口，中古属合口（臻合一慁韵）。

6. tun 音节中的"吞"字中古属开口（臻开一痕韵）。

（四）今音声母为 z、c、s 的字，其韵母的开合与中古开合基本一致，不一致的情况有：

1. "攒"积攒字今音为开口，中古为合口（山合一缓韵）。

2. zeng、ceng、seng 音节中的"综"织布机上的装置字中古属合口（通合一宋韵）。

3. zuo、cuo、suo 音节的字，中古开、合口都有。其中开口为果、宕摄开口韵，合口为遇、果、通、山、臻摄合口韵。

（五）今音声母为 zh、ch、sh、r 的字，其韵母与中古的开合多数一致，不一致的情况有：

1. zhou、chou、shou、rou 音节的字，中古开、开口都有，其中开口为流摄三等字，占大多数；开口为通摄入声屋韵三等字，占少数。参见上节（九）。

2. zhu、chu、shu、ru 音节中的"漱漱口入"二字中古属开口（属流开三宥韵和深开三缉韵）。

3. zhua 音节的字，中古开、合口都有。开口字属效摄二等肴、巧韵，如"抓、爪"二字；合口字属假摄合口二等麻韵，如"挝、髽"二字。

4. zhuo、chuo、shuo、ruo 音节的字，中古开、合口都有。其中开口属江、宕、梗摄的开口二三等入声韵，如"卓桌捉琢啄浊朔（江开二觉韵）着酌灼斫绰烁若弱（宕开三药韵）硕（梗开三昔韵）”等；合口属山摄合口三等入声薛韵，如“拙辍啜说”等。

5.zhuang、chuang、shuang 音节的字，中古全为开口，分别属江、宕摄的开口二三等韵，如“椿窗幢双撞（江开二江绛韵）庄装妆疮床霜爽闯状创（宕开三阳养漾韵）等。

（六）今音声母为 g、k、h 的字，其韵母的开合多数与中古开合一致，不一致的情况有：

1.ge、ke、he 音节的字，今音为开口，中古开合都有。多数为开口，少数为合口，例如：

中古开口字：歌哥个箇柯轲苛可何河荷贺（果开一歌韵）鸽蛤喝合盒（咸开一合韵）割葛渴曷喝曷褐（山开一曷韵）胳阁各貉鹤（宕开一铎韵）格骼额赫吓（梗开二陌韵）殼（江开二觉韵）克刻劾（曾开一德韵）

中古合口字：戈科棵蝌颗课禾和（果合一戈韵）豁（山合一末韵）

2.geng、keng、heng 音节中的“横”（梗合二庚韵）字中古为合口。

（七）零声母的字，其开合与中古的开合基本一致，不一致的情况有：

e：讹讹吪（果合一戈韵）　u：戊（流开一候韵）　uo：我（果开一哿韵）握渥幄龌（江开二觉韵）

三、根据今音辨识中古的声调

中古平声字变成了今天的阴平和阳平，中古的全浊上声字大多数变成了今天的去声，中古的入声字分别进入到了今天的阴阳上去四声。这些变化尤其入声的变化是导致今音四声与中古平上去入四声不够一致的主要原因，需要引起更多的注意。

（一）今音鼻尾阴平、阳平声字在中古读平声，今音声母为鼻音、边音、浊擦音及零声母的非鼻尾阳平声字在中古读平声。例如：

鼻尾阴平字：班般贪坍端湍娟轩奔分彬敦椿帮邦将庄妆崩风枫徵升冰兵东滂

鼻尾阳平字：覃潭男南团员屑傍旁床朋鹏盟冯澄绳平评明名同铜

鼻音、边音、浊擦音非鼻尾阳平声字：麻磨模毛茅苗谋尼霓泥牛罗骡卢炉驴雷劳燎楼流如茹儒饶柔揉　例外：膜（中古入声）

零声母非鼻尾阳平声字：涯牙芽蛾俄讹耶爷宜移姨疑怡遗沂吴吾无毋鱼渔於于俞余禺桅嵬危敖熬摇尧肴姚尤由油

（二）今音声母为鼻音、边音、浊擦音及零声母的上声字中古读上声。例如：

鼻音、边音、浊擦音上声字：满闵敏皿莽猛赧碾辇囊敛脸卵凛廪两冷领岭拢陇冉苒软阮稔荏忍壤攘马米眯靡姥母买每美卯藐秒某你拟旎努弩馁脑鸟纽扭裸虏礼李吕缕履蕾磊耒老了搂柳惹汝乳蕊绕

零声母上声字：琰眼演兖晚远引尹陨允网枉往也野冶尔耳饵迤矣已尾五忤武语雨羽伪纬有友酉黝　例外：恶恶心嘁乙（中古入声）

（三）今音送气声母鼻尾去声字中古读去声，今音鼻音、边音、浊擦音及零声母鼻尾去声字中古读去声。例如：

送气声母鼻尾去声字：探炭叹粲灿忏颤骗徧瑱欠倩茜彖窜篡串劝券喷喷嚏谶趁衬聘痛寸困唱　例外：谝歉芡牝（中古为上声字）。

鼻音、边音、浊擦音鼻尾去声字：慢漫曼面孟梦难患难念嫩滥烂敛练炼恋乱赁吝论浪亮令任刃仞润闰让　例外：饪葚（葚，一音 rèn，中古上声）廿（中古入声）

零声母鼻尾去声字：暗按案厌晏燕咽腕惋苑怨印蕴愠盎快应映甕（中古清音）岸验艳雁彦砚万院掾願愿胤问韵运孕恙忘妄望旺媵硬用佣（中古次浊音）

（四）今音为 b、d、g、j、zh、z 六声母的非鼻尾阳平声字中古属入声，今音为 fa、fo 音节的字中古属入声，今音为 de、te、ne、le、ze、ce、se 音节的字中古属入声，今音为 kuo、zhuo、chuo、shuo、ruo 音节的字中古属入声，今音为 bie、pie、mie、die、tie、nie、lie 音节的字中古属入声，今音为 üe 韵母的字中古一般属入声。

1. b、d、g、j、zh、z 六声母的非鼻尾阳平声字：

b：白帛伯舶泊柏柏林百百色扒跋钹雹博薄驳勃渤脖鳖别

d：答沓达笪得德夺铎掇跌迭叠碟牒笛敌嫡觌翟读犊毒

g：国虢各格阁胳蛤革隔膈葛国虢骨骨头

j：夹荚袷洁结劫杰竭节捷截决诀掘角厥橛蹶脚镢觉爵嚼绝及级极吉急击棘即脊疾集籍局菊掬鞠橘

zh：扎札絷铡闸炸着折辙摺哲蛰酌镯琢啄濯直值殖执侄职轴妯竹竺烛筑逐宅择择菜翟

z：杂则择泽责啧帻箦昨足卒族贼凿

2. fa、fo 音节的字：

fa：发伐筏阀乏罚法髪

fo：佛

3. de、te、ne、le、ze、ce、se 音节的字：

de：得德

te：特忒

ne：讷

le：乐肋勒仂

ze：则泽择责啧帻箦窄笮舴仄昃

ce：侧厕测恻策册

se：涩瑟塞啬穑色

4. kuo、zhuo、chuo、shuo、ruo 音节的字：

kuo:括阔廓扩

zhuo:卓桌捉拙着酌浊镯啄琢涿濯擢

chuo:绰戳龊辍啜

shuo:说烁铄朔槊数硕

ruo:若弱箬

5. bie、pie、mie、die、tie、nie、lie 音节的字:

bie:鳖憋别瘪

pie:撇

mie:灭蔑篾蠛

die:跌叠碟牒蝶谍迭瓞垤绖耋　例外:爹(中古平声)

tie:贴帖铁

nie:捏涅聂镊蹑孽臬臬啮

lie:猎躐鬣列烈裂劣

6. üe 韵母的字:

nüe:虐疟

lüe:略掠

jue:绝爵嚼爝厥蹶蕨橛孓掘决诀抉觖谲珏掘倔崛角桷觉脚矍镢攫

que:缺阙确却阕雀鹊

xue:薛削学雪血穴谑

üe:曰约药哕悦阅月刖钥越钺樾粤岳乐跃龠瀹

例外:嗟瘸靴(中古平声)

参考文献

董少文《语音常识》　文化教育出版社,1964 年。

丁声树、李荣《古今字音对照手册》　中华书局,1981 年。

李荣《音韵存稿》　商务印书馆,1982 年。

《宋本广韵》　北京市中国书店,1982 年。

李葆瑞《应用音韵学》　东北师范大学出版社,1988 年。

附论二

古入声字辨识三法

中古有平上去入四种调类,其中入声字分别有[-p][-t][-k]3 个塞音韵尾。到元代时入声字的韵尾开始脱落,此后在大部分北方方言中其读音完全混同于阴声韵,其调值也发生了分化,分别派入到其他声调。就北京话的情况来说,阴、阳、上、去四声中都有入声字的进入。今天,我们从事古体诗词的创作或从事汉语的教学、研究等工作,还需要对古入声字的情况有所了解,否则就会遇到一定的麻烦,例如不认识古入声字,就很难真正掌握近体诗的格律。

董少文先生曾在《语音常识》一书中对入声字的辨认问题进行过探讨。他从声、韵、调特点的角度找到了不少识记入声字的方法,同时指出多读押入声韵的旧体诗也是熟悉入声字的好办法。这里我们试从另外的角度提出三种识记古入声字的方法,以供读者参考。

一、通过入声歌诀记认

将入声字编成歌诀,可以迅速提高记忆的效率。不过由于受入声字的范围、字义及押韵的限制,这种歌诀的选字、用意不易同时得兼。今取 110 余字编成 10 首歌诀如下,不求用意之美,但求将入声字纳入其中而已。

入声字歌诀

1. 一六七，八十百，苜蓿绿，割大麦。
2. 腊月日，积落雪，逐白鹿，射黑貉。
3. 菊竹洁，玉璞碧，荻叶赤，柏直立。
4. 卒执槊，伐敌国，猾贼恶，莫捉错。
5. 鳄食肉，鹤啄木，鳖喝粥，獭独哭。
6. 北极湿，岳麓热，蝶悉逸，蚱灭绝。
7. 墨客脱袜，合睫即榻，毒蝎突出，赤足摸蜡。
8. 拆屋扒阁，砸脚喋血，喝药缩舌，喫蜜节约。
9. 伯乐学习，石碏服役，郤克寂寞，墨翟歇息。
10. 击碟拍钵，不识弈乐，即席瞎说，邋遢缺德。

二、通过主谐字辨认

有一部分入声主谐字（用作形声字的声符）的被谐字（即形声字）全部或大部分都是入声字。熟记住这部分入声字，便可以简驭繁地辨认出一大批入声字。兹将这类主谐字及其被谐字列表如下（见表21）。表中所收字属于举例性质，多为常用字，生僻繁难字一般不录。

表21　入声字谐声表①

菐：僕撲樸璞

曷：褐蝎揭葛渴竭喝歇

歇：蠍

丯：挈齧　有例外

害*：辖（又读阴声）割豁瞎

絜：潔

契：（阴入两读）：锲喫楔

夬*：玦决缺　例外：快駃

谷：欲浴俗　例外：容裕

---

① 此表据《广韵声系》（沈兼士主编）而制，表中主谐字右下方加＊者为非入声字。

匊:菊鞠掬麴
角:桷斛
吉:洁秸颉结桔诘壹黠
颉:缬撷襭
舌:敌活括适聒刮　例外:话
活:阔
欮:厥阙
厥:蹶撅
戉:钺越
越:樾
骨:滑猾
各:阁格胳恪客貉略络烙洛珞酪骆雒　例外:咎路
客:喀额
鬲:隔膈翮
亟:殛極
合:鸽蛤给盒洽恰拾翕　例外:弇龛
荅:褡塔
夹:郏颊铗荚浃挟侠狭峡筴
匧:惬箧
甲:胛钾闸鸭押匣
乞:讫吃圪疙屹迄纥矻龁籺
局:侷跼
桀:傑榤
谷:郤却绤
却:脚
及:笈极急汲芨岌吸
樂:轢鑠櫟藥
月:刖钥
兀:杌卼屼
列:烈冽裂洌(洌又读阴声)　例外:例
虐:瘧谑
咢:愕鄂萼鳄锷
朔:塑愬
㬎:湿隰　例外:顯
殳:没殁
𦐇:榻遢
盍:阖溘饁蓋磕(蓋磕又读阴声)　例外:豔
沓:踏涾
竹:竺築笃
豖:啄涿琢　例外:冢
疌:捷睫婕踕
薛:孽蘖
徹:撤辙澈
朮:秫術述沭怵
聂:蹑摄慑
睪:鐸澤釋繹擇斁　例外:斁
癹:發撥潑
八:扒(又读阴声)匹穴
𠔉:佾屑肸
百:陌貊佰
犮:跋魃拔祓(祓又读阴声)胈髮　例外:軷
白:帛舶泊伯迫柏粕拍怕(怕又读阴声)珀帕碧
末:秣抹沫袜昩
蔑:懱篾襪
毕:筚跸
辟:璧僻癖擗擘壁霹劈闢　例外:臂避嬖
畐:福副辐(此三字又读阴声)匐幅蝠逼　例外:富
勿:物忽笏　例外:吻刎
畟:稷谡
足(阴入两读):促捉浞龊
即:唧節鲫
節:櫛
服:箙鵩　有例外
脊:瘠蹐
则:贼侧测恻　例外:厕
桼:漆膝
咠:楫缉葺辑揖
妾:接霎踥

责:箦帻债積(债積又读阴声)賾　例外:渍

啇:嫡镝滴摘敵適　例外:藡

息:熄郋

習:褶熠摺

昔:腊惜借鹊猎错厝(错厝又读阴声)皵碏　例外:蜡措醋

耤:籍藉(藉又读阴声)

勺:的灼酌妁杓芍约(杓芍约又读阴声)　例外:钓豹尥

出(阴入两读):屈咄茁拙绌　有例外

屈:窟掘　有例外

臿:插歃　有例外

枼:葉牒喋谍媟

叔:菽督寂淑　例外:椒

束:速勅　有例外

蜀:屬镯獨濁燭觸　例外:噣

石:硕拓磔斫跖祏　例外:妬柘

屋:渥握幄喔

一:弌聿

聿:筆律

寽:捋虢　例外:酹

乙:厄札扎失曰乭　有例外

失:迭跌轶秩帙佚泆　例外:魅

曰:汩汩

耴:辄

邑:悒挹浥

昜(阴入两读):蜴埸剔惕踢锡赐(赐又读阴声)

亦:弈奕狄迹跡　例外:夜

狄:荻逖

弋:忒必式　例外:鳶代

式:拭轼　例外:试弑

宓:密蜜　有例外

血:洫恤　有例外

或:惑蜮國馘域彧

国:帼蝈

鹿:漉辘麓

录:禄渌碌録绿剥

坴:陸睦

賣:黷讀櫝牘瀆贖續

栗:慄溧凓

剌:辣瘌　例外:赖

厤:曆歷

力:仂勒肋

立:粒笠拉泣飒翊翌

巤:獵臘蠟

匿:慝

辱:蓐褥缛耨　有例外

日:馹涅

弱:溺搦　例外:嫋

三、通过熟读入声字表识记

古入声字数量相当多。根据笔者统计,在《广韵》的 26 194 个字中,入声字竟有 5 398 个之多,丁声树、李荣先生的《古今字音对照手册》所收字多为常用字,其中入声字也有 1 085 个。因此,一般辨认方法都不可能解决所有入声字的辨认问题。根据这种情况,可以将入声常用字列成一个可查检的总表去查检和识记。如果是为了学习古体诗词,则只需要记住进入到阴平、阳平中的那部分入声字就可以了，至于进入到上去二声中的入声字则不必管它，因为今音读上去声的所有字（来自中古的上声、去声和入声）在中古都是仄声。下面我们将入声常用字按今音音序列成一个总表供读者去查检和识记（见表22。此表对方言区的人学习普遍话也有一定帮助）。表中同韵母的字分成平声和上、去声两类，这种区分是专为学习古诗词者而设，比如不能确定今读阴平或阳平的某字在古代是否属于入声，仅查此表中的“平声”类即可得知。

表22　古入声常用字表①

a

平声

bā　八
bá　拔跋钹魃
fā　发
fá　乏伐筏阀罚
dā　搭褡耷答答应
dá　达怛妲笪靼沓答回答
tā　塌
lā　拉邋
zā　匝咂紮
zá　杂砸
cā　擦
sā　撒撒手
zhá　闸炸扎札铡
chā　插
chá　察
shā　杀煞鎩

上去声

fǎ　法
fà　髮
tǎ　塔獭
tà　踏榻闼挞
nà　纳衲捺
là　腊蜡鑞辣刺落落下
sǎ　撒
sà　飒卅趿靸萨
zhǎ　眨
zhà　栅
chà　刹
shà　霎歃箑翣煞

ia

平声

jiā　夹
jiá　裌荚颊铗戛
qiā　掐
xiā　瞎
xiá　狭峡匣狎侠挟黠辖
yā　鸭押压

上去声

jiǎ　甲胛岬
qià　恰洽
yà　轧揠

ua

平声

shuā　刷
guā　刮
huá　滑猾
wā　挖

上去声

① 此表据《古今字音对照手册》制，表中注音全部为汉语拼音字母。

huà 划
wà 袜

e

平声

dé 得德
zé 则舴择泽啧责帻箦窄
zhē 蜇
zhé 辄摺蛰哲辙折磔谪
shé 舌折
gē 鸽割胳搁
gé 蛤葛阁格骼隔膈革
kē 磕瞌
ké 殼
hē 喝
hé 合盒郃盍阖曷貉涸劾核覈
é 额

上去声

tè 忒慝特
nè 讷
lè 乐勒仂泐
zè 仄昃侧
cè 侧恻测策册
sè 涩瑟塞啬穑濇色
zhè 浙
chě 尺
chè 彻撤掣
shè 摄涉设
rè 热
gě 葛
gè 各
kě 渴
kè 克刻客緙
hè 喝褐鹤赫嚇
ě 恶
è 遏愒鄂颚萼鹗噩鳄恶扼厄轭

o

平声

bō 钵拨剥
bó 钹勃渤浡脖博搏薄泊箔驳伯帛舶亳礴镈髆
pō 泼
mō 摸
mó 膜
fó 佛

上去声

pò 粕迫魄
mǒ 抹
mò 末抹沫没殁莫寞漠墨默陌貊貉脉

uo

平声

duó 掇夺铎
duó 度
tuō 脱讬托
luō 捋
zuō 作作坊
zuó 捽昨凿穿凿
cuō 撮
suō 缩
zhuō 拙卓桌涿捉
zhuó 着酌灼斫焯琢啄浊濯擢镯
chuō 绰绰号戳
shuō 说
guō 郭
guó 国虢帼掴馘
huō 豁劐
huó 活

上去声

duò 掇裰剟度踱
tuò 柝橐拓魄箨蘀
nuò 诺
luò 洛落骆络
zuò 作柞酢怍
cuò 错剒
suǒ 索
chuò 辍啜绰
shuò 烁铄朔槊数硕
ruò 若弱箬
kuò 阔括廓鞹彍扩
huò 霍藿穫獲镬或惑豁
wò 斡握渥幄龌沃

ie

平声

biē 鳖憋
bié 别蹩
piē 撇瞥

diē　跌

dié　叠迭碟蝶牒谍跌垤耋瓞

tiē　贴帖

niē　捏

jiē　接揭结疖

jié　睫捷劫孑桀傑杰羯竭节诘截结袺洁拮桔

qiē　切

xiē　歇蝎楔

xié　脅协挟颉襭絜

yē　噎

上去声

biě　瘪

biè　彆

piě　撇

miè　灭蔑篾巇

tiě　帖铁

tiè　帖

niè　聂镊蹑孽蠥蘖闑涅臬齧隉

liè　猎躐鬣列烈裂捩劣

qiè　妾怯惬箧切窃契锲

xiě　血

xiè　燮亵媟泄绁屑

yè　靥叶页业拽曳谒咽掖液腋

üe

平　声

jué　绝厥蹶掘橛决诀抉矍攫倔崛爵嚼脚镢觉角桷珏谲蕨觖

quē　阙缺

xuē　靴薛削

xué　学

yuē　曰约

上去声

nüè　虐瘧谑

lüè　略掠

juě　蹶

juè　倔

què　怯阙阕雀鹊却确殻搉

xuě　雪

xuè　血穴谑

yuě　哕

yuè　悦阅月刖越戉钺粤樾跃籥钥嶽岳乐

-i[ʅ]

平声

zhī　汁织隻掷

zhí　絷执姪侄值直植殖埴职踯摭

chī　喫(吃)

shī　湿蝨失

shí　十什拾实食蚀识寔湜石

上去声

zhì　窒銍挃秩紩帙栉桎蛭质锧礩骘掷炙

chǐ　尺

chì　抶叱饬敕赤斥

shì　室饰式轼拭適释奭螫

rì　日馹

i

平　声

bī　逼

pī　劈霹

dī　滴

dí　的嫡镝笛迪敌狄荻翟籴滌觌

tī　踢剔

jī　屐积激击

jí　集辑急级汲伋芨疾蒺吉即棘亟殛极脊鹡籍藉瘠

qī　七漆戚

xī　吸息熄悉膝蟋惜腊夕析淅晰皙锡裼昔

xí　习袭隰媳檄觋席蓆

yī　揖一壹

上去声

bì　潷弼愎碧璧辟襞壁

pǐ　匹癖劈

pì　僻闢擗辟甓

mì　密蔤觅羃幂汨

dì　的玓

tì　惕逖倜

nì 暱匿逆溺惄
lì 立粒笠苙栗溧瑮慄力磿歷枥砾栎轹鬲
jǐ 给戟脊
jì 鲫稷迹蹟绩寂
qì 缉葺泣讫迄汔碛戚
xì 隙
yǐ 乙
yì 邑悒浥裛熠溢镒逸佚轶泆劮佾屹仡忆亿臆薏抑翼翊翌弋杙黓益嗌腋掖液亦奕弈帟译驿绎峄睪怿斁圛易埸鷁艗疫役

u

平声
pū 扑仆
pú 匍菩濮仆
fú 弗绋绂韨芾拂福蝠幅辐服鵩伏茯匐
dū 督
dú 独读牍犊渎椟毒
tū 突秃凸
zú 卒镞族足
sú 俗
zhú 术茉竹筑古乐器逐舳蠋烛
chū 出
shū 叔倏淑
shú 秫菽孰熟塾赎
gū 毂
kū 窟哭
hū 忽惚
hú 核鹘斛槲縠鹄
wū 屋

上去声
bǔ 卜
bù 不
pǔ 璞朴
pù 曝
mù 幕木沐目穆牧睦苜
fǔ 辐
fù 缚腹複覆蝮复復馥鳆
dǔ 笃
dù 度
lù 禄碌琭鹿漉麓簏辘陆戮録绿逯
cù 猝簇蔟蹙蹴促
sù 速肃夙宿缩谡粟
zhǔ 嘱瞩属
zhù 筑祝
chù 黜怵畜矗触
shǔ 蜀属
shù 术述束
rǔ 辱
rù 入辱褥缛蓐
gǔ 骨汩縠毂谷鹄
gù 梏
kù 矻酷喾
hù 笏
wù 兀杌扤物勿

ü

平声
jú 橘菊鞠掬局偈踼
qū 屈诎麯曲
xū 戌

上去声
nǜ 恧朒衄忸
lǜ 律绿
jù 剧
qǔ 曲
xù 续恤畜蓄旭
yù 聿矞遹燏鹬驈鬱蔚尉域郁彧淯育毓昱煜鬻玉狱欲慾浴

ai

平声
bāi 掰
bái 白
pāi 拍
sāi 塞
zhāi 摘
zhái 择宅翟
chāi 拆

上去声
bǎi 百柏
mài 麦脉
zhǎi 窄
shǎi 色骰

ei

平声

lēi　勒
zéi　贼鲗
sēi　塞
hēi　黑

上去声

běi　北
méi　没
děi　得
lèi　肋
gěi　给

ao

平声

bāo　剥
báo　薄雹
záo　凿
zhāo　着
zháo　着
sháo　勺芍
háo　貉

上去声

lào　烙酪落
hǎo　郝

iao

平声

jiáo　嚼
xiāo　削

上去声

jiǎo　脚角饺
qiǎo　雀鹊
qiào　殼
yào　瘧药钥

ou

平　声

zhōu　粥
zhóu　轴妯
shóu　熟

上去声

ròu　肉

iou

上去声

liù　六
xiǔ　宿

以上三种方法与根据入声字声、韵、调的特点辨认入声字一样，都是用肯定的方法解决入声字的识记问题。此外还有一种否定法，或称排除法，其内容主要有三条：1. 凡以-n、-ng(或-m)等鼻辅音结尾的字在古代都不是入声字；2. 韵母为 i[ʅ]、er、uai、uei、的字在古代也不是入声字；3. 韵母为 ai、ei、ao、iao、ou、iou 的字在古代多数都不是入声字。用这种方法可以断定许多字在古代不是入声字，从而缩小识记范围。

掌握识记入声字的方法是一些专业工作者的需要，对于一般读者来说，要了解入声字可以通过有关字典去查检，这类字典有上面提到的《古今字音对照手册》和郭锡良《汉字古音手册》、唐作藩《上古音手册》及李珍华等《汉字古今音表》。此外，张永言等《简明古汉语字典》《汉语大字典》《汉语大词典》和王力等《王力古汉语字典》上也都标明了入声字。

附论三

反切概说

“反切”又称“反”“切”“翻”“反语”等，它是古人在“直音”“读若”之后所创制的一种注音方法。从东汉以后到清末，在长达1 600多年的时间内，反切一直起着对汉字标音的重要作用。反切的基本原理是：用两个字相拼，切上字取声母，切下字取韵母和声调，两相拼合即是被切字的读音。例如：

条　徒聊切 = tiáo　　戽　荒故切 = hù

爊　於刀切 = āo

根据反切的原理可以看出，反切的创制是以将汉语音节分析成声、韵、调三个部分作为前提的，在作出这样的分析之前，反切是不可能产生的。这就是说，在反切创制之时，古代的音韵学家已能将汉语音节分析成声、韵、调三个部分。

一、反切的构成及改良

关于反切的起源说法不一，主要有四：(1)起源于三国魏人孙炎。此说始见于北齐颜之推《颜氏家训·音辞篇》：“孙叔然(即孙炎)创《尔雅音义》，是汉末人独知反语，至于魏世，此事大行。”(2)起源于东汉末服虔说。日本释安然《悉昙藏》引武玄之《韵诠·反音例》称：“服虔始反音。”清人章炳麟、吴承仕等人主此说。(3)来自西域说。宋人陈振孙《直斋书录解题》卷三：“反切之学，自西域入于中国，至齐梁间盛行。”(4)中国古已有之说。此说或以为起源于“二合音”，宋人沈括、郑樵、清人顾炎武主此说。如沈括《梦溪笔谈·艺文二》卷十五：“切韵之学，本出于西域，汉人训字止曰读如某字，未用反切。然古语已有二声合为一字者,如'不可'为'叵','何不'为'盍','如是'为'尔','而已'为'耳','之乎'为'诸'之类,似西域二合之音,盖切字之原也。"或以为起源于文字创制之时,清人刘熙载主此说,其《说文双声·叙》云:"切音始于西域乎? 非也。始于魏孙炎乎? 亦非也。然则于何而起? 曰:起于始制文字者也。许氏《说文》于字下系之以声,其有所受之矣。夫六书中较难知者,莫如谐声。迭韵、双声,皆谐声也。许氏论形声及于'江''河'二字。方许氏时,未有迭韵、双声之名,然'河''可'为迭韵,'江''工'为双声,是其实也。后世切音,下一字为韵,取迭韵;上一字为母,取双声,非此何以开之哉?"上述中沈括、郑樵、顾炎武等的论据最为可信。

反切在创制的初期及其以后的一段时间内能够起到准确标音的作用,再往后随着语音的发展变化,一部分切语与被切字的读音尚能保持一致,而另一部分切语与被切字的实际读音则不一致了。这样就会出现切语直接切不出被切字实际读音的情况,极大地影响了反切的使用价值。此以古切语在今北京话中的读音为例:

泄(xiè) 息列切 = xiè 栾(luán) 力官切 = luān?

夏(xià) 户雅切 = ?

以上三例切语均取自唐陆德明《经典释文. 春秋左氏音义》。从今音的角度看,第一例切语与被切字的读音尚能保持一致,第二例切语的调值与被切字的调值不一致,第三例切语上下字的声母、调值均与被切字的今音不一致,无法直接切出被切字的实际读音。

除了语音的演变影响反切的使用外,反切本身也存在着一些严重的缺陷,如切上字的韵母和切下字的声母都是多余的部分,这必然会增加拼切的难度并影响切音的准确性。又如由于同韵字少等原因,一些切下字选用的是生僻繁难字,根据这样的切语是很难切出被切字的读音的,如《广韵》中的“撰,雏鲩切”“既,居豙切”等。由于上述原因,明清时期不断有学者对反切的用字进行改良,其中最著名者有明人桑绍良、吕坤、清人李光地、王兰生、刘熙载等人。桑绍良在《声韵杂著》(或称《青郊杂著》)、吕坤在《交泰韵》中都主张切语要能直接拼合成音。为了做到这一点,他们提出了一些改良的方法,如吕氏提出以入切平(平声字以入声字为切上字,如“空,酷翁切”),以平切入(入声字以平声字为切上字,如“酷,空屋切”),上、去声字以同调字为切上字(如“宠,楚陇切;冻,杜甕切”),切下字用不带辅音声母的字,等等。李光地、王兰生在他们主编的《音韵阐微》中除保留一些旧切外,创制了许多新切。这些新切的最大特点是切上字取开音节的字,切下字取没有辅音声母的字,同时切上字与切下字的等呼相同,如“公,姑翁切”“坚,基烟切”等。刘熙载在《四音定切》中对历代改良反切的成就进行了全面的研究,提出的改良方法更容易操作,如其中的合声法要求切上字不仅应与被切字的声母完全相同,而且要与被切字韵母的开合相同;要求切下字不仅应与被切字韵母的开合相同,而且要与被切字声母的清浊相同,即所谓“切开口字,用开口韵,并用开口母(代表声母的切上字);切合口字,用合口韵,并用合口母。切清声字,不惟母清,韵亦用清;切浊声字,不惟母浊,韵亦用浊”。这样的切语自然切起来很方便,且切出的音非常准确,例如“东,都翁切”“兜,得讴切”“新,西因切”“群,渠匀切”等等。

上述这些改革尽管取得了很大的成效,但由于反切本身不可克服的缺点,使得这些改革终究不能从根本上彻底解决汉字的科学注音问题,汉字注音科学化的任务只能靠拼音字母去完成。

二、根据反切上下字拼切今音方法说略

反切作为一种注音方法虽已成为历史，但是今天掌握反切知识对于阅读古籍和从事汉语史的研究来说仍然是有必要的。例如阅读“十三经”，如果懂得一些反切的基本知识，就可以在不查阅字典的情况下确定某些切语的今音，同时可以检验今人的注音是否正确。又如《说文解字》《玉篇》《康熙字典》等古代字书，都使用的是反切注音，如果没有一定的反切知识是很难有效使用这类字书的。

由于语音的发展变化，古代的反切在今天能够直接切出被切字实际读音的只是一部分，例如[①]：

般	北潘切 = bān	从	徂红切 = cóng
焦	即消切 = jiāo	淳	常伦切 = chún
烘	呼东切 = hōng	廉	力盐切 = lián
草	采老切 = cǎo	帝	都计切 = dì
扯	昌者切 = chě	奂	火贯切 = huàn
努	奴古切 = nǔ	昧	莫佩切 = mèi

这类切语今音的特点是，切上字与被切字的声母相同，切下字与被切字的韵母及声调相同，所以在今天同样可以切出被切字读音。除了这类反切外，还有许多切语都无法直接切出被切字的读音，不过其中大多数是可以通过对其上下字的调整而得到被切字的读音的。这类切语今音的特点是，切上字与被切字的声母可能在发音部位或发音方法方面不同，也可能切下字与被切字在韵母或声调方面不同，但切语与被切字之间的联系有规律可寻。下面

① 以下反切用例均取自《广韵》。

介绍一些常见切语的调整方法供读者参考。这些方法的规律性强,适应面大,且不难掌握。另外还有一些切语与被切字的联系缺乏规律性,需要查阅有关字典才能得知被切字的读音。

1. 切下字今音为平声的反切

切下字今音是阴平或阳平声,可以肯定被切字的今音是平声(来自古入声者除外),但究竟是阴平还是阳平,要根据切上字声母在古代的清浊来确定。切上字的声母在古代是清音者,被切字的声调为阴平;切上字的声母在古代是全浊音或次浊音者,被切字的声调为阳平。其中切上字声母属于塞音、塞擦音者,被切字的声母还要确定为送气音。例如:

第一组 (上字声母清音)	第二组 (上字声母全浊送气、次浊)
参　仓含切 = cān	淙　藏宗切 = cóng
单　都寒切 = dān	其　渠之切 = qí
蕃　甫烦切 = fān	甜　徒兼切 = tián
姜　居良切 = jiāng	年　奴颠切 = nián
刚　古郎切 = gāng	狼　鲁当切 = láng

第三组
(上字声母全浊不送气)

提　杜奚切 = tí
歧　巨支切 = qí
裘　巨鸠切 = qiú
瓶　薄经切 = píng
枨　直庚切 = chéng

中古平声到元代时分化成了阴平和阳平。分化的条件是:平声字的声母在中古属清音者,其声调变为阴平;属全浊或次浊音者,其声调变为阳平(参见第八章第三节“声调的变化”)。上例第一组切上字的声母在中古均属清音，所以被切字的声调要由切下字的阳平改为阴平。第二、三组切上字的声母在中古均属全浊音或次浊音，所以被切字的声调要由切下字的阴平改为阳平①。如果切上字的声母属于不送气的全浊塞音或塞擦音，则被切字不仅要将声调确定为阳平，而且要将声母调整为送气音，如上例第三组的反切。做这种调整的原因是，中古全浊音清化时以声调的平仄为条件发生了不同的分化：凡属平声调（阳平）者，其塞音、塞擦音声母变成了送气音；凡属仄声调者，其塞音、塞擦音声母变成了不送气音（详见第八章第一节“一、全浊声母的清化”）。上例第三组切上字的声母为塞音或塞擦音，它们在中古属于全浊音，其声调在中古均属仄声（其中“薄”“直”二字属入声），故在今音中全部读成了不送气音。被切字的情况则与切上字不同，其声调在中古属于平声，所以应根据全浊音清化的规律将被切字的声母由切上字的不送气音改为送气音。

2. 切下字今音为上声、切上字声母中古属全浊音的反切

切下字今音为上声、切上字的声母在中古属全浊音时，被切字的声调应改为去声。如果切上字的声母属送气塞音、塞擦音者，被切字的声母还要改为不送气音。例如：

---

① 今阴平声字的声母中古一般属清音，上声字的声母除次浊音外中古一般属清音，去声字中的送气塞音、塞擦音声母中古一般属清音。今阳平声字中的送气塞音、塞擦音声母及阳平声鼻韵尾字中的擦音声母中古一般为全浊音。今 m、n、l、r 声母及阳平声中的零声母在中古属次浊音（“於、滢”等少数字属清音）。详见附论一《根据今音辨识中古音方法说略》。今读去声的中古全浊常用切上字有“部婢便父杜地丈户下伫柱在渐似市是氏士仕俟臼巨（中古上声）步附度藏自匠寺治坠助视暨具护（中古去声）缚弼特酢（中古入声）”等。关于切上字在中古的详细情况参见第三章第七节“一、《广韵》的声类”。

第一组
（上字声母全浊不送气）

痉　巨郢切 = jìng
静　疾郢切 = jìng
重　直陇切 = zhòng

第二组
（上字声母全浊送气）

淡　徒敢切 = dàn
舅　其九切 = jiù
跪　渠委切 = guì

第三组
（上字声母全浊擦音）

亥　胡改切 = hài
厚　胡口切 = hòu
怙　侯古切 = hù

中古声母为全浊音的上声字在今音中一般都变成了去声(详见第八章第三节)。上例中的切下字为上声,切上字的声母在中古为全浊音——第一、二组切上字的声母为全浊塞音或塞擦音,第三组切上字的声母为全浊擦音①,所以被切字的声调应改为去声。其中第二组切上字的声母为送气音,而被切字中古的声调属于仄声,据此还应将被切字的声母改为不送气音,理由见第八章第一节或上文“丨”。

3.切下字今音为去声而中古属上声、切上字声母中古属清音或次浊音的反切

切下字的今音为去声而中古属上声、切上字的声母中古属清音或次浊音时,被切字的声调改为上声。例如:

阐　昌善切 = chǎn　　狗　古厚切 = gǒu
疸　多旱切 = dǎn　　里　良士切 = lǐ
祷　都皓切 = dǎo

① 中古全浊擦音切上字主要有:房防冯符扶浮苻殊蜀署时市是视氏士仕俟夕祥详徐旬随似寺乎侯何胡黄怀户护下

上例中的“善、旱”等切下字今音读去声而中古本属上声，由于其声母中古为全浊音后来变成了去声①；上例中“昌、多”等切上字的声母中古属清音或次浊音。据此可知，被切字中古为上声，其声母为清音或次浊音。由于中古上声字声母为清音或次浊音者，其声调今音仍读上声，因此应将被切字的声调改为上声。

4.切下字中古为入声、切上字声母中古属全浊或次浊音的反切

切下字中古属入声，切上字声母中古属全浊音者，被切字的声调改为阳平；切上字声母中古属次浊音者；被切字的声调改为去声。例如：

第一组（上字声母全浊）		第二组（上字声母次浊）	
别	皮列切 = bié	纳	奴答切 = nà
敌	徒历切 = dí	辣	卢达切 = là
竭	其谒切 = jié	汩	莫狄切 = mì
劾	胡得切 = hé	日	人质切 = rì

中古入声韵消变为阴声韵后声调也发生了分化。分化的规律包括：声母在中古属全浊音者声调变阳平，声母属次浊音者声调变去声。上例各组中的切下字均属中古入声字，其中第一组切上字的声母中古属全浊音，故不管切下字今音的声调如何，被切字的声调一律确定为阳平；其中第二组切上字的声母中古属次浊音，故同样不管切下字今音是何声调，被切字的声调一律确定为去声。第一组前三例由于被切字的声母属于塞音或塞擦音，其声调中古属

① 今读去声的中古全浊上声切下字主要有：下蟹豸雉是氏视市士婢弟妇杜户巨绐在骇亥被罪贿抱道兆皓浩后厚伴范犯但善旱辨簟渐限岘槛篆泫朕甚尽丈项晃奉静杏幸动

于仄声，所以还应将声母由切上字的送气音改为相应的不送气音（参见上文“丨”）。

5.切上字声母为zh、ch、sh、r，切下字韵母为齐、撮呼的反切

切上字声母为zh、ch、sh、r，切下字韵母为齐、撮呼时，被切字的韵母应改为相应的开口呼或合口呼。例如：

第一组 （下字韵母齐齿）	第二组 （下字韵母撮口）
支　章移切 = zhī	驻　中句切 = zhù
证　诸应切 = zhèng	专　职缘切 = zhuān
逞　丑郢切 = chěng	川　昌缘切 = chuān
神　食林切 = shén	束　书玉切 = shù
瓤　汝阳切 = ráng	栓　山员切 = shuān

中古时期，知、庄、章组声母和日母都可以和三等韵相拼。大约到了元代时，知、庄、章组声母由原来的舌面音和舌叶音合流变成了卷舌音，日母也由原来的舌面音变成了卷舌音。与这类声母相拼的三等韵相应地由细音变成了洪音，而与其他声母相拼的细音则没有发生这种变化，仍然是细音；所以在今天看来出现了切上字声母为zh、ch、sh、r而切下字韵母用齐、撮呼的现象。对这类反切调整的方法是，将切下字的齐齿呼改为开口呼，如上例第一组；将切下字的撮口呼改为合口呼，如上例第二组。在今北京话中，卷舌音声母只与开、合呼韵母相拼，而不与齐、撮呼韵母相拼。

6.切上字声母可与齐、撮呼韵母相拼，切下字声母为zh、ch、sh、r的反切。

切上字声母可与齐、撮呼韵母相拼，切下字声母为卷舌音zh、ch、sh、r时，被切字的韵母应改为齐、撮呼。例如：

第一组（下字韵母开口）	第二组（下字韵母合口）
鬓　必刃切 = bìn	卷　居转切 = juǎn
耀　弋照切 = yào	绻　去阮切 = quǎn
庙　眉召切 = miào	愉　羊朱切 = yú
劲　居正切 = jìng	圈　渠篆切 = juàn
良　吕张切 = liáng	鸢　与专切 = yuān

今音声母为 zh、ch、sh 的字，在中古大多数属三等字，少数属二等字或二三等字都有；今音声母为 r 的字，在中古均属三等字。这两类字用作切下字的在中古一般都属于三等字，只有"罩、稍、谗、斩、赚、忏、诤"等字中古属于开口二等字。其中前六字分别属于效、咸二摄，其韵母逢见组、晓组声母会变为细音，后一字"诤"中古属梗摄诤韵字，其韵母逢喉音声母也有变为细音者。据此可以推论，凡是切下字声母属 zh、ch、sh、r 者，其韵母在中古多数都是细音，少数虽不是细音，但遇见、晓组声母及喉音声母也会变为细音。这类韵母如果逢 b、p、m、l、j 等声母在今音中即成了齐齿呼或撮口呼。所以，当切下字的声母是 zh、ch、sh、r，切上字的声母是 b、p、m、l、j、q、x 以及零声母等可以和齐、撮呼韵母相拼的声母时，应将被切字的韵母由切下字的开口呼或合口呼改为齐齿呼或撮口呼。具体改法是：将切下字的开口呼改为相应的齐齿呼，如上例第一组；将切下字的合口呼改为相应的撮口呼，如上例第二组。其中"圈"字的声母还应改成不送气音，因为其声母属全浊音，声调属仄声。

7. 切上字声母为 g、k、h 或 z、c、s，切下字韵母为齐、撮呼的反切

切上字声母为 g、k、h 或 z、c、s，切下字韵母为齐、撮呼时，被切字的声母改为 j、q、x。例如：

第一组（上字声母 g、k、h）		第二组（上字声母 z、c、s）	
笄	古奚切 = jī	赍	祖稽切 = jī
涓	古玄切 = juān	镌	子泉切 = juān
慊	苦簟切 = qiàn	倩	仓甸切 = qiàn
现	胡甸切 = xiàn	线	私箭切 = xiàn
玄	胡涓切 = xuán	旋	似宣切 = xuán

中古“见、溪、群、晓、匣”和“精、清、从、心、邪”这十个声母和洪音、细音韵母都可以相拼（“群”只与细音韵母相拼），与洪音相拼者，除浊音清化所引起的合并外，没有发生别的变化，在今北京话中分别读作“g、k、h、”与“z、c、s”；与细音相拼者，因受细音韵母的影响大约在清初之际分别都变成了舌面辅音 j、q、x。上例第一、二组切上字的声母分别为 g、k、h 与 z、c、s，即古代的见、晓组声母与精组声母；两组切下字的韵母均为齐齿呼或撮口呼，即古代的细音韵母。根据以上所说的音变规律，g、k、h 与 z、c、s 逢细音韵母要变为 j、q、x，所以应将被切字的声母由切上字的声母改为相应的 j、q、x，即 g、z 改为 j，k、c 改为 q，h、s 改为 x。例中的“涓、镌”二字除作声母的改动外，还应将其声调由切下字的阳平改为阴平，因为切上字的声母在中古属于清音。

8. 切上字声母为 j、q、x，切下字韵母为开、合呼的反切

切上字声母为 j、q、x，切下字韵母为开、合呼时，被切字的声母改为 g、k、h 或 z、c、s。例如：

第一组（上字声母见、晓组）		第二组（上字声母精组）	
刿	居卫切 = guì	遵	将伦切 = zūn
恭	九容切 = gōng	踪	即容切 = zōng

恐	丘陇切 = kǒng	从	疾容切 = cóng
狂	巨王切 = kuáng	赛	先代切 = sài
辉	许归切 = huī	桑	息郎切 = sāng

如上文所述,今音 j、q、x 3 个声母来源于中古的“见、溪、群、晓、匣”和“精、清、从、心、邪”十母。由于 j、q、x 是中古见、晓组及精组声母与细音韵母结合的结果,所以切下字韵母为开、合二呼(在中古多数属洪音)时,可知被切字的声母不会是 j、q、x,而是 g、k、h 或 z、c、s。据此,当切下字的韵母为开、合呼,切上字的声母为 j、q、x 时,应将被切字的声母改为 g、k、h 或 z、c、s。至于具体改为 g、k、h 还是 z、c、s,这要根据切上字的特点作出判断。比如方音中如果分尖团,可据尖团音帮助判断。如果切上字有异读,也可以利用异读来判断。最常见的方法是根据形声字帮助确定。如“疾”字的声符是“矢”,“矢”的声母是 sh,据此可将“疾”的声母确定为 z 组声母①。又如以“许”作为声符的形声字有“浒”,“浒”的声母是 h,据此可将“许”字归入 g 组声母。不过,以上辨认方法所起的作用都是有限的,最稳妥的方法莫过于记住一些常见的今读 j 组音古属见、晓组和精组声母的切上字。这些字分别是:

(1)声母今读 j 组音、古属见晓组音的切上字:兼佳吉九几纪居举俱诘暨巨具丘羌起绮钦倾岂牵谦区驱祛曲去奇其求强渠衢墟香兴喜朽休羲虚许下

(2)声母今读 j 组音、古属精组音的切上字:将即借疾匠渐七千亲青迁取秦情前息先写相辛悉胥须夕祥详徐旬

9.切上字声母为 b、p、m,切下字韵母有 u 介音或为撮口呼的

① zh、ch、sh 接近于 z、c、s。声符的声母或被谐字的声母是 zh、ch、sh 的字,其声母可能是 z、c、s,也可能是 zh、ch、sh,不会是 g、k、h。

反切

切上字声母为 b、p、m，切下字韵母有 u 介音或为撮口呼时，被切字的韵母改为开口呼或齐齿呼。例如：

第一组（下字韵母有 u 介音）		第二组（下字韵母撮口）	
板	布绾切 = bǎn	比	卑履切 = bǐ
谤	补旷切 = bàng	编	布玄切 = biān
潘	普官切 = pān	辩	薄泫切 = biàn
旁	步光切 = páng	闵	眉殒切 = mǐn
馒	母官切 = mán	酩	莫迥切 = mǐng

中古时，双唇音声母与合口韵母中的洪、细音都可以相拼。后来由于语音的异化作用，双唇音声母与带 u 介音的合口韵相拼者脱落了其中的 u 介音，与合口细音韵相拼者，其韵母变成了齐齿呼；所以到了今音中，双唇音声母只可以和合口韵母中的 u 韵母及齐齿呼韵母相拼，而不与有 u 介音的合口韵及撮口韵相拼。据此，当切上字声母为 b、p、m，切下字的韵母是有 u 介音的合口韵或撮口韵时，应将被切字的韵母改为相应的开口呼或齐齿呼。具体改法是：切下字有 u 介音者去掉 u，如上例第一组；切下字为撮口韵者改 ü 为 i，如上例第二组。此外，还应将被切字"旁、馒"的声调由切下字的阴平改为阳平，将"编"的声调由切下字的阳平改为阴平，因为前二字的声母据切上字中古属全浊音和次浊音，后一字的声母据切上字中古属清音①。

① 切上字"布"的声母中古属清音。今音读去声、声母在中古属全浊音的常用切上字见上文"1"注①，除了注中所列的全浊去声字及声母为 m、n、l、r 的去声字外，其余去声切上字的声母在中古一般都是清音。

10.切上字声母为 b、p、m,切下字声母为 j、q、x,韵母为 ia、iang 的反切

切上字声母为 b、p、m,切下字声母为 j、q、x,韵母为 ia、iang 时,被切字的韵母应改为开口呼。例如:

芭　博加切 = bā　　麻　莫霞切 = má

棒　步项切 = bàng　　龙　莫江切 = máng

庞　薄江切 = páng

中古帮组和见、晓组声母都可以与假、蟹摄的开口二等韵相拼,其中逢帮组声母的二等韵今音变成了 ɑ,逢见、晓组声母的二等韵今音变成了 iɑ;中古帮组和见、晓组声母也都可以与江摄韵(二等)相拼,其中逢帮组声母的江摄韵(不包括入声韵)今音变成了 ang,逢见、晓组声母的江摄韵今音变成了 iang。根据我们的观察,在上例一类的切语中,切下字的声母中古均属见、晓组音,韵母在中古均属开口二等字。据此,当切上字声母为 b、p、m,切下字为 jia、qia、xia 或 jiang、qiang、xiang 等音节时,可知被切字的韵母中古属开口二等韵,开口二等韵逢帮组音今北京话仍读开口呼,所以应将被切字的韵母由切下字的齐齿呼改为开口呼。例中"庞、龙"二字除韵母的调整外,还应将声调由切下字的阴平改为阳平,因为切上字"薄、莫"二字的声母在中古分别属于全浊音和次浊音。

11. 切上字声母为 f,切下字韵母为合、齐、撮三呼的反切

切上字声母为 f,切下字韵母为合、齐、撮三呼时,被切字的韵母一般应改为开口呼,只有切下字的韵母是 u 时不改。例如:

第一组（下字韵母合口）	第二组（下字韵母齐齿）
饭　符万切 = fàn	仿　妃两切 = fǎng

舫　甫妄切 = fǎng　　　　玢　府巾切 = fēn[①]

第三组 （下字韵母撮口）	第四组 （下字韵母为 u）
斧　方矩切 = fǔ	肤　甫无切 = fū
俸　扶用切 = fèng	拊　芳武切 = fǔ

今音 f 来自于三十六字母中的非、敷、奉三母，此三母在较早的《切韵》时代分别读作帮、滂、並三母。《切韵》时代帮、滂、並三母与开合一二三四等韵都可以相拼，到了三十六字母时期，非、敷、奉三母一般只与合口三等韵相拼（也和流摄开口三等韵拼合）。近代以后，非、敷、奉三母合并为 f，与 f 拼合的合口三等韵的介音也消失了，所以在今北京话中 f 只与开口韵和 u 韵母相拼。据此，凡是切上字的声母为 f，切下字的韵母如果是带 u 介音的合口韵及齐、撮口韵，被切字都要作相应的改动。具体改法是：带 u 介音的合口韵去掉 u 介音，如上例中的第一组；齐齿呼韵母去掉 i 介音或将 i 改为 e，如第二组；撮口呼韵母改 ü 为 u，或将 io[y]改为 e，如第三组；u 韵母不改，如第四组。

12. 切上字的声母为 f 或合口零声母（来自微母），切下字声母为双唇音或卷舌音的反切

切上字的声母为 f 或合口零声母（来自微母），切下字的声母为双唇音或卷舌音时，被切字一般应改为相应的双唇音[②]。例如：

第一组 （上字声母 f 下字仄声）	第二组 （上字声母 f 下字平声）
阪　扶板切 = bǎn	胚　芳杯切 = pēi

① 玢字今读 bīn，又读 fēn。

② 切上字声母为双唇音、切下字声母为轻唇音的切语很少，故下文不论。

愎　符逼切 = bì[1]	凭　扶冰切 = píng
第三组 （上字声母合口零 下字声母双唇）	第四组 （上字声母 f 下字声母卷舌）
眉　武悲切 = méi	漂　抚招切 = piāo
免　亡辨切 = miǎn	频　符真切 = pín

由于三十六字母中的非组声母来自《切韵》（代表隋唐音系）的帮组声母，帮组声母本来与开、合一二三四等韵都可以相拼，所以出现了上例中在今天看来是以 f 与合口零声母字“武、亡”（来自古微母）作切上字而以双唇音和卷舌音字作切下字的现象。非组声母主要是受合口三等韵母的影响而产生的，时间是在宋代初年。此后，非组声母一般只与合口三等韵拼合，帮组声母只与开口一二三四等韵及合口一二四等韵拼合。在今北京话中，非组中的非、敷、奉三母合流为 f，微母则变成了合口零声母。据此可知，当切下字声母今属双唇音时，其韵母不会是合口三等韵，如上例中的切下字“板”属开口二等韵，“杯”属合口一等韵，余均属开口三等韵。韵母不是合口三等韵则声母一般不会是轻唇音 f 或来自微母的合口零声母。所以，遇到切上字声母为 f 或来自微母的合口零声母时，应据切下字的声母将被切字的声母改为相应的双唇音。具体改法是：切上字声母为全浊音、切下字声调为仄声者，被切字的声母一般改为双唇音中的不送气音，如上例第一组；切上字声母为清音、切下字为平声时，被切字的声调确定为阴平，声母一般改为双唇音中的送气音，如第二组第一例；切上字声母为全浊音，切下字为平声，被切字的声调确定为阳平，声母改为双唇音中的送气音，如第

① 此例切上字为全浊音，切下字为古入声，按说被切字应调为阳平，今读去声属于变例。

二组第二例;切上字为来自微母的零声母"武、亡"等字时,被切字的声母改为双唇鼻音,其中切下字为平声者,被切字的声调确定为阳平,如第三组第一例,其中切下字今读去声而中古属上声者,被切字的声调应改为上声,如第三组第二例。此外,今音声母为卷舌音的字在中古开、合二三等字都有,不过当切上字声母今音为 f 时,其卷舌音切下字在中古则只有开口三等韵。开口三等韵除逢卷舌音外在今音中一般都变成了齐齿呼,齐齿呼韵母不与声母 f 相拼;所以当切上字声母为 f,切下字声母为卷舌音时,也要将被切字的声母改为相应的双唇音,同时要将被切字的韵母由切下字的开口韵改为齐齿韵,如上例第四组。

13. 切上字为"如、人、汝、而、耳"等来自中古日母字的反切

切上字为"如、人、汝、而、耳"等来自中古的日母字时,被切字的声母大多数为 r,少数为零声母。例如:

第一组(上字声母 r)	第二组(上字音节 er)
仍　如乘切 = réng	茸　而容切 = róng
儒　人朱切 = rú	柔　耳由切 = róu
瓤　汝阳切 = ráng	绕　而沼切 = rǎo
汝　人渚切 = rǔ	刃　而振切 = rèn
闰　如顺切 = rùn	汭　而锐切 = ruì

第三组
(上字音节 er 下字韵母 ï)

二　而至切 = èr

贰　而至切 = èr

今音声母为 r 或 er 音节的字,中古均为次浊音日母字。日母字只与三等韵相拼,其中大多数在今北京话中变成了 r;少数因逢

止摄开口三等支、之韵(包括上、去声韵)而变成了零声母,韵母变成了 er,如"而、儿、尔、耳二"等字。在这些 er 音节的字中,用作切上字的共有"而、儿、耳"三字。据此,当切上字声母为 r 时,被切字声母定为 r,声调视切下字的声调分别定为阳平或上、去声,如上例第一组前三例与后二例;当切上字为 er 音节,切下字韵母不是 ï(来自支、之韵)时,被切字的声母也定为 r,声调的确定与切上字声母为 r 者相同,如上例第二组前二例与后三例;当切上字为 er 音节,切下字韵母是 ï 时,被切字确定为零声母、er 韵母,如上例第三组。

14. 切上字为零声母的反切

切上字为零声母时,被切字一般也是零声母①,其韵母即切下字的韵母。如切下字为平声(不包括来自古入声者),切上字为阴平及由"於"字充当者,被切字定为阴平;如切下字为平声,切上字为阳平者(不包括"於"字),被切字定为阳平;如切下字为上、去声,被切字也定为上、去声。例如:

第一组(下字韵母开口)	第二组(下字韵母为合口)
安　乌寒切 = ān	弯　乌关切 = wān
昂　五刚切 = áng	晤　吾故切 = wù

第三组(下字韵母齐齿)	第四组(下字韵母撮口)
淹　央炎切 = yān	鸳　於袁切 = yuān
隐　於谨切 = yǐn	员　王权切 = yuán

今音零声母字来自中古的"微、疑、影、云、以"五母,其中只有

① 切上字为 er 音节、切下字为非 ï 韵母者除外;切上字为来自中古微母的合口零声母"武、无、亡、文"等字、切下字为双唇音者除外。参见上文"13"下文"15"。

影母属于清音,其余四母均属次浊音。在今音四声中,阴平声的零声母字中古大多数为清音影母字,少数为次浊音“以、微”母字(椰悠攸鸢庸傭墉以巫诬微微),极个别的为次浊音“云、疑”及清音“见、晓”母字(曰云娲见歪晓危疑),这些少数字均未用作切上字;阳平声的零声母字中古绝大多数都是“微、疑、云、以”母字,“影”母字只有滢、於二字,用作切上字的只有“於”一字;上、去声的零声母字中“影、微、疑、云、以”五母的字都有。据此,当切下字为平声、切上字为零声母阴平声字时,被切字的声母应定为零声母,声调定为阴平,如上例第一、二、三组中的第一例;当切下字的声调为平声、切上字为零声母阳平声字时,被切字的声母应定为零声母,声调定为阳平,但切上字为“於”时,被切字的声调应定为阴平,如上例第一、四组中的第二例和第四组中的第一例;当切上字的声母为零声母、切下字的声调为上、去声时,被切字的声母为零声母,声调即切下字的声调不变,如上例第二、三组中的第二例。

15.切上字为“武、无、亡、文”等字,切下字声母为 f 或撮口零声母的反切

切上字为“武、无、亡、文”等字,切下字的声母为 f 或撮口零声母时,不管切下字的韵母如何,被切字的声母一律定为零声母,韵母定为合口呼。例如:

第一组
(下字韵母开口)

万　无贩切 = wàn

抆　武粉切 = wěn

第二组
(下字韵母合口)

芜　武夫切 = wú

武　文甫切 = wǔ

第三组
(下字韵母撮口)

务　亡遇切 = wù

晚　无远切 = wǎn

“武、无、亡、文”等字的声母均属三十六字母中的微母，除此四字以外，《广韵》中用作切上字的微母字还有“巫、望、妄、忘”四字。微母只与合口三等韵拼合，后来全部变成了合口零声母。在今音中，凡是声母为 f 或撮口零声母的字在中古一般都属于合口三等韵（只有“浮、否、缶”等少数字中古属开口三等韵）。据此，当切上字声母是来自微母的合口零声母、切下字的声母是 f 或撮口零声母时，不管切下字今音是开口呼还是合、撮呼，被切字应一律定为零声母、合口韵，如上例。由于微母古属次浊音，所以如果切下字是平声时，还应将被切字的声调定为阳平，如第二组第一例。

以上共介绍了 15 种常见的切语，其中每一种切语的被切字都可能有一些不合规律的读音，尤其是切上字声母属于中古微母或精组声母的切语。这类切语在清浊等呼相同的条件下，被切字的读音却常常会出现不同的结果，例如：

第一组
（上字声母微母）
亡　武方切 = wáng
网　文两切 = wǎng

第二组
（上字声母微母）
芒　武方切 = máng
弥　武移切 = mí
岷　武巾切 = mín

第三组
（上字声母精母）
奖　即两切 = jiǎng
蕉　即消切 = jiāo

第四组
（上字声母精母）
姿　即夷切 = zī
子　即里切 = zǐ

第五组
（上字声母心母）
西　先稽切 = xī
息　相即切 = xī

第六组
（上字声母心母）
撕　先稽切 = sī
斯　息移切 = sī

上例第一组与第二组、第三组与第四组、第五组与第六组中切上字的声母分别相同，切下字的韵母除“方”字今音为开口、中古属合口三等字外，余均今音为齐齿呼、中古属开口三等字。这就是说，在以上相对应的各组中，切语的清浊等呼等情况是相同的，然而被切字声母的读音却不相同：第一组读合口零声母，第二组读m；第三组读j，第四组读z；第五组读x，第六组读s。造成这种不同结果的原因主要取决于被切字和切上字的特点及发展规律是否相同。第一、三、五组被切字与切上字的等呼相同，发展规律相同，发展结果也相同，故在今音中切上字反映了被切字的声母；第二、四、六组被切字与切上字或等呼不同，或发展规律不同，以致发展结果也不同，故在今音中切上字未能反映出被切字的声母。如第一组中的“亡”“武”均属中古微母合口三等字，其后来的发展规律和发展结果完全相同；而第二组中“芒”属中古开口一等字，与“武”字的等呼不同，故发展规律与发展结果也不同。又如第五组中“西”“先”二字的声母中古均为s，逢细音韵母后来均变成了x；而六组中“撕”的声母s逢细音韵母却没有变为x，结果导致了“撕”“先”声母在今音中的不同。了解了这些情况，即应对切上字来自中古微母和精组声母的切语引起特别的注意，在没有一定把握的情况下，不可轻易仅仅根据一般规律就确定出其被切字的今音。

参考文献：

殷焕先《反切释要》 山东人民出版社，1979年。

丁声树、李荣《古今字音对照手册》 中华书局，1981年。

林序达《反切概说》 四川人民出版社，1982年。

林涛《广韵四用手册》 中国国际广播出版社，1992年。

第四编　上　古　音

上古音是指以《诗经》《说文解字》为代表的先秦两汉的语音系统。上古音或称古音，它是对隋唐时期的中古音而言的。研究上古音的学问叫做古音学。研究中古音的材料主要是韵书和韵图，研究上古音则不可能依靠这些材料，因为上古时期韵书和韵图还没有产生。研究上古音所依据的材料主要是以《诗经》为代表的先秦韵文和以《说文解字》为代表的谐声系统以及先秦两汉古籍中的异文、声训、注音等材料。

第九章　上古音的声母

第一节　研究上古声母的材料和方法

研究上古声母主要依据的是先秦两汉古籍中的异文、声训、注音、重文、通假字、联绵字等材料。其方法一般是通过这些材料反映的事实证明中古的某些声母在上古是否存在，然后从中古声母中去掉那些被证明在上古不存在的声母，剩下的便是上古的声母。从理论上讲，上古也可能有中古所没有的声母，比如有些学者提出上古有复辅音的说法，这个问题需要作进一步的探讨。研究上古声母还有一项重要的材料，即谐声字，不过清人只认识到谐声字是研究上古韵部的材料，而对谐声字在研究上古声母方面的妙用，没有引起足够的注意。第一个把谐声字作为研究上古声母的材料、并通过系统归纳同声旁字组的方法以确定上古声母的学者是西人高本汉。下面我们对几项主要材料作一个简单的说明。

异文　“异文”是指上古文献中同一词的几种不同的书写形式，如“伏羲”与“庖羲”。

声训　声训是指古注释家对被释词用同音词或近音词所作的训释，如《释名·宫室》①：“房，旁也。室之两旁也。”

注音　注音是指古代注释家用同音字或反切为某些字所注的音，如《说文解字》：“綪，紆未縈绳，一曰急弦之声。从糸争声，读若旌。”又如《左传·成公二年》：“请曲县繁缨以朝。”《经典释文》：“繁，步干反。”

重文　重文是指古籍中重出的古今异体字。《说文解字》中除正文收了 9 353 个小篆字外，同时又将一些异体的籀文及古文（战国时期秦国以外的六国文字）收列于小篆之下，如：“份，文质偕（应为“備”，宋本误作偕）也。从人分声。《论语》曰：‘文质份份。’彬，古文份。……”

谐声字　谐声字即形声字。《说文解字》中有 80% 以上的字都是谐声字。如：童——僮瞳穜曈董幢撞衝憧鐘……

以上材料每一种都包括两个不同的方面，即异文中两种不同的书写形式、声训中的被释词与训释词、注音中的被注字和注音字、重文中的古字和今字、谐声字中的主谐字和被谐字。两个不同方面的声母在上古按说是相同的或相近的，如果在今音（指中古

① 《释名》，探求事物得名由来的声训专著，东汉北海（今山东昌乐县）人刘熙撰。

音)中它们的读音不相同,如“童”的声母中古音是“定”[d],“撞”的声母中古音是“澄”[ȡ],这说明它们在两汉以后发生了分化。在上古它们或者都读作[d],或者都读作[ȡ],这就是说,其中有一种声母在上古是不存在的。

第二节　研究上古声母的几项重要结论

一、古无轻唇音

所谓“古无轻唇音”是指三十六字母中的“非敷奉微”这组音在上古是不存在的。这组音在上古读作“帮滂並明”。轻唇音是在唐末宋初时期从“帮滂並明”四母中分化出来的。这项结论是清人钱大昕得出的①。现将这项结论的证据简述如下②:

1.“非”古读作“帮”

*《诗》:“东有甫(非)草。”《韩诗》作“圃(帮)草”。

*《左传》:“及甫田之北竟。”《释文》:“甫,布(帮)五反,本亦作圃(帮)。”

*《论语》:“子贡方(非)人。”郑康成本作“谤(帮)人。”

*《论语》:“且在邦(帮)域之中矣。”《释文》:“‘邦’或作‘封’(非)。”“而谋动干戈於邦内。”《释文》:“郑本作‘封内’。”

---

① 钱大昕,史学家,音韵学家,字辛楣,号竹汀,清江苏嘉定(今属上海)人,乾隆进士,官至少詹事。自乾隆四十年归田讲学,先后主讲于钟山、娄东、紫阳书院。其“古无轻唇音”等音韵学之说散见于《十驾斋养新录》和《潜研堂文集》中。

② 例证中带“*”号的例证取自钱氏原文,见于《十驾斋养新录》。不带“*”号的例证及谐声字的例证为笔者所加,例证有关字后括号中的字母亦为笔者所加,下同。

*《诗》:"彼(帮)交匪敖。"《春秋》襄二十七年《传》引作"匪(非)交匪敖。"《诗》:"彼交匪纾。"《荀子·劝学篇》引作"匪交匪纾。"

*《诗》:"四矢反(非)兮。"《韩诗》作"变"(帮)。

*《释名》:"法(非),逼(帮)也,人莫不欲从其志,逼正使有所限也。"

《释名·释州国》:"邦(帮),封(非)也。封有功于是也。"

*《周礼·大司乐》:"播(帮)之以八音。"注:"故书'播'为'藩'(非)。"

*《尚书大传》:"播国率相行事。"郑注:"'播'读为'藩'。"

谐声字:非(非)—悲(帮)　分(非)—扮(帮)　反(非)—版(帮)

甫(非)—補(帮)　发(非)—拨(帮)

2."敷"古读作"帮"

*《诗》:"敷政优优。"《左传》引作"布(帮)政"。

*《仪礼·管人》:"布幕于寝门之外。"注:"今文'布'作'敷'。"

*《春秋》:"齐人来归卫俘(敷)。"《公》《穀》"俘"作"宝"(帮)。

3."敷"古读作"滂"

*《诗》:"铺(滂)敦淮渍。"《释文》:"《韩诗》作'敷'。"

谐声字:孚(敷)—脬(滂)　覆(敷)—蠠(滂)

4."奉"古读作"並"

*《诗》"凡民有丧,匍(並)匐救之。"《檀弓》引《诗》作"扶(奉)服"。《家语》引作"扶伏"。

*《史记·苏秦传》:"嫂委蛇蒲(並)服。"《范雎传》:"膝行蒲服。"《淮阴侯传》:"俛出袴下蒲伏。"《汉书·霍光传》:"中孺扶服叩头。"

*《左传》昭十三年:"奉壶饮冰以蒲伏焉。"《释文》:"本又作'匍匐'。蒲,本亦作'扶'。"

*《史记·五帝本纪》:"东至蟠(並)木。"《吕氏春秋》:"东至扶

木。”

*《书·禹贡》：“至于陪(並)尾。”《史记》作“负(奉)尾”，《汉书》作“倍(並)尾”。

*《汉书·宣帝纪》：“行幸萯(奉)阳宫。”李斐曰：“负”(奉)音“倍”(並)。《东方朔传》：“倍阳宣曲尤幸。”师古曰：“倍阳即萯阳也。”《释名》：“负，背(並)也，置项背也。”

*《左传》：“部(並)娄无松柏。”《说文》引作“附(奉)娄”。云：“附娄，小土山也。”

*《左传》：“取人於萑苻(奉)之泽。”《释文》：“苻，音蒲(並)。”

*《左传》定四年：“殷民七族，繁(奉)民锜氏。”《释文》：“繁，步(並)何反。”《汉书·公卿表》：“李延寿为御史大夫，一姓繁。”师古曰：“繁，音蒲(並)元反。”

*《庄子·逍遥游》：“汾(奉)水之阳。”司马彪、崔譔本皆作“盆(並)水”。

*《诗》：“鼍彭逢(奉)逢。”《释文》：“逢，薄(並)红反。”

*《尔雅》：“岁在甲曰阏逢。”《淮南·天文训》作“阏蓬”(並)。

*《庄子·山木篇》：“虽羿蓬蒙不能眄睨。”即《孟子》之“逢蒙”也。

*《春秋》：“晋侯使士魴(奉)来乞师。”《公羊》作“士彭”(並)。

*《说文》“朋、鹏”(並)皆古文鳳(奉)字。朋，象形。“凤飞群鸟从以万数，故以为朋党字”。《字林》：“鹏，朋党也。”古以为凤字。《庄子·逍遥游》：“其名为鹏(並)。”《释文》：“崔音凤。云，鹏即古凤字，非来仪之凤也。”《宋玉对楚王问》云：“鸟有凤而鱼有鲲。凤皇上击九千里，绝云霓，负苍天，足乱浮云，翱翔乎杳冥之上。……”

*《释名》：“房(奉)，旁(並)也，在堂两旁也。”《史记·六国表》：“秦始皇二十八年，为阿房宫。二世元年，就阿房宫。”宋本皆作

“旁”,“旁、房”古通用。

*《周易·系辞下》“古者庖(並)牺氏之王天下也”,孔安国《尚书·序》“古者伏(奉)牺氏之王天下也”。

谐声字:冯(奉)—凴(並) 伏(奉)—垘(並) 凡(奉)—芃(並)

5.“非”古读作“並”

*《书》:“方(非)告无辜于上。”《论衡》引作“旁”(並)。

*《左传》:“衡流而方(非)羊。”《释文》:“蒲(並)郎反。”

6.“敷”古读作“並”

*《史记·天官书》:“星茀(敷)于河戍。”《索引》云:“茀(敷)音佩(並),即孛(並)星也。”《汉书·谷永传》:“茀星耀光。”师古曰:“茀与孛同,音步内反。”

7.“微”古读作“明”

*《水经注·汉水篇》:“文(微)水即门(明)水也。”

*《书》“岷(明)嶓既艺”“岷山之阳”“岷山导江”,《史记·夏本纪》皆作“汶(微)山”。《汉书·武帝纪》“文(微)山郡”注:“应劭曰:‘文山,今蜀郡崏(明)山。’”

*《汉书·高帝纪》:“亡诸身帅闽(明)中兵。”如淳曰:“闽,音缗(明)。”应劭曰:“音文饰之文(微)。”

*《史记·鲁世家》“平公子文(微)公”,《世本》作“湣(明)公”。

*《礼记·祭义》:“勿勿(微)诸其欲其飨之也。”注:“勿勿犹勉勉(明)。”《大戴礼·曾子立事篇》:“君子终身守此勿勿。”注:“勿勿犹勉勉。”

*《诗》:“谁侜予美(明)。”《韩诗》作“娓”(微)。《说文》:“娓,顺也,读若媚。”

*《少牢礼》:“眉(明)寿万年。”注:“古文眉为微。”

*《春秋》庄二十八年:“筑郿(明)。”《公羊》作“微”。

*《诗》:“周原膴膴(微)。”《文选》注引《诗》作“腜腜”(明),莫来切。

*《释名》:“望(微),茫(明)也,远视茫茫也。”

*《周易·职方氏》:“其泽薮曰望(微)诸。”注:“望诸,明都也。”疏:“明都即宋之孟(明)诸。”

*《荀子·成相篇》:“天乙汤,论举当,身让卞隋举牟(明)光。”即务(微)光也。

《左传》文公十八年:“其宰公冉务(微)人。”《春秋事语》作“其宰公襄目(明)人”①。

《老子》四十一章:“大器晚(微)成。”帛书《老子》:“大器免(明)成。”

谐声字:文(微)—闵(明)　亡(微)—氓(明)　無(微)—橅(明)

　　　　未(微)—昧(明)

以上材料说明三十六字母中轻唇音和重唇音在上古只有一类,或者没有轻唇,或者没有重唇。其所以会得出无轻唇音的结论,重要理由之一是在现代汉语中可以找到只有重唇而没有轻唇的方言,却找不到只有轻唇而没有重唇的方言。象厦门、潮州、福州等方言中就只有重唇音而没有轻唇音,这显然是古音的遗留。例如:

	飞(非)	费(敷)	肥(奉)	万(微)
厦门	[pe]	[hui]	[pui]	[man]
潮州	[pue]	[hui]	[pui]	[bueŋ]
福州	[pei]	[xie]	[puei]	[uaŋ]

① 《春秋事语》,记载春秋时期历史的古佚书,出土于马王堆三号汉墓。原文载《文物》1977 年 1 期。

此外,一些地名的读音具有很强的稳定性,根据这些地名的读音也可以确定古无轻唇音。例如[①]:

费: 旧读 bì,春秋鲁季孙氏封邑。"费"属敷母。

阿房宫: 音 ē páng gōng,秦宫名。"房"属奉母。

逢泽: 音 páng zé,古泽薮名。"逢"属奉母。

二、古无舌上音

这是钱大昕得出的又一重要结论,钱氏称作"舌音类隔之说不可信"。所谓古无舌上音是指三十六字母中的"知彻澄娘"这组音在上古尚未产生[②],大约是到了六世纪时这组音才从"端透定泥"中分化而出。下面是这项结论的部分证据:

1."知"古读作"端"

*《周礼》太卜掌三梦之法,三曰"咸陟"(知)。注:"陟之言得(端)也,读如王德翟之德(端)。"

*《书》曰:"笃(端)不忘。"《释文》云:"本又作竺(知)。"《释诂》:"竺(端),厚也。"《释文》云:"本又作笃。"

*《后汉书·杜笃传》:"摧天督(端)。"注:"即天竺(知)国。"

*《檀弓》:"洿其宫而猪(知)焉。"注:"猪,都(端)也。南方谓都为猪。"

*《书·禹贡》:"大野既猪(知)。"《史记》作"既都"(端)。

*枚乘《七发》:"踰岸出追。"李善注:"追(知),古堆(端)字。"

*《诗》:"追琢(知)其章。"《传》:"追,彫(端)也。"

谐声字:竹(知)—笃(端)　追(知)—硾(端)　带(端)—瘺(知)

2."澄"古读作"端"

---

① 例中注音为汉语拼音字母。

② 钱氏没有探讨娘母的问题。

*《周礼·甸祝》:“禂(澄)牲禂马。”杜子春云:“禂,祷(端)也。”引《诗》云:“既伯既祷(端)。”

谐声字:带(端)—滞(澄)　奠(端)—鄭(澄)

3.“彻”古读作“透”

*《诗》:“左旋右抽(彻)。”释文云:“抽,敕由反,《说文》作‘搯’(透),他(透)牢反。”

4.“澄”古读作“定”

*《诗》:“蕴隆虫虫(澄)。”《释文》:“直忠反。徐‘徒(定)冬反’。……”

*《说文》:“沖(澄)读若动(定)。”

*《诗》:“其鎛斯赵(澄)。”《释文》:“徒(定)了反。”

*《诗》:“实惟我特(定)。”《释文》:“《韩诗》作‘直’(澄),云相当值也。”

*《诗》:“俟我于堂(定)兮。”《笺》云:“堂当作‘枨’(澄)。”

*《周礼》廛人注:“故书廛为‘壇’(定)。杜子春读‘壇’为‘廛’(澄)。”

*《说文》:“田(定),陈(澄)也。”齐陈氏后称田氏。陆德明云“陈完奔齐以国为氏”,而《史记》谓之田氏,是古田、陈声同。《吕览·不二》篇:“陈骈贵齐。”陈骈即田骈也。

《左传》僖二十三年:“公曰:‘君子不重(澄)伤,不禽二毛。’”《春秋事语》:“宋君曰:‘吾闻君子不击不成之列,不童(定)伤,不禽二毛。’”

谐声字:屯(定)—酏(澄)　兆(澄)—桃(定)　盾(定)—楯(澄)

5.“知”古读作“定”

《诗》:“绿竹(知)猗猗。”《释文》:“《韩诗》‘竹’作‘薵’(定),音徒(定)沃反。”

《周礼·壶涿氏》注:“故书涿(知)为独(定)。杜子春云:‘独,读为浊其源之浊(澄)。’音与‘涿’相近,书亦或为‘浊’。”

以上材料证明三十六字母中的舌头、舌上音在上古也只有一类,或者只有舌头没有舌上,或者只有舌上没有舌头。为什么会得出“古无舌上音”的结论,重要根据之一是在现代方言中可以找到只有舌头没有舌上音的方言,而找不到只有舌上没有舌头音的方言。例如:

	哲(知)	畅(彻)	池(澄)
厦门	[tiat]	[tiɔŋ]	[ti]
潮州	[tiek]	[tʻiaŋ]	[ti]
福州	[tieʔ]	[tʻuɔŋ]	[tie]

“古无轻唇音”“古无舌上音”这两项发现论据充分,已得到学术界的公认。除此以外,钱大昕还认为“古人多舌音”“古影喻晓匣双声”①。所谓“古人多舌音”是指中古的“章昌船书禅”这组音在上古也读作舌头音“端透定”,例证如下:

*《诗》:“何以舟(章)之?”《传》云:“舟,带(端)也。”古读舟如雕(端),故与带声相近。

*《诗》:“神之弔(端)矣。”“不弔昊天。”《毛传》皆训弔为至(章),以声相近为义。

*《晋语》:“以鼓子苑支(章)来。”苑支,《左传》之“鸢鞮”(端)也。

《礼记·檀弓下》:“行并植(禅)于晋国。”注:“植或为特(定)。”

帛书《战国纵横家书》②:“臣止於勺(禅)而侍(禅)其鱼肉。”

---

① 分别见于《十驾斋养新录》卷五、《潜研堂文集》卷十二《问答十二》。

② 或称帛书《战国策》。

按:“勺”通“赵”,赵,澄母;“侍”通“待”,待,定母。

帛书《老子》甲种本:“飘风不冬(端)朝,暴雨不冬日。”　按:“冬”通“终”,终,章母。

帛书《老子》乙种本:“故善为士者不武,善单(端)者不怒,善朕(胜)敌者弗与,善用人者为之下。”　按:“单”通“战”,战,章母。

帛书《老子》乙种本:“鱼不可说(书)于渊,国利器不可以示人。”　按:“说”通“脱”,脱,透母。

《尔雅·释天》:“太岁在甲曰阏逢,在乙曰旃(章)蒙。”《史记·历书》:“端蒙单阏二年。”《索隐》:“端蒙,乙也。《尔雅》作‘旃蒙’。”

《释名·释天》:“冬(端),终(章)也。物终成也。”

谐声字:周(章)—彫雕琱鵰(端)　　至(章)—咥耊垤絰(定)

者(章)—都(端)　　㐱(章)—殄(定)

耑(端)—遄(禅)　　寿(禅)—擣祷(端)

所谓“古影喻晓匣双声”(这是王力的叫法,钱氏本人未为该项结论立名)是指中古的“影喻晓匣”四母在上古大体相同,古人不甚区别,例如“荣(云)怀”(匣)、“噫(影)嘻”(晓)、“於(影)戏”(晓)、“於(影)乎”(匣)、“呜(影)呼”(晓)等词在上古分别都是双声词,其分化的时间钱氏认为大约始于东晋。

钱氏的这两个结论特别是“古人多舌音”之说尽管有不少证据,但尚未得到学术界的一致公认。

三、古音娘、日二纽归泥说

这是章太炎继钱大昕之后得出的结论①。所谓“娘、日二纽归泥”,是指三十六字母中的“娘、日”二母在上古均读作“泥”母。其证据主要有:

---

① 章太炎《国故论衡》上卷31页。木刻线装,上海文瑞楼印。

1."娘、日"归"泥"

*《书》言"典祀无丰于昵(娘)",以昵为禰(泥)。《释兽》"长脊而泥",以泥为䦵(泥)。是古爾(日)声字皆如泥,在泥纽也。

*仲尼(娘)《三苍》作"仲屔"(泥),《夏堪碑》曰"仲泥何侘",足明尼声之字古音皆如屔泥,有泥纽,无娘纽也。

谐声字: 奴(泥)—呶拏(娘) 尼(娘)—泥 図(娘)—箘(泥)

2."日"归"泥"

*《白虎通·德论》《释名》皆云:"男(泥),任(日)也。"又曰:"南(泥)之为言任也。"《淮南子·天文训》曰:"南吕者,任包大也。"是古音"任"同男、南,本在泥纽也。

*"而"(日)之声类有"耐"(泥)。《易·屯》曰:"宜建侯而不宁。"《淮南·原道训》曰:"行柔(日)而刚,用弱而强。"郑康成、高诱皆读"而"为"能"(泥),是古音"而"同"耐、能",在泥纽也。

《释名》:"入(日),内(泥)也。"

谐声字:而(日)—耐(泥) 若(日)—诺(泥) 弱(日)—溺(泥)

人(日)—年(泥) 仁(日)—佞(泥)

章氏的"日纽归泥说"并没有得到学术界的一致公认,多数学者认为"日"与"泥"在上古是分立的。至于娘母与泥纽的关系,多数学者认为二者在《切韵》时代尚且为一类,在上古自然为一类。

四、喻$_{三}$归匣、喻$_{四}$归定说

这是近代音韵学家曾运乾在他的《喻母古读考》一文中提出来的①。所谓"喻$_{三}$归匣"是指中古的"喻$_{三}$"(即云母,曾氏称于)在上

① 原文1928年发表于《东北大学季刊》12期,曾氏《音韵学讲义》(中华书局,1996年)节选了其中的一部分。曾运乾(1884~1945),字星笠,湖南益阳人,博通经史,尤精小学,曾执教于东北大学、中山大学。

古读作“匣”母。所谓“喻$_{四}$归定”是指中古的“喻$_{四}$”(即以母,曾氏称喻)在上古应读作“定”母。例证如下:

1.**喻$_{三}$归匣**(下文注中喻$_{三}$称“云”,喻$_{四}$称“以”)

*《春秋左氏经》襄二十七年“陈孔奂”(匣),《公羊》作“陈孔瑗”(云)。

*《诗·皇矣》:“无然畔援(云)。”《汉书·叙传》注引作“畔换”(匣)。

*《周官·考工记·弓人》:“弓而羽(云)杀。”注:“羽读为扈(匣),缓也。”

*《春秋》“楚公子围”(云),《汉书·古今人表》“楚灵王围”,《史记·楚世家》作“回”(匣)。《音义》:“《史记》多作‘回’。”

*《诗》:“出其东门,聊乐我员(云)”。《释文》:“员,《韩诗》作‘魂’(匣),神也。”

*《释名》:“淮(匣),围(云)也。围绕扬州北界,东至海也。”

谐声字:雩(云)—雽(匣)　云—魂(匣)　爰(云)—缓(匣)

2.**喻$_{四}$归定**

*《易·涣》:“匪夷(以)所思。”《释文》:“夷,荀本作弟(定)。”

*《诗·四牡》:“周道倭迟(澄)。”(按:澄归定)《韩诗》作“威夷”(以)。

*《释名·释亲属》:“妻之姊妹曰姨(以),姨,弟(定)也,言与己妻相长弟也。”

*《管子·戒》“易(以)牙”,《大戴记·保傅篇》《论衡·谴告篇》均作“狄(定)牙”。

*《文选·阳给事诔》注云:“轶(以)读如迭(定)。”

*《尚书》“皋陶(定)谟”,《离骚》《尚书大传》《说文》并作“繇”(以)。

*《周本纪》:"赧王延(以)立。"《索隐》引皇甫谧云"名诞"(定)。

谐声字:夷(以)—荑(定)　舀(以)—稻(定)　易(以)—碭(定)

攸(以)—條(定)　也(以)—地(定)　弋(以)—代(定)

曾氏以上两种结论的证据都是很充分的,其中"喻三归匣"说已得到学术界的一致公认,对于"喻四归定"说学术界的看法还不够统一。一部分学者认为喻四在上古应当归"定",即与"定"读成一个声母;一部分学者则认为喻四在上古只是与定母读音接近,但还不是一个声母。

五、照二归精说

这是近代学者黄侃先生提出来的观点。所谓"照二(庄组)归精",是指中古的"照二穿二床二审二"(即庄初崇生)四母在上古读作齿头音"精清从心"。黄侃对这一观点未著专文论证,只是在其《音略》中定古声母为十九纽①,将中古的庄组分别与精组归为同纽,视精组为古本声,视庄组为变声。此举一例:

精　本声。

租则吾切。古今同。

且子余切。声同韵变,古亦读如租。

庄　此精之变声。

菹侧余切。声韵俱变,古亦读如租。

此外,在《声韵略说·论声韵条例古今异同下》中②,黄侃也简略地涉及到这个问题:

声类数目,古今有异也。古声之数,十有九,曰影、晓、匣、见、溪、疑、端、透、定、泥、来、精、清、从、心、邦、滂、並、明。

① 《黄侃论学杂著》,上海古籍出版社,1980年。

② 《黄侃论学杂著》。

……(今声)由精而变者曰“庄”,由清而变者曰“初”,由从而变者曰“床”,由心而变者曰“邪”、曰“疏”(生)。

黄氏的这一观点可以从谐声字、联绵字、现代方言等材料中得到证明。

谐声字:

(1)庄、崇古读为精

斩(庄)—渐(精)　足(精)—捉(庄)　宗(精)—崇(崇)

叉(庄)—蚤(精)　宰(精)—滓(庄)　节(精)—栉(庄)

乍(崇)—作(精)

(2)初、崇古读为清

刍(初)—趋(清)　仓(清)—创(初)　此(清)—柴(崇)

衰(初)—缞(清)　朿(清)—策(初)

(3)庄、崇古读为从

斩(庄)—惭(从)　齐(从)—斋(庄)　在(从)—茬(庄)

秦(从)—臻(庄)　乍(崇)—祚(从)　才(从)—豺(崇)

(4)生古读为心

山(生)—仙(心)　生—星(心)　辛(心)—莘(生)

相(心)—霜(生)　宿(心)—缩(山)

联绵字:

萧(心)瑟(生)　萧(心)森(生)　萧(心)疏(生)

萧(心)洒(生)

现代方言:

在现代一些方言中,照二与精组的读音是完全相同的,例如关中一些方言的情况就是这样。此以商州市话为例:

庄:捉[$tsuo^{31}$]　　精:作[$tsuo^{31}$]

初:炒[$ts'ao^{42}$]　　清:草[$ts'ao^{42}$]

崇:炸[tsa^{24}]　　　　从:杂[tsa^{24}]

生:师[sʅ^{31}]　　　　心:私[sʅ^{31}]

崇:事[sʅ^{55}]　　　　邪:似[sʅ^{55}]

这种现象说明,在上古照$_{二}$组归精组是完全可能的,但是黄氏的这一观点并没有得到学术界的公认,原因是黄氏对自己的观点没有作充分的论证,另外从精组分化出照$_{二}$组的条件还没有找到。

第三节　上古声母系统及拟音

以上几项结论,从材料角度看都是有根据的,但材料仅仅是一个方面,况且这些材料都不可能是全面的。要确定这些结论能否成立,还得看它们是否符合音理的发展规律。语音发展的一个基本规律是,在一定的时间、地区和相同的条件下,同样的语音会发生同样的变化,没有例外。如果同一语音到后代变成了几个不同的音,则原来必然就有导致这些不同结果的条件。例如《中原音韵》中的齿头音[ts][tsʻ][s]到了后来分别变成了[ts][tsʻ][s]和[tɕ][tɕʻ][ɕ]两类声母,细音韵母就是导致[ts][tsʻ][s]分化出[tɕ][tɕʻ][ɕ]的条件,假如找不到分化的条件,便不能肯定地说后代的某几类音都来自于前代的某一类音,因为有可能它们本来就是不同的几类音。用历史语音学的这个理论去分析以上几种结论,可以看出:(1)"古无轻唇音"是可以成立的,因为三十六字母中的"帮滂並明"只与一二四等韵母及三等开口韵母相拼,"非敷奉微"只与合口三等韵母相拼,帮组与非组属于互补关系。可以这样解释说,上古的帮组声母是在合口三等韵的影响下分化出了非组声母,合口三等是发生音变的条件。(2)"古无舌上音"也可以成立,因为三十六字母中的端透定泥只与一四等韵相拼,知彻澄娘只与二三等韵相拼，二者属于互补关系。可以说上古的端透定泥是在二三等韵的影响下分化出了知彻澄娘，二三等韵母是分化的条件。(3)“喻$_{三}$归匣”也不成问题，因为三十六字母中的匣母只和一二四等韵相拼，喻$_{三}$只与三等韵相拼，二者也是属于互补关系，直到《切韵》时代喻$_{三}$尚未从匣母中分化出来。除以上三说外，其余几说尚需要作进一步的论证，原因是暂时还没有找到分化的条件。“古人多舌音说”从音变的可能性看是没有问题的。端组声母在细音韵母前完全可以变为舌面音 tɕ、tɕʻ、ɕ(章组中古拟音)，例如关中商州市话齐齿呼韵母前的中古端组声母即全部变成了舌面音：

中古声母　　　　　**商州市话字音举例**

端[t]　帝[tɕi^{55}]　雕[tɕiau^{31}]　店[tɕian^{55}]　钉[tɕiŋ^{42}]

透[tʻ]　铁[tɕʻie^{31}]　挑[tɕʻiau^{42}]　舔[tɕʻian^{42}]　挺[tɕʻiŋ^{42}]

定[d]　跌[tɕie^{31}]　条[tɕʻiau^{24}]　甜[tɕʻian^{24}]　亭[tɕʻiŋ^{24}]

南京、镇江一带的方言也是这样，此以句容、如皋二地的方音为例① (见表 23)：

表 23　中古端、透、定三母与句容、如皋音对照表

字母及例字 / 读音 / 方言点	端			透			定		
	低	底	帝	梯	体	替	题	弟	第
句容	[tɕi]	[tɕi]	[tɕi]	[tɕʻi]	[tɕʻi]	[tɕʻi]	[tɕʻi]	[tɕi]	[tɕi]
如皋	[tɕi]	[tɕi]	[tɕi]	[tɕʻi]	[tɕʻi]	[tɕʻi]	[tɕʻi]	[tɕʻi]	[tɕʻi]

此外，湖南双峰、江西临川方言将中古的章、昌二母读作端、透，这

① 此例及下例取自吴文祺《上古音中的几个问题》(《语言文字研究专辑》下，上海古籍出版社，1986)，形式有所变动。

可看作是上古音的遗留,此以湖南双峰话为例:

章	遮[to]　者[ta]　蔗[to]	(麻开三)①
	诸[ty]　煮[ty]	(鱼合三)
	朱、硃[ty]　主[ty]　注、铸[ty]	(虞合三)
	锥[tŭi]	(脂合三)
	章、樟[taŋ]　掌[taŋ]　障[taŋ]	(阳开三)
昌	车[t‘o]　扯[t‘o]	(麻开三)
	处[t‘y]	(鱼合三)
	枢[t‘y]	(虞合三)
	吹[t‘y]	(支合三)
	昌、倡[t‘aŋ]　厂[t‘aŋ]　唱[t‘aŋ]	(阳开三)

但是,从音变条件的角度看,此说又似乎难以成立,原因是三十六字母中的知组声母和章组声母都可以与三等韵相拼,如果认为知、章二组在上古都归于端组,则不好解释这样一个问题,即为什么同在三等韵前而端组声母后来会分化出知组、章组两种结果?“日归泥”“喻四归定”“照二归精”也都存在着同样的问题:中古日母与泥母、喻四与澄母、庄组与精组都可以与三等韵结合,假如认为这几说可以成立,那么同是在三等韵前,泥母怎么会分化出后来的日母、定母怎么会分化出后来的澄母与喻四两种结果、精组怎么会分化出后来的庄组?这都需要作出合理的解释,也就是要找到分化的条件。由于目前分化的条件还没有找到,故这几说能否成立,学术界的看法是仁者见仁,智者见智。也正由于此,对上古声母的确

---

① 例中每行所列字属相承关系,括号内所标的是每行字的平声韵(中古)。

定也就有了多少的不同。主要可以分为两大派，一派以黄侃为代表，基本上只是从材料出发，不考虑分化的条件，将古声母归并为十九纽。具体归并情况如下①（见表 24）：

表 24　黄侃古音十九纽表

唇音：	1.帮(非)	2.滂(敷)	3.並(奉)	4.明(微)
舌音：	5.端(知章)	6.透(彻昌书)	7.定(澄船禅)	
	8.泥(娘日)	9.来		
齿音：	10.精(庄)	11.清(初)	12.从(崇)	13.心(邪生)
牙音：	14.见	15.溪(群)	16.疑	
喉音：	17.影(以云)	18.晓	19.匣	

另一派以王力先生为代表，只承认"古无轻唇""古无舌上"和"喻$_{三}$归匣"三说，对其他几说则采取了谨慎的态度，认为章组与端组、日母与泥母、喻$_{四}$与定母、庄组与精组在上古只是音近而不是全同。王力在《汉语史稿》《汉语音韵》等书中将上古的声母数确定为 32，在《汉语语音史》中又增加了 1 个俟母。本书基本采用的是《史稿》的说法，只是将以母（喻$_{四}$）归进了定母，计为 31 个。以下是这 31 个声母及其拟音②（见表 25）：

表 25　上古声母音值表

唇音

帮(非)[p]　滂(敷)[p']　並(奉)[b]　明(微)[m]

舌头音

① 《黄侃论学杂著·音略》69 页，其中个别字母改作目前通行的称呼。

② 全浊字母的拟音一律改作不送气音。

端(知)[t] 透(彻)[t‘] 定(澄以)[d] 泥(娘)[n] 来[l]

舌上音①

章[ȶ] 昌[ȶ‘] 船[ȡ] 书[ɕ] 禅[ʑ] 日[ȵ]

齿头音

精[ts] 清[ts‘] 从[dz] 心[s] 邪[z]

正齿音

庄[tʃ] 初[tʃ‘] 崇[dʒ] 生[ʃ]

牙音

见[k] 溪[k‘] 群[g] 疑[ŋ]

喉音

影[o] 晓[x] 匣(云)[ɣ]

① 这里采用王力《汉语史稿》(81页)的说法将章组称作舌上音,将章、昌、船三母拟为塞音,将日母拟为舌面鼻音。

第十章　上古音的韵部

上古韵部主要是从以《诗经》为代表的先秦韵文中归纳出来的，所以有些书中也把上古韵部称作《诗经》的韵部。

第一节　研究上古韵部的材料和方法

先秦两汉时代，既无反切又无韵书，所以要想知道上古韵部有多少，无反切、韵书可利用。前人研究上古韵部的材料和方法主要有两个：一个是以《诗经》《楚辞》等先秦韵文为研究对象，采取系联的方法从中归纳出上古的韵部；一个是以《说文解字》中的谐声字为研究对象，通过谐声系统去印证《诗经》的分部并扩大每一部的归字。

一、《诗经》用韵的归纳

《诗经》是我国最早的一部诗歌总集，全书305篇，其形成的时代跨度从西周初期到春秋中叶，共约五百余年。因为诗歌在古代是歌唱的，每一篇都要押韵以求其和谐上口，所以只要对《诗经》的韵脚字进行系联归纳，就可以大致弄清上古韵部的状况。其系联方法如下：

絺兮綌兮，凄其以风。
我思古人，实获我心。

《诗·邶风·绿衣》四章

彼何人斯？其为飘风。
胡不自北，胡不自南？
胡逝我梁？祇搅我心。

《诗·小雅·何人斯》四章

燕燕于飞，下上其音。
之子于归，远送于南。
瞻望弗及，实劳我心。

《诗·邶风·燕燕》三章

翩彼飞鸮，集于泮林。
食我桑黮，怀我好音。
憬彼淮夷，来献其琛。
元龟象齿，大赂南金。

《诗·鲁颂·泮水》八章

《绿衣》的韵脚字是“风、心”，说明“风、心”在上古同部。《何人斯》的韵脚字是“风、南、心”，可证“风”与“心”押韵并非偶然。又说明“南”与“心、风”在上古同部。《燕燕》的韵脚字是“音、南、心”，其中也有“南”，可证“南”与“心”押韵亦非偶然，又说明“音、南、心、风”上古同部。《泮水》的韵脚字是“林、音、琛、金”，其中也有“音”，说明“林、音、琛、金、南、心、风”等字上古同部。这种归纳韵脚字的方法就叫做系联法，又叫做“丝联绳引”。上古的韵部就是使用这种方法归纳出来的。具体步骤是先用系联法将《诗经》韵脚字归纳为若干组，有多少组就说明上古有多少韵部，然后对《楚辞》《易经》等其它先秦韵文进行系联以验证《诗经》分部的正确性并扩大各部的归字。下面我们将清人段玉裁《诗经》十七部中第六部（平声）的系联情况用线条表示出来，旨在观察一部的系联全貌。

段氏古韵第六部系联图①

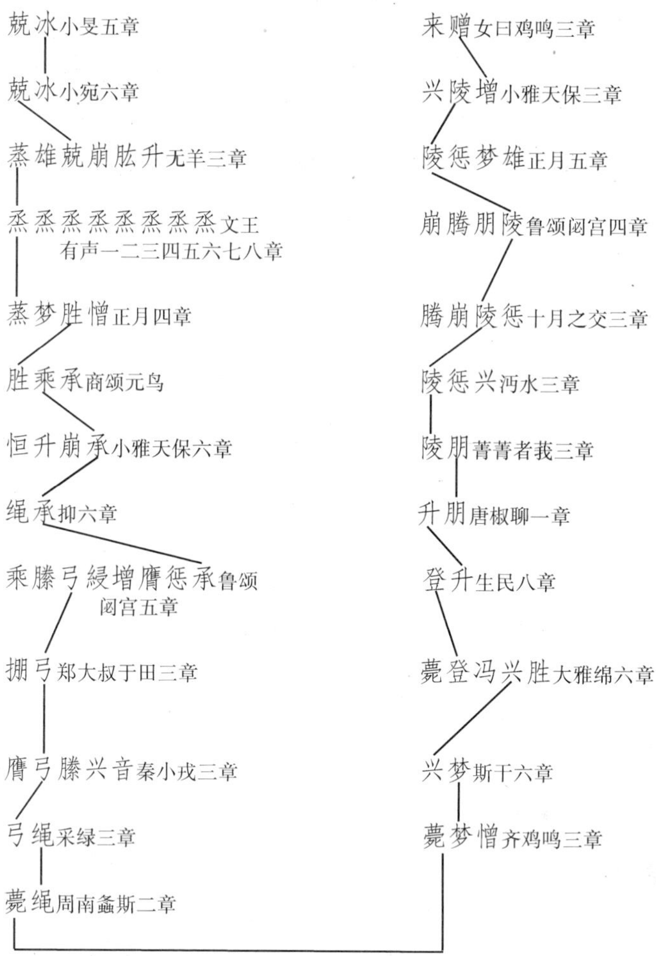

① 根据连线的需要，本图对段氏第六部各章的次序作了调整。图中“烝”与“蒸”“赠”与“增”虽非同字，但声符相同，故系联在一起。

二、谐声字的归纳

通过《诗经》等先秦韵文归纳出来的古韵部是可信的，但是由于没有将韵脚字以外的字归纳进去，而韵脚字本身又很有限，所以这样的韵部含字太少，实用性不足。怎样才能扩大每一部的归字范围呢？形声字的谐声系统能解决这一问题，同时谐声系统对《诗经》归部的正确性还起着印证的重要作用。形声字的声符又叫做主谐字，以主谐字作为声符的形声字又叫做被谐字，被谐字还可以作为主谐字构成新的形声字。这样，以第一主谐字作为声根所形成的整个谐声谱系就叫做谐声系统。例如：

从原理上讲，凡是声符相同的字，在造字时代其读音必然是相同或相近的，否则不会采用同样的声符。有些形声字的读音与主谐字的读音或与同声符形声字的读音在中古时期有了差异，那是语音在造字时代以后发生了变化的结果，如上例中的“待”字与其声符读音即不相同，与其他字的读音也不相同。

清人段玉裁根据谐声系统的特点提出了“同谐声者必同部”的著名论断，意思是说声符相同的字必然属于同一韵部。这一论断与事实基本上是相符的，下章诗就是极好的证明：

鹳鸣于垤，妇叹于室。

洒扫穹窒，我征聿至。

《诗·豳风·东山》三章

“垤”“室”“窒”三字均以“至”字作为声符，它们正好都作了韵脚字，同在《诗经》“质”部。段氏的这一发现不但证明了《诗经》归部的正确性，更重要的是扩大了韵部的归字。例如：

氓之蚩蚩，抱布贸丝。
匪来贸丝，来即我谋。
送子涉淇，至于顿丘。
匪我愆期，子无良媒。
将子无怒，秋以为期。

《诗·卫风·氓》一章

此章诗的韵脚字中共含有“之、丝、某、其、丘”五个谐声声符，以它们作为声符的形声字常见的有：

之——蚩芝寺志诗持時侍待
丝——蕬兹
某——媒煤䤈谋
其——淇期欺旗祺琪骐
丘——蚯邱

这些形声字有的在先秦韵文中充当了韵脚字，有的则没有，无论属于哪种情况，都可以根据声符把它们归入同部，这样就扩大了上古韵部的归字范围。如果将《诗经》一个韵部中包含的谐声声符都找出来，它们一起就构成了该韵部的主谐字群。例如《诗经》“之”部的主谐字群是这样的：

才　台　采　㠯　宰　梓　絲　里　思　巸
其　𦣝　𢦏　而　之　市　事　兹　辞　司
疑　己　止　已　士　耳　史　喜　子　某
母　负　妇　龟　久　郵　牛　友　丘　舊
有　又　尤　不　畐　意　異　佩　再　𤰇
亥　乃　矣　音　戒　灰　来　能　甾　在
寺　蚩　齿

散字：裘

这些主谐字所涉及的绝大多数形声字合起来就是上古“之”部的内容。

第二节　清代以前研究上古韵部的简况

语言是发展变化的，上古音不同于中古音，中古音也不同于现代音。《诗经》等先秦韵文在汉魏以后的人看来，许多地方已不押韵，这是自然的。在第一章第二节“音韵学的功用”中我们已经涉及到这个问题，这里再看几例：

《慎子》：“不聪不明，不能为王；不瞽不聋，不能为公。”（据《太平御览》卷四百九十六）

《史记·韩长儒列传》：“虽有亲父，安知其不为虎？虽有亲兄，安知其不为狼？”

《史记·汲郑列传》：“一死一生，乃知交情；一贫一富，乃知交态；一贵一贱，交情乃见。”

《史记·货殖列传》：“天下熙熙，皆为利来；天下壤壤，皆为利往。”

《后汉书·党锢列传序》：“天下规矩，房伯武；因师获印，周仲进。”

上例中的“明”与“王”、“兄”与“狼”、“富”与“态”、“熙”与“来”、“矩”与“武”从今音的角度看都是不押韵的；但从上下文的联系来看，可以推断它们是押韵的，事实上也是押韵的。“明”与“王”、“兄”与“狼”均属上古韵阳部，“富”与“态”、“熙”与“来”均属之部①，“矩”与“武”均属鱼部。

---

① “富”字中古属去声宥韵，有的书上根据古无去声的观点将“富”归入上古的职部，清人一般都归入之部。

宋代以前，由于人们普遍对语音缺乏历史的观念，往往以当时的语音去看待古音，故对《诗经》等先秦韵文中自以为不押韵的地方提出了错误的“协句”“协韵”“叶音”之说①，更有甚者，竟妄据今音擅改古代韵文。顾炎武在《答李子德书》中举了这样一个改经的著名例子：

开元十三年，敕曰：“朕听政之暇，乙夜观书。每读《尚书·洪範》至‘无偏无颇，遵王之義’，三复兹句，常有所疑。据其下文，并皆协韵②，惟颇一字，实则不伦。又《周易·泰卦》中‘无平不陂’，《释文》云，陂字亦有颇音。陂之与颇，训诂无别，其《尚书·洪範》‘无偏无颇’，字宜改为‘陂’”③。

这是由于不明古音而改字。还有因不明古音而将形声字解释为会意字的，如宋人王安石解“波”为“水之皮也”，解“坡”为“坡者，土之皮”，这就更可笑了。

上古音不同于后代音，这在汉代就引起了有些语言学家的注意，例如刘熙在《释名》中说：

车，古者曰车，声如居，言行所以居人也；今曰车，声近舍。

---

① 协句、协韵、叶音：南北朝以后研究《诗经》的人觉得《诗经》的一些篇章用韵不和谐，于是改读某些韵脚字以求和谐，这叫做协句。例如《诗经·邶风·燕燕》三章：“燕燕于飞，下上其音。之子于归，远送于南。瞻望弗及，实劳我心。”北周沈重《毛诗音》在“南”字下注“协句，宜乃林反。”“协句”至唐陆德明时称作“协韵”，宋朱熹称作“叶音”。

② 《尚书·洪范》：“无偏无陂，遵王之义；无有作好，遵王之道；无有作恶，遵王之路；无偏无党，王道荡荡；无党无偏，王道平平；无反无侧，王道正直。会其有极，归其有极。……”按：“陂”字《史记》《熹平石经》作“颇”，今监本作“陂”。宋徽宗宣和六年曾诏复旧文，然监本未改，今唯足利古本作颇。

③ 《音学五书》卷首。顾炎武指出，颇字不误，其古音读同“我”，《礼记·表记》“仁者，右也；道者，左也。仁者，人也；道者，义也”可证。

但是,这种认识只是看到了一些个别的语言现象,还没有成为正式、系统的理论研究。对上古音的研究正式开始于宋代,南宋吴棫(字才老)在《韵补》一书中将古韵分为九部,即:

一部:东冬钟

二部:支脂之微齐佳皆灰咍

三部:鱼虞模

四部:真谆臻文殷元魂痕庚耕清青蒸登侵(庚耕青或转入阳)

五部:先仙寒桓删山覃谈盐沾(《广韵》添)咸衔严凡

六部:萧宵肴豪

七部:歌戈麻

八部:阳唐江(江或转入东)

九部:尤侯幽

吴棫归韵的方法是给先秦、两汉、魏晋乃至唐宋韵文的韵脚字标上《广韵》的韵目,然后根据押韵的实际情况将《广韵》的二〇六韵分为九组。其古韵九部就是这样形成的。吴棫对古韵的研究虽有开路之功,但他不知道古音是发展变化的。他把上古韵看成是中古韵的简单合并或通转,故所分韵部缺乏科学的音理分析,有些是不同类韵的杂居,显得不伦不类,例如"东"部所包含的字有"登、唐、分、朋、务、尊"等。至于在材料上引用唐宋诗人的诗为证,就更不足为训了。吴棫之后有一个叫做郑庠的人写了一本《古音辨》①,分古韵为六部:

一部:东冬江阳庚青蒸　入声:屋沃觉药陌锡德

二部:支微齐佳灰

① 该书已佚,清夏炘《诗古韵表廿二部集说》首列其分部。郑庠,宋人,余不详。

三部:鱼虞歌麻

四部:真文元寒删先　　入声:质物月曷黠屑

五部:萧肴豪尤

六部:侵覃盐咸　　　　入声:缉合叶洽

郑氏比吴棫略高一筹,其所分韵部很有系统,每部所归韵的韵尾都是相同的。但是郑氏也犯了与吴棫相同的错误,即用中古韵的简单合并去归纳古韵,缺乏语音是发展变化的历史观念,且分韵过宽。到了明代中叶,陈第在《毛诗古音考》中首次提出了今音不同于古音的历史观点,他力排叶音说,指出:“时有古今,地有南北,字有更革,音有转移。”这一观点成了其后古音研究的指导思想,清人研究古音的辉煌成就是在这一思想的指导下取得的。

第三节　清人研究上古韵部所取得的成就

清代是上古韵部研究的鼎盛时期,先后出现的古韵学家有二三十家之多,其中最著名的有顾炎武、江永、戴震、段玉裁、王念孙、孔广森和江有诰等。上古韵部主要就是由他们逐步建立、完善起来的。兹将他们的贡献简述如下:

一、顾炎武的古韵分部

顾炎武(1613～1682)　清初崑山(今江苏崑山县)人,字宁人,号亭林。他在陈第古无叶音说思想的启发下,用了30多年时间写成了《音学五书》一书,证明古音不同于今音,并考订出上古有韵部10个,这部学术巨著以其令人惊叹的丰富材料和科学方法吸引、影响了江永、戴震、段玉裁等整整有清一代的音韵学家。《音学五书》共含音论、诗本音、易音、唐韵正、古音表五个部分。其中《诗本音》考订《诗经》韵脚字的本音(即上古读音),是最重要的一个部分。其考订方法是，通过《诗经》用韵字的比较，分析确定出其上古读音，并证以他书。凡韵脚字的本音与《切韵》读音仍保持一致的，即在其下方标出《切韵》的韵目，凡《诗经》韵脚字的本音与《切韵》读音不一致的即用反切注出其本音。例如：

南有乔木，不可休（十八尤）思。

汉有游女，不可求（十八尤）思。

汉之广（三十七荡）矣，不可泳（古音羊向反，后人混入四十三映韵）思。

江之永（古音于两反，后人混入三十八梗韵。《说文》引此作"江之羕矣"）矣，不可方（十阳）思。

《诗·周南·汉广》

《唐韵正》是用从《诗本音》中考订出来的古音纠正《唐韵》（实为《广韵》）的读音的。顾氏认为《唐韵》中凡不同于古音的读音都是韵书相传之误，所以要纠正，使之恢复古音面目。这种观点当然是错误的，但是顾氏根据《诗经》用韵等材料考订出了《唐韵》中每一字的上古读音，这对于离析《唐韵》、将《唐韵》所属字归入上古各韵部的工作有着非常巨大的意义。《唐韵正》的具体方法是，凡《唐韵》中的字音与古音相同者，不作注释，不同者即在字下注明古音读作"某"，并引《诗经》用韵等材料进行证明①。例如：

十阳

十一唐

古与十阳通为一韵

十二庚

① 《唐韵》某一韵中的所有字如果都与古音不同，即对其韵中每一个字都进行纠正。如果一韵中有一半字与古音不同，则对这一半字进行纠正，如果一韵中只有个别字与古音不同，则对个别字进行纠正。

此韵当分为二

庚　古行切

古音古郎反。《诗·七月》二章:"春日载阳,有鸣仓庚。女执懿筐,遵彼微行,爰求柔桑。"《大东》六章:"虽则七襄,不成报章。睆彼牵牛,不以服箱。东有启明,西有长庚。有捄天毕,载施之行。"《史记·孝文纪》:"大横庚庚,余为天王,夏启以光。"《太史公自序》:"管蔡相武庚,将宁旧商。及旦摄政,二叔不飨。杀鲜放度,周公为盟。太任十子,周以宗强。"晋陆机《管叔鲜赞》:"公旦居摄,三监叛亡。或放或殛,并祸武庚。"《韵补》:"庚,居郎切。"《说文》:"庚,位西方,象秋时万物庚庚有实也。"《释名》:"庚,刚也,坚强貌也。"《庄子》"庚桑楚",《音义》曰:"庚桑,姓也。"《太史公书》作"亢桑"。按:今《史记·庄周传》作"亢桑子",《列子》作"亢仓子。"又按:《说文》"唐""穅",皆以"庚"得声。

《古音表》是反映顾炎武研究上古韵部结论的图表。这张表根据《诗本音》和《唐韵正》的考订对《唐韵》进行了离析、组合,分古韵为十部(详见表26)。

表26　顾炎武古韵十部表

中古四声 / 《广韵》韵母 / 顾氏古韵部次	平声	上声	去声	入声
一部	东冬钟江	董肿讲	送宋用绛	

二部	支$_{半}$脂之微齐佳皆灰咍尤$_{半}$	纸$_{半}$旨止尾荠蟹骇贿海有$_{半}$	寘$_{半}$至志未霁祭泰卦怪夬队代废宥$_{半}$	质术栉昔$_{半}$职物迄屑薛锡$_{半}$月没曷末黠锗麦$_{半}$德屋$_{半}$
三部	鱼虞模麻$_{半}$侯	语麌姥马$_{半}$厚	御遇暮祃$_{半}$候	屋$_{半}$沃$_{半}$烛觉$_{半}$药$_{半}$铎$_{半}$陌麦$_{半}$昔$_{半}$
四部	真谆臻文殷元魂痕寒桓删山先仙	轸准吻隐阮混很① 旱缓潸产铣狝	震稕问焮愿慁恨翰换谏裥霰线	
五部	萧宵肴豪尤$_{半}$幽	筱小巧皓有$_{半}$黝	啸笑效号宥$_{半}$幼	屋$_{半}$沃$_{半}$觉$_{半}$药$_{半}$铎$_{半}$锡$_{半}$
六部	歌戈麻$_{半}$支$_{半}$	哿果马$_{半}$纸$_{半}$	箇过祃马$_{半}$寘$_{半}$	
七部	阳唐庚$_{半}$	养荡梗$_{半}$	漾宕映$_{半}$	
八部	庚$_{半}$耕清青	梗$_{半}$耿静迥	映$_{半}$诤劲径	
九部	蒸登	拯等	证嶝	
十部	侵覃谈盐添咸衔严凡	寝感敢琰忝俨豏槛范	沁勘阚艳㮇酽陷鉴梵	缉合盍叶怗洽狎业乏

顾氏分部有两大特点：

1.不是像郑庠那样以《广韵》整韵字作为合并单位，而是根据《诗经》等材料的实际离析《唐韵》(即将《广韵》每韵的字拆散)，重新归部，该分者分，该合者合。例如将《广韵》的庚韵字分为两部分，一部分与“阳唐”韵同归一部(第七部)，另一部分与“耕清青”同归一部(第八部)。所归之字书于韵目之后：

阳唐第七

① 很字原书作“狠”，应为很，今正。

十二庚之半　庚更秔羹〇阬坑〇……

耕清青第八

十二庚之半　平苹〇惊〇鸣〇荣莹〇生笙牲甥

这种分部符合《诗经》用韵的实际，例如：

击鼓其镗，(唐)踊跃用兵。(庚)
土国城漕，　我独南行。(庚)

《诗·邶风·击鼓》一章

鸡既鸣矣，(庚)朝既盈矣。
匪鸡则鸣，(庚)苍蝇之声。(清)

《诗·齐风·鸡鸣》一章

2.除第十部以入声韵与阳声韵相配外，其余各部均以入声韵与阴声韵相配。这种配法是根据《诗经》中某些阴、入相押的用韵实际及《说文》形声字中某些阴入相谐的现象作出的。例如：

小戎俴收，(尤)五楘梁辀。(尤)
游环胁驱，(虞)阴靷鋈续。(烛)
文畅茵毂，(屋)驾我骐馵。(遇)
言念君子，　温其如玉。(烛)
在其板屋，(屋)乱我心曲。(烛)

《诗·秦风·小戎》一章①

谐声字：世(祭)—泄(薛)　肃(屋)—啸(啸)　至(至)—室(质)

顾氏认为，入声韵与阴声韵相配是古音的正宗，《切韵》以后的

① 顾氏认为此诗中入声“屋”字与阴声“驱”“馵”二字押韵，见《音学五书·音论·近代入声之误》。

韵书以入声与阳声相配乃是一种谬传，所谓“吕之代嬴，黄之易芈”。

从以上介绍可以看出，顾炎武的古音学说显然还存在着一些不足和缺陷，但他的草创成就为古音研究奠定了坚实的基础，使他成为古音学的真正创始人。他所发明的离析《唐韵》按字归部的方法以及所设计的阴、入相配的格局都为后来的古韵学家所遵守，他所建立的“歌、蒸、阳、耕”四部被事实证明是正确的。

二、江永的古韵分部

江永（1681～1762） 字慎修，清婺源（今江西婺源）人，精通三礼及算术乐律音韵之学，为学注重考据，一生著述甚丰。音韵方面的著作有《音学辨微》《四声切韵表》《古韵标准》等书。在《古韵标准》中，江氏分古音为十三部（见表27）：

表27 江永古韵十三部表

中古四声 / 《广韵》韵目 / 江氏古韵部次	平声	上声	去声	入声
一部	东冬钟江	董肿讲	送宋用绛	
二部	支$_{半}$脂之微齐佳皆灰咍尤$_{半}$	纸$_{半}$旨止尾荠蟹骇贿海有$_{半}$厚$_{半}$	寘$_{半}$至志未霁祭泰卦怪夬队代废宥$_{半}$	
三部	鱼虞$_{半}$模麻$_{半}$	语麌$_{半}$姥马$_{半}$	御遇$_{半}$暮祃$_{半}$	
四部	真谆臻文殷魂痕先$_{半}$	轸准吻隐混很铣$_{半}$	震稕问焮慁恨霰$_{半}$线$_{半}$	

五部	元寒桓删山先$_{半}$仙	阮旱缓潸产铣$_{半}$狝	愿翰换谏裥霰$_{半}$线$_{半}$	
六部	萧$_{半}$宵肴$_{半}$豪$_{半}$	筱小巧$_{半}$皓$_{半}$	啸$_{半}$笑效$_{半}$号$_{半}$	
七部	歌戈麻$_{半}$支$_{半}$	哿果马$_{半}$纸$_{半}$	箇过祃$_{半}$	
八部	阳唐庚$_{半}$	养荡梗$_{半}$	漾宕敬$_{半}$	
九部	庚$_{半}$耕清青	梗$_{半}$耿静迥	敬$_{半}$诤劲径	
十部	蒸登	拯等	证嶝	
十一部	尤$_{半}$侯幽虞$_{半}$萧$_{半}$宵$_{半}$肴$_{半}$豪$_{半}$	有$_{半}$厚黝麌$_{半}$筱$_{半}$巧$_{半}$皓$_{半}$	宥$_{半}$候幼遇$_{半}$啸$_{半}$号$_{半}$	
十二部	侵覃$_{半}$谈$_{半}$盐$_{半}$	寝感$_{半}$忝$_{半}$	沁㮇$_{半}$	
十三部	覃$_{半}$谈$_{半}$盐$_{半}$添严咸衔凡	感$_{半}$敢琰忝$_{半}$广豏槛范	勘阚艳㮇$_{半}$酽陷鉴梵	

江氏的分部比顾氏多出3部,原因是顾氏的第四部,江永分为第四、第五两部;顾氏的第三、第五部,江氏分为第三、第六、第十一部;顾氏的第十部,江氏分为第十二,第十三部。具体情况详见下表(见表28):

表28　顾炎武、江永古韵归部分合表

顾氏分部	《广韵》韵目	江氏分部
四部	真谆臻文殷魂痕先	四部(真)
	元寒桓删山仙	五部(元)

<table>
<tr><td rowspan="3">三部</td><td>鱼模麻半</td><td rowspan="2">三部(鱼)</td></tr>
<tr><td>虞</td></tr>
<tr><td>侯</td><td rowspan="3">十一部(尤)</td></tr>
<tr><td rowspan="3">五部</td><td>尤半幽</td></tr>
<tr><td>萧肴豪</td></tr>
<tr><td>宵</td><td>六部(宵)</td></tr>
<tr><td rowspan="3">十部</td><td>侵</td><td rowspan="2">十二部(侵)</td></tr>
<tr><td>覃谈盐</td></tr>
<tr><td>添咸衔严凡</td><td>十三部(谈)</td></tr>
</table>

顾炎武只研究古音不研究今音，江永则古今兼顾，尤通等韵，故深明音理。他在《古韵标准·例言》中批评顾氏“考古之功多，审音之功浅”，意思是说，顾氏只知道根据《诗经》等韵文考证出古韵当分为十部，而没有从音理上辨明为什么会分成这十部。因此，江氏的分部就不但基于考古，同时注重审音。他所以比顾氏多出3部[①]，就是考古兼审音的结果。他指出真、元部的分别是因为前者“口弇而声细”，后者“口侈而声大”[②]；宵、尤(幽)部的分别是因为前者“口开而声大”，后者“口弇而声细”[③]；侵、谈部的分别是因为前者“古音口弇呼之”[④]。他认为这些区别在《诗经》用韵中是截然不同的，只是顾氏考察未精，故将它们合为一部，所谓“诗中用韵本截然不紊，读者自紊之耳。”例如：

緜緜葛藟，　在河之漘。(谆)
终远兄弟，　谓他人昆。(魂)

---

① 这是就平上去声而言的，如果加上入声，则总共多出四部。
② 《古韵标准·平声第四部·总论》。
③ 《古韵标准·平声第六部·总论》。
④ 《古韵标准·平声第十二部·总论》。

谓他人昆，(魂)亦莫我闻。(文)

《诗·王风，葛藟》三章

戎车既安，(寒)如轾如轩。(元)
四牡既佶， 既佶且闲。(仙)
薄伐猃狁， 至于大原。(元)
文武吉甫， 万邦为宪。(愿)

《诗·小雅·六月》五章

前例符合江氏的真部，后例符合江氏的元部。顾氏所以会将“真、谆”等韵与“元、寒”等韵合为一部，是因为他看到在《诗经》中二者有通押的现象，例如：

彼何人斯， 胡逝我陈。(真)
我闻其声， 不见其身。(真)
不愧于人，(真)不畏于天？(先)

《诗·小雅·何人斯》三章

在江氏看来，真、元部泾渭分明，与真部通押者只是《广韵》“先”韵中的部分字，如“先、千、天、坚、贤、田、年、渊”等，应将先韵字一分为二，一类归真部，一类归元部，不能因先韵的情况将真、元二部混为一谈。他批评说：“考韵者不察此韵(先韵)之有二类，见《诗》中用‘天’字多与‘人’字韵，概云‘真’、‘先’本相通，通‘先’则亦通‘元、寒、删’，甚且议前人‘天’字不当‘铁因反’，何其考韵之不精，读《诗》之不审乎？”①

对于入声韵的处理，江氏与顾氏也很不相同，他将入声韵独立出来，分成八部，具体情况如下表(见表29)：

---

①《古韵标准·平声第四部·总论》

表 29　江永古韵入声八部表

一部(屋):屋沃半烛觉半

二部(质):质术栉物迄没屑半薛半

三部(月):月曷末黠辖屑半薛半

四部(药):药铎沃半觉半陌半麦半昔半锡半

五部(锡):麦半昔半锡半

六部(职):麦半职德

七部(缉):缉合半叶半洽半

八部(盍):合半盍叶半帖业洽半狎乏

表 30　江永数韵同一入配合表

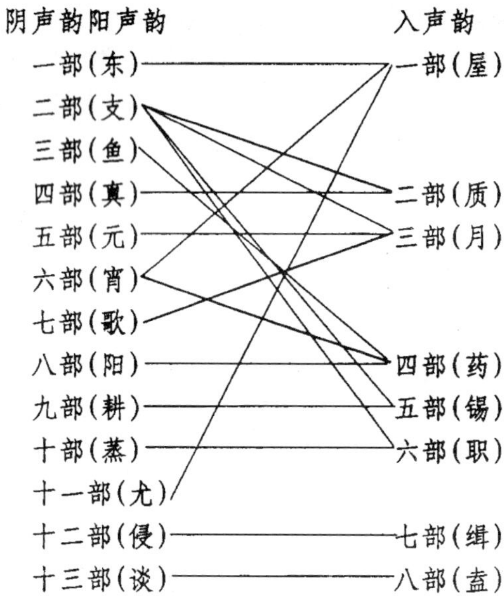

江氏所以要将入声韵独立出来，原因是他认为入声韵不但与阴声韵相配，同时也与阳声韵相配，即所谓"数韵同一入"。根据江氏《四声切韵表·凡例》所言，此八部入声韵与十三个阴、阳声韵部的配法如表30。

江氏认为顾氏坚持上古入声韵只与阴声韵相配的看法是片面的，他批评顾氏说①：

> 顾宁人于是反其说（指韵书以入声韵与阳声韵相配），惟侵、覃以下九韵之入及歌戈麻三韵之无入，与旧说同，其余悉反之。旧无者有，旧有者无。此又固滞之说也。其说以为，屋承东、术承谆、铎承唐、昔承清若吕之代嬴、黄之易芈，以其音之不类也。不知入声有转纽，不必皆直转也。曷不即侵覃九韵思之乎？侵寝沁韵（"韵"当为缉）犹之真轸震质、清静劲昔、青迥径锡、蒸拯证职也；覃感勘合、谈敢阚盍犹之寒旱翰曷、桓缓换末也；盐琰艳叶、添忝栎帖、严俨酽业犹之先铣霰屑、仙狝线薛也；咸豏陷洽、衔槛鉴狎、凡范梵乏犹之删潸谏黠、山产裥辖、元阮愿月也。推之他韵，东董送屋、唐荡宕铎亦犹是也。如必以类直转乃为本韵之入，则此九韵不能转入矣。缉承侵、合承覃不亦犹吕嬴黄芈乎？

这个推论很有道理。同时，江永还用谐声、异读等材料对上古"数韵同一入"的事实进行了证明。例如：

屋部：
- 束（烛）——涷（东部）
- 酷（沃）——告（宵部）
- 数（觉）②——娄（尤部）

① 《四声切韵表·凡例》。
② 括号内烛、沃、觉三字为《广韵》韵目。"数"字有上去入三声，读入声时属"觉"韵。

江永的“数韵同一入”之说揭示了上古韵部的关系特点，这是他对古韵研究的重要贡献。其后戴震、孔广森所设计的阴阳相配的格局就是从这里得到启示的。江氏所建立的许多分部也被以后的研究证明是正确的，这些韵部是：鱼、宵、月、锡、职、缉、盍(叶)、元、侵、谈。

三、段玉裁的古韵分部

段玉裁(1735～1815)，字若膺，号懋堂。清金坛(今江苏金坛县)人。曾师从戴震问学。他从戴震处得知顾、江二人的分部不同后，便对《诗经》、群经中的入韵字进行系联，证以《说文》谐声字，著成《六书音韵表》[①]，定古韵为十七部(见表31)：

表31　段玉裁古韵十七部表

中古四声 / 《广韵》韵目 / 段氏古韵部次	平声	上声	去声	入声
一部	之咍	止海	志代	职德
二部	萧宵肴豪	筱小巧皓	啸笑效号	
三部	尤幽	有黝	宥幼	屋沃烛觉
四部	侯	厚	候	
五部	鱼虞模	语麌姥	御遇暮	药铎
六部	蒸登	拯等	证嶝	
七部	侵盐添	寝琰忝	沁艳㮇	缉叶怗
八部	覃谈咸衔严凡	感敢豏槛俨范	勘阚陷鉴酽梵	合盍洽狎业乏
九部	东冬钟江	董肿讲	送宋用绛	

① 附于段玉裁《说文解字注》之末。

十部	阳唐	养荡	漾宕	
十一部	庚耕清青	梗耿静迥	映诤劲径	
十二部	真臻先	轸铣	震霰	质栉屑
十三部	谆文欣 魂痕	准吻隐 混很	稕问焮 慁恨	
十四部	元寒桓删 山仙	阮旱缓潸 产狝	愿翰换谏 裥线	
十五部	脂微齐 皆灰	旨尾荠 骇贿	至未霁祭泰 怪夬队废	术物迄月没 曷末黠辖薛
十六部	支佳	纸蟹	寘卦	陌麦昔锡
十七部	歌戈麻	哿果马	箇过祃	

段氏的分部比江氏多出四部，原因是，他把顾、江的支部分为第一部（之），第十五部（脂）和第十六部（支），由此多出两部；把江氏的第四部（真）分为第十二部（真）和第十三部（文），由此多出 1 部；把江氏的第十一部（尤）分为第三部（尤）[①] 和第四部（侯），由此又多出 1 部。详见江、段二氏分合对照表（表 32）：

表 32　江永、段玉裁古韵分部分合表

顾、江分部	《广韵》韵目	段氏分部
二部（支） （顾、江）	之咍	一部（之）
	脂微齐皆灰祭泰夬废	十五部（脂）
	支佳	十六部（支）
四部（真） （江）	真臻先	十二部（真）
	谆文欣魂痕	十三部（文）
十一部（侯） （江）	尤幽	三部（尤）
	侯	四部（侯）

段氏所建立的“之、尤（幽）、侯、真、文、脂、支”等六部以及入声

---

① 段氏称第三部为“尤幽”。“尤”字本身在段氏的第一部，故有的书上称段氏此部为幽部。

“质”部均证据确凿(锡部的建立也有他的功劳),为后来的音韵学家所公认,钱大昕称他的分部是“凿破混沌”[①];尤其是支、脂、之三部的分立,“能发自唐以来讲韵者所未发”“可以千古矣”(戴震语)[②]。此举例证之如下:

君子于役,不知其期。(之)
曷至哉?(咍)
鸡栖于埘,(之)
日之夕矣,牛羊下来。(咍)
君子于役,如之何勿思?(之) 之部

《诗·王风·君子于役》一章

隰有苌楚,猗傩其枝;(支)
夭之沃沃,乐子之无知。(支) 支部

《诗·桧风·隰有苌楚》一章

春日迟迟,(脂)
采蘩祁祁。(脂)
女心伤悲,(脂)
殆及公子同归。(微) 脂部

《诗·豳风·七月》二章

此外,段氏的部次安排也富于特色,他首次变动了《广韵》韵目的次序,按照韵尾相同及韵腹相近的原则将十七部分类排列,例如将“东冬钟江”后移与韵尾同为后鼻音的“阳唐”、“庚耕清青”排在一起,这种处理反映了段氏对音理认识的深入,在古韵研究上是一

① 《说文解字注》所附《寄戴东原先生书》。
② 分别见《说文解字注》所附《戴东原先生来书》、戴震《声类表》卷首《答段若膺论韵》。

个重大的发展。

表 33　段玉裁古韵异平同入配合表①

阴声韵、阳声韵	入声韵
一部（之）	职
二部（宵）	职
三部（尤）	屋
四部（侯）	屋
五部（鱼）	药
六部（蒸）	职
七部（侵）	缉
八部（谈）	盍
九部（东）	屋
十部（阳）	药
十一部（耕）	质
十二部（真）	质
十三部（文）	物
十四部（元）	物
十五部（脂）	物
十六部（支）	锡
十七部（歌）	锡

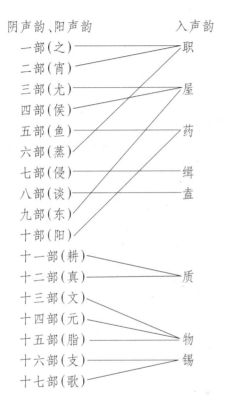

对于入声的划分，段氏与江氏同为八部，但内容有所不同，段氏从江氏入声第二部（质部）中分出“质、栉、屑”三韵作为他第十二部的入声（质部），而将剩余的“术物迄没”等与江氏的入声第三部

① 此表据段氏“古异平同入说”制，该说见《说文解字注》所附《六书音韵表三》。

(月)合为他的第十五部入声(物部)。至于入声韵与其他韵的配合问题,段氏认为平声韵多而入声韵少,故主张"异平同入",即入声韵同时与阴、阳声韵相配,这和江氏的"数韵同一入说"是一样的,其相配的具体情况见表33。

四、戴震的古韵分部

戴震(1723~1777) 字东原,号果溪,清安徽休宁人,乾隆三十八年奉诏参纂《四库全书》,后赐同进士出身,授翰林院庶吉士,为乾嘉时期皖派考据大师。曾问学于江永,并协助江氏编过《古韵标准》一书。一生著述甚丰,音韵学著作有《声韵考》《声类表》两部。他于1773年、1775年先后两次对古韵进行过深入的研究。肯定了段玉裁的多数创见,同时提出了自己的主张,最后定古韵为九类二十五部[①](见表34):

表34 戴震古韵九类二十五部表

一类	一、阿部(歌):歌戈麻	(阴)
	二、乌部(鱼):鱼虞模	(阴)
	三、垩部(铎):铎	(入)
	(以上收喉音)	
二类	四、膺部(蒸):蒸登	(阳)
	五、噫部(之):之咍	(阴)
	六、億部(职):职德	(入)

① 《声类表》。

三类	七、翁部(东):东冬钟江	(阳)
	八、讴部(尤):尤侯幽	(阴)
	九、屋部(屋):屋沃烛觉	(入)
四类	十、央部(阳):阳唐	(阳)
	十一、夭部(宵):萧宵肴豪	(阴)
	十二、约部(药):药	(入)
五类	十三、婴部(耕):庚耕清青	(阳)
	十四、娃部(支):支佳	(阴)
	十五、戹部(锡):陌麦昔锡	(入)

(以上收鼻音)

六类	十六、殷部(真):真臻谆文欣魂痕先半	(阳)
	十七、衣部(脂):脂微齐半皆半灰	(阴)
	十八、乙部(质):质半术栉物迄没黠半屑半	(入)
七类	十九、安部(元):元寒桓删山先半仙	(阳)
	二十、霭部(祭):祭泰夬废齐半皆半	(阴)
	二十一、遏部(月):质半月曷末黠半辖屑半薛	(入)

(以上收舌齿音)

八类	二十二、音部(侵):侵覃半谈半盐半添半咸半	(阳)
	二十三、邑部(缉):缉合半盍半叶半怗半洽半	(入)

九类{二十四、醃部(谈):覃$_{半}$谈$_{半}$盐$_{半}$添$_{半}$咸$_{半}$衔严凡 (阳)
二十五、䜩部(盍):合$_{半}$盍$_{半}$叶$_{半}$怗$_{半}$洽$_{半}$狎业乏 (入)}

(以上收唇音)

戴氏所立的部名都选用的是影母字,与常用部名不同。从顾炎武到段玉裁,对入声的处理或者是将入声与阴声合为一部,或者是让入声韵部独立,主张"数韵同一入"或"异平同入"。戴氏在"异平同入"思想的启示下,首先正式设计出了阴、阳、入三声相配的格局,他将入声韵独立出来分成九部,分别同时与阴、阳声韵相配,(其中两组无阴声韵),形成九类。这种处理是戴氏对古韵研究的重大贡献,它揭示了上古韵每一大类各部之间韵腹相同的整齐局面,对认识韵部之间的联系和转变具有非常重要的意义,他的学生孔广森正是由此发现了"阴阳对转"的发展规律。不过,从以上九类可以明显看出,戴氏的分部有其追求整齐失之客观的缺点,例如将阴声韵"歌戈麻"看成是近于阳声而与"鱼虞模"相配就纯属主观臆断。

在分部上,戴震采取了段玉裁的支、脂、之三分说,但也有不同意段氏的地方,他将段氏的三、四部合为一部,将第十二、十三部合为一部,又将段氏的第十五部分为两部,这样共得十六部。段氏的入声韵共有八部,戴氏将其第五部入声分为两部,又将段氏的第十五部入声一分为二,一部分与段氏的第十二部入声并为一部,另一部分独立为一部。这样,戴氏的入声共有九部,与前面的十六部合为二十五部。此将戴、段两家的分合情况对比如下(见表35):

表 35　戴震、段玉裁古韵归部分合表

<table>
<tr><th>段氏分部</th><th>《广韵》韵目</th><th>戴氏分部</th></tr>
<tr><td>三部(尤)</td><td>尤幽</td><td rowspan="2">八、讴部(尤)</td></tr>
<tr><td>四部(侯)</td><td>侯</td></tr>
<tr><td>十二部(真)</td><td>真臻先</td><td rowspan="2">十六、殷部(真)</td></tr>
<tr><td>十三部(文)</td><td>谆文欣魂痕</td></tr>
<tr><td rowspan="2">十五部(脂)</td><td>脂微齐皆灰</td><td>十七、衣部(脂)</td></tr>
<tr><td>祭泰夬废</td><td>二十、霭部(祭)</td></tr>
<tr><td rowspan="2">五部入声(药)</td><td>药</td><td>十二、约部(药)</td></tr>
<tr><td>铎</td><td>三、垩部(铎)</td></tr>
<tr><td>十二部入声(质)</td><td>质栉屑</td><td rowspan="2">十八、乙部(质)</td></tr>
<tr><td rowspan="2">十五部入声(物)</td><td>术物迄没</td></tr>
<tr><td>月曷末黠辖薛</td><td>二十一、遏部(月)</td></tr>
</table>

根据以后古韵学家的反复研究，戴氏将段氏的“尤”与“侯”“真”与“文”合并的作法是错误的，他在分部上的贡献是发现了药部和铎部，并对缉、盍(叶)二部的建立作出了成绩。此外，将“祭泰夬废”从段氏第十五部(脂)中分出，将“月曷末黠辖薛”从段氏的第十五部入声中分出使之相配，这也是他的创见。

五、孔广森的古韵分部

孔广森(1752～1786) 字众仲，又字㧑约，号顨轩。清曲阜(今山东曲阜县)人，孔子六十八代孙，乾隆三十六年(1771)进士。曾就学于戴震、姚鼐，著有《春秋公羊通义》《大戴礼记补注》《礼记卮言》《经学卮言》等书。在音韵方面，他研读顾、江、段三家书，反复用《诗》韵检验，有所发现，遂著成《诗声类》，分古韵为阴、阳十八部(见表36)：

表36 孔广森古韵十八部表

阴、阳声	孔氏古韵部次 \ 《广韵》韵目 \ 中古四声	平声	上声	去声	入声
阳声	原类第一	元寒桓删山仙	阮旱缓潸产**狝**①	愿翰换谏裥线	
	丁类第二辰通用	耕清青	耿静迥	诤劲径	
	辰类第三	真谆臻先文殷魂痕	轸**准**铣吻隐混很	震稕**霰**问焮慁恨	
	阳类第四	阳唐庚	养荡梗	漾宕映	
	东类第五	东钟江	董肿讲	送用**绛**	
	冬类第六绥蒸通用	冬	肿半	宋	

① 表中字为黑体者，表示该韵目之字本身在他部。

阳声	绥类第七	侵覃凡	寝感范	沁勘梵	
	蒸类第八	蒸登	拯等	证嶝	
	谈类第九	谈盐添咸衔严	敢琰忝豏槛俨	阚艳㮇陷鉴酽	
阴声	歌类第十	歌戈麻	哿果马	箇过祃	
	支类第十一脂通用	支佳	纸蟹	寘卦	麦锡
	脂类第十二	脂微齐皆灰	旨尾荠骇贿	至未霁祭泰怪夬队废	质术栉物迄月没曷末黠锗屑薛
	鱼类第十三	鱼模	语姥	御暮	铎陌昔
	侯类第十四	侯虞	厚麌	候遇	屋烛
	幽类第十五宵之通用	幽尤萧	黝有筱	幼宥啸	沃
	宵类第十六	宵肴豪	小巧皓	笑效号	觉药
阴声	之类第十七	之咍	止海	志代	职德
	合类第十八				合盍缉叶帖洽狎业乏

孔氏的十八部是在段、戴两家的基础上写成的。其入声韵未独立成部，分附于阴声各部之后（阴声第一部无入声，第九部只有入声）。他将段氏的第九部（东部）一分为二，东钟江为一部，冬为

一部；将段氏的第十二、十三两部合为他的第三部(即采用戴氏的第十六部)；又将段氏第七(侵)、第八(谈)两部的入声(缉、盍，即戴氏的二十三、二十五部)析出合为他的第十八部(合类)，因此比段氏的十七部多出1部。把"东冬钟江"区分为东、冬二部这是孔氏的重要贡献。此外，他还将段氏第三部(尤)的入声"屋沃烛觉"中的"屋烛"分出归入侯部，使"屋""觉"区分开来，证明段氏尤、侯分部的正确性，这也是他的贡献。此将孔、段二人的归部分合情况对比如下(见表37)：

表37 段玉裁、孔广森古韵归部分合表

段氏分部	《广韵》韵目	孔氏分部
九部(东)	东钟江	五部(东)
	冬	六部(冬)
十二部(真)	真臻先	三部(辰)
十三部(文)	谆文欣魂痕	
七部(侵)入声	缉叶帖	十八部(合)
八部(谈)入声	合盍洽狎业乏	
三部(尤)入声	屋烛	十四部(侯)入声
	沃(觉)①	十五部(幽)入声

孔氏的十八部所以正好分为阴、阳各九部，目的是为了相配以解释他的"阴阳对转说"②，正由于此，他和戴震一样也犯了强求整

① 《广韵》觉韵只有"觉"字在沃部，其余字均在药部，故孔氏十五部入声未列"觉"这个韵目。

② "阴阳对转说"将在第十二章专文介绍。

齐的毛病。

六、王念孙的古韵分部

王念孙(1744～1832)　字怀祖,号石臞,清江苏高邮人,乾隆四十年(1775)进士,选为翰林院庶吉士,官至永定河道。曾从学于戴震,精通文字音韵训诂。一生著述甚丰,其代表作《广雅疏证》《读书杂志》素负盛名。《广雅疏证》以古音求古义,不限形体,无所不达,严而不乱;《读书杂志》引例极博,一字之证,旁及万卷。王氏研究上古音,著成《毛诗群经楚辞古韵谱》① 等书。他将古韵分为二十一部②,具体内容如下表(见表38):

表38　王念孙古韵二十一部表

中古四声 / 古韵部次	平声	上声	去声	入声
东第一	平	上	去	
蒸第二	平	上	去	
侵第三	平	上	去	
谈第四	平	上	去	
阳第五	平	上	去	
耕第六	平	上	去	
真第七	平	上	去	
谆第八(文)	平	上	去	

① 罗振玉所辑《高邮王氏遗书》。

② 王引之《经义述闻》卷三十一王念孙《与李方伯书》。原表至、祭二部及侯部的入声中列有《说文》谐声字,本表略而未列。王氏晚年从孔氏之说,从东部分出冬部,共成二十二部。

元第九	平	上	去	
歌第十	平	上	去	
支第十一	平	上	去	入
至第十二			去	入
脂第十三	平	上	去	入
祭第十四			去	入
盍第十五（叶）				入
缉第十六				入
之第十七	平	上	去	入
鱼第十八	平	上	去	入
侯第十九	平	上	去	入
幽第二十	平	上	去	入
宵第二十一	平	上	去	入

王氏的归部分为两大类，一至十部无入声相配，其中除第十部“歌”为阴声韵外，其余九部均为阳声韵；十一至二十一部均含有入声，其中除第十五部“盍”、十六部“缉”为纯入声韵外，其余九部均为阴、入相配，这二十一部是在比较顾江两家的异同、又经过反复推求验证的基础上得出的。其所以会比段氏的十七部多出4部，是因为王氏将“质栉屑”等韵（段氏十二部“真”的入声及职黠薛等韵的部分字）与“至”“霁”韵中的部分字（段氏十五部“脂”中的部分去声字）合为“至”部（即质部）；将祭泰夬废（段氏“脂”部中的部分去声韵）与月、曷、末、黠、辖、薛（段氏“脂”部中的部分入声韵）合为祭部（即月部），亦即将戴震的祭部与江永的入声月部合为一部；又

将"合盍洽狎业乏"(相当段氏八部"谈"中的入声韵)韵独立为盍部,将"缉叶帖"(相当段氏七部"侵"的入声韵)独立为"缉"部。此将王氏与段氏的归部分合情况列表对比如下(见表39):

表39　王念孙、段玉裁古韵归部分合表

<table>
<tr><th>段氏分部</th><th>《广韵》韵目</th><th>王氏分部</th></tr>
<tr><td>十二部(真)之入声</td><td>质栉屑</td><td rowspan="2">十二至(质)</td></tr>
<tr><td rowspan="2">十五部(脂)之去入声(部分)</td><td>至霁(部分字)</td></tr>
<tr><td>祭泰夬废
月曷末黠辖薛</td><td>十四祭(月)</td></tr>
<tr><td>八部(谈)之入声</td><td>合盍洽狎业乏</td><td>十五盍</td></tr>
<tr><td>七部(侵)之入声</td><td>缉叶帖</td><td>十六缉</td></tr>
</table>

王氏把支、脂、之分为三部,把江氏第四部分为真、谆(文)二部以及把江氏的第十一部分为侯、幽二部都与段氏不谋而合。此外,王氏使至(质)、祭(月)部独立,给侯部配上入声,这无疑加深了人们对这几部的认识,并使物部显现出来。

七、江有诰的古韵分部

江有诰(1773~1851)字晋三,号古愚,清徽州歙县(今安徽歙县)人。年22为学官弟子,无意举业,专志古学,尤喜音韵文字,好学深思,著述宏多,富于创见。音韵学著作有《诗经韵读》《群经韵读》《楚辞韵读》《先秦韵读》《廿一部谐声表》《入声表》《唐韵四声正》,另有《汉魏韵读》《廿一部韵谱》《四声韵谱》3种未刻,合称《音学十书》。书后附《等韵丛说》一篇。他精研顾炎武《音学五书》与江永《古韵标准》，在江永分部的基础上，析古韵为 20 部，后接受孔广森的东、冬分部说，共为二十一部①（见表 40）：

表 40　江有诰古韵二十一部表

《广韵》韵母 中古四声 江氏古韵部次	平声	上声	去声	入声
一之	之咍 灰$_{1/3}$尤$_{1/3}$	止海 贿$_{1/3}$有$_{1/3}$	志代 队$_{1/3}$宥$_{1/3}$	职德 屋$_{1/3}$
二幽	尤幽 萧$_{\text{半}}$肴$_{\text{半}}$豪$_{\text{半}}$	有黝 筱$_{\text{半}}$巧$_{\text{半}}$皓$_{\text{半}}$	宥幼 啸$_{\text{半}}$效$_{\text{半}}$号$_{\text{半}}$	沃$_{\text{半}}$屋$_{1/3}$ 觉$_{1/3}$锡$_{1/3}$
三宵	宵萧$_{\text{半}}$ 肴$_{\text{半}}$豪$_{\text{半}}$	小筱$_{\text{半}}$ 巧$_{\text{半}}$皓$_{\text{半}}$	笑啸$_{\text{半}}$ 效$_{\text{半}}$号$_{\text{半}}$	沃$_{\text{半}}$药$_{\text{半}}$ 铎$_{\text{半}}$觉$_{1/3}$锡$_{1/3}$
四侯	侯虞$_{\text{半}}$	厚麌$_{\text{半}}$	候遇$_{\text{半}}$	烛屋$_{1/3}$觉$_{1/3}$
五鱼	鱼模 虞$_{\text{半}}$麻$_{\text{半}}$	语姥 麌$_{\text{半}}$马$_{\text{半}}$	御暮 遇$_{\text{半}}$祃$_{\text{半}}$	陌药$_{\text{半}}$ 铎$_{\text{半}}$麦$_{\text{半}}$昔$_{\text{半}}$
六歌	歌戈 麻$_{\text{半}}$支$_{1/3}$	哿果 马$_{\text{半}}$纸$_{1/3}$	箇过 祃$_{\text{半}}$寘$_{1/3}$	
七支	佳齐$_{\text{半}}$支$_{1/3}$	蟹荠$_{\text{半}}$纸$_{1/3}$	卦霁$_{\text{半}}$寘$_{1/3}$	麦$_{\text{半}}$昔$_{\text{半}}$锡$_{1/3}$
八脂	脂微皆 灰齐$_{\text{半}}$支$_{1/3}$	旨尾骇 贿荠$_{\text{半}}$纸$_{1/3}$	至未怪 队霁$_{\text{半}}$寘$_{1/3}$	质术栉 物迄没屑黠$_{\text{半}}$
九祭			祭泰夬废	月曷末 辖薛黠$_{\text{半}}$

① 江氏《音学十书·古韵廿一部总目》。其中八脂的上声“旨”原误作“纸”，今正。

十元	元寒桓 山删仙先$_{1/3}$	阮旱缓 潸产狝铣$_{1/3}$	愿翰换 谏裥线霰$_{1/3}$	
十一文	文欣魂 痕真$_{1/3}$谆$_{半}$	吻隐混 很轸$_{1/3}$准$_{半}$	问焮慁 恨震$_{1/3}$稕$_{半}$	
十二真	真臻先谆$_{半}$	轸铣准$_{半}$	震霰稕$_{半}$	
十三耕	耕清青庚$_{半}$	耿静迥梗$_{半}$	诤劲径映$_{半}$	
十四阳	阳唐庚$_{半}$	养荡梗$_{半}$	漾宕映$_{半}$	
十五东	钟江东$_{半}$	董肿讲	用绛送$_{半}$	
十六中(冬)	冬东$_{半}$		宋送$_{半}$	
十七蒸	蒸登	拯等	证嶝	
十八侵	侵覃咸$_{半}$凡$_{半}$	寝感豏$_{半}$范$_{半}$	沁勘陷$_{半}$梵$_{半}$	
十九谈	谈盐添严 衔咸$_{半}$凡$_{半}$	敢琰忝俨 槛豏$_{半}$范$_{半}$	阚艳㮇酽 鉴陷$_{半}$梵$_{半}$	
二十叶				叶帖业狎乏 盍$_{半}$洽$_{半}$
二十一缉				缉合盍$_{半}$洽$_{半}$

和段氏的十七部相比，江氏多出祭、中(冬)、叶、缉四部，原因是：(1)江氏把去声“祭泰夬废”与入声“月曷末锗薛黠$_{半}$”(在段氏那里属于脂部)独立为祭部；(2)从孔广森之说将东部分为东、中(冬)二部(段氏合为一部)；(3)将“叶帖业狎乏盍$_{半}$洽$_{半}$”(在段氏那里分属于侵、谈部入声)独立为叶部；(4)将“缉合盍$_{半}$洽$_{半}$”(在段氏那里属于侵、谈部入声)独立为缉部。这几部的分合情况详见表41。

江氏的二十一部之分，创获颇多。他“自奋于穷乡孤学”(王国维语)，著书时不知道王念孙的二十一部说，也未见到段玉裁的《六书音韵表》，但他的支、脂、之三分，幽、侯二分，真、文二分与段、王二家不谋而合；脂、祭之分与戴氏相合；祭、月相配，与戴、王二家之说相合；东、冬二分，析“屋、沃”配“侯、幽”，与孔氏相合。此所谓“闭门造车，出而合辙”。另外，他对“缉”“叶”二部的建立也有自己的创见。他的分部对顾、江、段、戴、孔五家有证实、匡补之功。段玉裁对江氏的研究极为推许，称其书“精深邃密”，称其人“集音学之成”①；王力先生更认为江氏是清代古音学的巨星②。

表 41　江有诰、段玉裁古韵归部分合表

<table>
<tr><td rowspan="2">段氏十五部(脂)
之去入声</td><td colspan="2" rowspan="2">祭泰夬废
月曷末辖薛
黠
术物迄没</td><td>江氏九部祭</td></tr>
<tr><td></td></tr>
<tr><td rowspan="2">段氏九部(东)</td><td colspan="2" rowspan="2">钟江
东
冬</td><td></td></tr>
<tr><td>江氏十六部中(冬)</td></tr>
<tr><td>段氏七部(侵)入声</td><td>缉</td><td>叶帖</td><td rowspan="3"></td></tr>
<tr><td>段氏八部(谈)入声</td><td>合</td><td>盍洽　狎业乏</td></tr>
<tr><td></td><td>江氏廿一部缉</td><td>江氏二十部叶</td></tr>
</table>

以上是顾、江、段、戴、孔、王、江七家研究古韵部的简况，除此七家外，还有其他一些音韵学家在独立研究的情况下也得出了与这几家相同的结论。如牟应震（1745—1827），事先没有读过顾、江

---

① 《江氏音学十书》卷首段玉裁《江氏音学序》。

② 王力《清代古音学》208 页，中华书局，1992 年。

(永)的书,至死也没有见到段氏的书,但他分耕、阳为二,与顾氏说合,分真、元为二,侵、谈为二,与江永说合,分支、脂、之为三,与段氏说合。由此可见,只要尊重同样的客观材料,方法正确,所得结论就会相同。这里有一个问题,既然材料相同,方法正确,所得结论就应当完全相同,但是为什么各家的分部又互有参差,并且自顾炎武以来韵部会越分越多呢?其原因主要有三:

1.对析韵的看法不同,导致分部的结果不同。如前文所举,在《诗经》中,有《广韵》先韵字与真韵字相押的现象,顾氏据此认为先、真两韵字同属一部,并进而将“真谆臻文殷魂痕”与“元寒桓删山先仙”合为一部(第四部)。而在江永看来,与真韵相押的只是先韵字中的一少部分,应将先韵一分为二,一部分与“真谆臻文殷魂痕”合为一部(第四部),一部分与“元寒桓删山先仙”合为一部(第五部)。顾氏认为先韵不当析,江氏认为当析,故导致江氏的分部比顾氏多出一部。

2.对独用、合韵的看法不同,导致分部的结果不同。《广韵》某几韵的字在上古同为一章诗的韵脚字,这种现象在上古属于同一部字的押韵(独用)呢,还是它们在上古也分属几部,只是由于音色接近,才勉强在一章诗中押韵(合用)?对此看法不同,分部也就出现了差别。例如《诗·小雅·正月》十二章:

彼有旨酒,(有)又有嘉殽。(肴)
洽比其邻,(真)昏姻孔云。(文)
念我独兮, 忧心慇慇。(殷)

这章诗后一部分的韵脚字“邻、云、慇”三字分别属《广韵》的“真、文、殷”三韵。在顾、江二人看来,此三字的押韵是同部字的独用,故将“真、文、殷”视为一部(真部);而在段氏看来,此三字的押韵属于不同部字的合用,其中“真”属一部(真),“文”“殷”属另外一部(文)。因此,段比顾、江便多出1部。

3.对《诗经》用韵的体例理解不同,导致分部的结果的不同。《诗经》的韵式很多,有句句押韵、隔句押韵、交韵以及换韵等情况,如果对同一章诗韵式的看法不一致,就会导致分部结果不同。例如《诗经·鄘风·柏舟》一章:

> 汎彼柏舟,(尤)在彼中河。(歌)
> 髧彼两髦,(豪)实维我仪,(支)
> 之死矢靡它。(歌)
> ……

这章诗在顾氏看来,一三句押韵,二四五句押韵;在江永、段玉裁看来,只有二四五句押韵,一三句并不入韵。顾氏认为“舟”“髦”这类字押韵,导致他将尤韵(部分字)与豪韵归为一部(宵部);江、段二氏则不认为这类情况是押韵,故将顾氏宵部中的尤韵字析出另立新部。

以上这些原因均属主观认识的问题,从中可以看出前贤分部中如果有粗疏未密之处,后继者都给予了纠正和完善,使古韵分部朝着日益正确、精密的方向发展。用章太炎的话来说,这叫做“前修未密,后出转精”①。分部越来越多,反映了古韵学家音理认识的逐步提高;分部渐趋一致,说明它正确反映了上古韵部的客观实际。

上古韵部经过顾、江、段、戴、孔、王、江七家的研究,基本上已成定局。江有诰的朋友夏炘著《诗古韵表二十二部集说》对古韵学

① 章太炎《国故论衡·小学略说》。

的研究进行了总结。他在江有诰二十一部的基础上吸收了王念孙的至(质)部,共为二十二部,即:

之　幽　宵　侯　鱼　歌　支　脂　至(质)　祭　元
文　真　耕　阳　东　中(冬)　蒸　侵　谈　叶　缉①

王国维曾对以上七家的贡献评论道:

> 古韵之学,自昆山顾氏、而婺源江氏、而休宁戴氏、而金坛段氏、而曲阜孔氏、而高邮王氏、而歙县江氏,作者不过七人,然古音廿二部之目遂令后世无可增损。故训故名物文字之学有待于将来者甚多,至古韵之学,谓之前无古人后无来者可也。原斯学所以能完密至此者,以其材料不过群经诸子及汉魏有韵之文,其方法则皆因乎古人用韵之自然,而不容以后说私意参乎其间。其道至简,而其事有涯;以至简入有涯,故不数传而遂臻其极也②。

王氏的话虽未免说得过于绝对,但基本上反映了经过顾、江等七人的相继努力而将上古韵部建立起来的这一事实。自此七人以后至今,上古韵的分部很少有什么大的变动,所谓增加韵部主要是将入声韵从阴声韵部中分离出来独立成部,以与阴声韵和阳声韵相配。

下面,我们通过图表的形式对以上七家的贡献进行总结(见表42)。表中将夏炘廿二部中的入声韵分离出来与阴、阳声韵相配,共得31部,部目一律采用今习见的名称。各部目之后括号中的姓

① 此二十二部的前十部除歌部外都包含入声韵在内,其中至部有去入声字而无平上声字,如果将入声韵独立出来则共有三十一部之多。

②《观堂集林·卷八·周代金石文韵读序》。

氏代表有贡献的各家，其中江$_1$ 代表江永，江$_2$ 代表江有诰。部目之下所列为《广韵》的韵目，韵目的情况一般以一家（多为第一家）所列而定，有时参酌数家所列而定。

表 42　顾江$_1$ 段戴孔王江$_2$ 七家古韵分部成就简表

之（段、王、江$_2$）	**职**（江$_1$、段）	**蒸**（顾）
之咍	职德	蒸登
幽（段、王、江$_2$）	**觉**（孔、江$_2$）	**冬**（孔、江$_2$）
尤幽萧$_{半}$肴$_{半}$豪$_{半}$	屋$_{半}$沃$_{半}$觉$_{半}$	冬东$_{半}$
宵（江$_1$）	**药**（戴）	
萧$_{半}$宵肴$_{半}$豪$_{半}$	沃$_{半}$药$_{半}$铎$_{半}$	
侯（段、王、江$_2$）	**屋**（孔、王、江$_2$）	**东**（孔、江$_2$）
侯	屋$_{半}$烛觉$_{半}$	东$_{半}$钟江
鱼（江$_1$）	**铎**（戴）	**阳**（顾）
鱼虞模麻$_{半}$	药$_{半}$铎$_{半}$陌$_{半}$麦$_{半}$昔$_{半}$锡$_{半}$	阳唐庚$_{半}$
歌（顾）		
歌戈麻$_{半}$支$_{半}$		
支（段、王、江$_2$）	**锡**（江$_1$、段）	**耕**（顾）
支$_{半}$佳	陌$_{半}$麦$_{半}$昔$_{半}$锡$_{半}$	庚$_{半}$耕清青
脂（段、戴、王、江$_2$）	**物**（王）	**文**（段、王、江$_2$）
脂微齐皆灰至$_{半}$	术物迄没	谆$_{半}$文欣魂痕
至（王）	**质**（段、王）	**真**（段、王、江$_2$）
至$_{半}$	质栉屑$_{半}$黠$_{半}$薛$_{半}$	真谆$_{半}$臻先$_{半}$
祭（戴、王、江$_2$）	**月**（江$_1$、戴、王、江$_2$）	**元**（江$_1$）
祭泰夬废	月曷末黠$_{半}$辖屑$_{半}$薛$_{半}$	元寒桓删山先$_{半}$仙
	缉（江$_1$ 戴、江$_2$）	**侵**（江$_1$）

缉合$_{\text{半}}$叶$_{\text{半}}$洽$_{\text{半}}$	侵覃$_{\text{半}}$谈$_{\text{半}}$盐$_{\text{半}}$
叶(江$_1$ 戴、江$_2$)	**谈**(江$_1$)
合$_{\text{半}}$盍叶$_{\text{半}}$帖业	覃$_{\text{半}}$谈$_{\text{半}}$盐$_{\text{半}}$添
洽$_{\text{半}}$狎乏	咸衔严凡

第四节　清代以后对上古韵部的研究

上古韵部经过清人的辛勤研究，虽然大局已定，但是清代以后对上古韵部的探讨工作仍然没停止，并且取得了一定的成绩。下面我们主要介绍章炳麟、黄侃、王力、罗常培、周祖谟等人的研究概况。

一、章太炎的古韵分部

章太炎(1869～1936)　名炳麟，又名绛，字枚叔，号太炎，近代浙江余杭人，俞樾的学生，曾问学于黄以周。博通经史，尤精小学，为清代朴学殿军，在语言研究上取得了很高的成就。著作有《文始》《新方言》《国故论衡》等。研究古音，继承戴震、段玉裁、王念孙等人的学说。初定古韵为二十二部，即在王念孙二十一部的基础上吸收了孔广森的冬部，后来又证明脂部的去声及相配的入声韵不与平上声韵同押，故将它们独立出来成立队部，这样即成了二十三部[①](见表43)：

表43　章太炎古韵二十三部韵目表

寒＜歌、泰　　谆＜队、脂　　真—至

① 《国故论衡·上卷·小学略说》

青—支　　阳—鱼　　东—侯

侵
缉 > 幽　　蒸—之　　谈 > 宵
冬　　　　　　　　　盍

二、黄侃的古韵分部

黄侃(1886～1935)　字季刚，晚年自号量守居士。近代湖北蕲春县人，章炳麟的学生，精通文字、音韵、训诂之学，为清代三百年古音学研究的殿后人。音韵学著作有《音略》《声韵略说》《声韵通例》《广韵声势及对转表》《谈添盍帖分四部说》等，后人辑收在《黄侃论学杂著》中，又有《集韵声类表》一部。他在《音略》中定古韵为二十八部。此二十八部是在章氏二十三部的基础上吸收戴氏的一些部而成的，他说二十八部的确立“皆本昔人，未曾以臆见加入。”下面是黄氏的二十八部(见表44)：

表44　黄侃古韵二十八部表①

阴声八部	阳声十部	入声十部	说　明
歌(歌) 顾氏			
	寒(元) 江永	**曷**(月) 王氏	寒曷收鼻
	覃(侵) 郑庠	**合**(缉) 戴氏	覃合收唇
灰(脂微) 段氏	**痕**(文) 段氏	**没**(物) 章氏	痕没收鼻

① 括号内为王力的部名，本书所加；说明部分亦为本书据原表所加。

	先(真) 郑庠	**屑**(质) 戴氏	先屑收鼻
	添(谈) 江永	**帖**(叶) 戴氏	谈帖收唇
齐(支) 郑庠	**青**(耕) 顾氏	**锡**(锡) 戴氏	青锡收鼻
模(鱼) 郑庠	**唐**(阳) 顾氏	**铎**(铎) 戴氏	唐铎收鼻
侯(侯) 段氏	**东**(东) 郑庠	**屋**(屋) 戴氏	东屋收鼻
萧(幽觉) 江永			
豪(宵) 郑庠	**冬**(冬) 孔氏	**沃**(药) 戴氏	冬沃收鼻
咍(之) 段氏	**登**(蒸) 顾氏	**德**(职) 戴氏	登德收鼻

黄氏分部的最大特点是接受了戴氏的观点。他在章氏二十三部的基础上将“锡、铎、屋、沃、德”5个入声韵(即戴氏的分部)从阴声韵中独立出来,构成了阴阳入相配的格局。可惜萧部的入声他却没有独立出来,所以他晚年很想使之独立,将二十八部增加为二十九部。

三、王力的古韵分部

王力(1900～1986)　当代著名的语言学家,字了一,广西博白县人。24岁入上海南方大学,26岁入清华大学国学研究院研究中国古代文法。27岁入法国巴黎大学研究实验语言学,获博士学位,1932年回国。先后在清华大学、燕京大学、西南联大、中山大学、岭南大学等校任教。1952年调任中山大学教授兼语言学系主任。1954年中山大学语言学系并入北大中文系,王力随至北大任教。王力对语言学的研究范围很广泛，在汉语音韵方面的著作主要有《中国音韵学》(后改名《汉语音韵学》)《汉语史稿》《汉语音韵》《诗经韵读》《楚辞韵读》《汉语语音史》《音韵学初步》《清代古音学》以及许多单篇论文。他在《汉语史稿》《汉语音韵》等书中分古韵为二十九部，后来在《音韵学初步》《汉语语音史》等著作中增加了一个冬部(认为在战国时期才出现)，共为三十部。这三十部的具体内容如下表①(见表45)：

表45　王力古韵三十部简表

之[ə] 之咍灰 1/3 尤 1/3	**职**[ək] 职德屋$_{\text{少数}}$	**蒸**[əŋ] 蒸登东$_{\text{少数}}$
支[e] 佳齐$_{\text{半}}$支$_{\text{半}}$	**锡**[ek] 麦$_{\text{半}}$昔$_{\text{半}}$锡$_{\text{半}}$	**耕**[eŋ] 耕清青
鱼[a] 鱼模虞$_{\text{半}}$麻$_{\text{半}}$	**铎**[ak] 陌药$_{\text{半}}$铎$_{\text{半}}$麦$_{\text{半}}$昔$_{\text{半}}$	**阳**[aŋ] 阳唐庚
侯[ɔ] 侯虞$_{\text{半}}$	**屋**[ɔk] 烛屋$_{\text{半}}$觉 1/3	**东**[ɔŋ] 钟江东$_{\text{半}}$
宵[o] 宵萧$_{\text{半}}$肴$_{\text{半}}$豪$_{\text{半}}$	**药**[ok] 药$_{\text{半}}$铎$_{\text{半}}$锡$_{\text{半}}$觉 1/3	
幽[u] 幽尤 2/3 萧$_{\text{半}}$肴$_{\text{半}}$豪$_{\text{半}}$	**觉**[uk] 沃屋$_{\text{半}}$觉 1/3 锡$_{\text{少数}}$	**冬**[uŋ] 冬东$_{\text{半}}$
微[əi] 微灰 2/3 脂$_{\text{半}}$皆$_{\text{半}}$	**物**[ət] 术没迄物未$_{\text{半}}$	**文**[ən] 谆文欣魂痕真 1/3
脂[ei] 脂$_{\text{半}}$皆$_{\text{半}}$齐$_{\text{半}}$	**质**[et] 质栉屑黠$_{\text{半}}$术$_{\text{少数}}$	**真**[en] 真臻先 2/3 谆$_{\text{少数}}$

① 此表据《汉语史稿》第二章制定。《史稿》只列了29部，无冬部，本表从侵部中分出冬部。原侵部之下即不再列出冬部所含的《广韵》韵目。另外，本表对原各部所含《广韵》韵目的序次作了调整。

歌[ai] 歌戈麻$_{半}$支$_{半}$	**月**[at] 月曷末辖薛黠$_{半}$ 祭泰夬废	**元**[an] 元寒桓删山 仙先1/3
	缉[əp] 缉合洽$_{半}$	**侵**[əm] 侵覃咸$_{半}$
	叶[ap] 盍叶帖 业狎乏洽$_{半}$	**谈**[am] 谈盐添 严衔凡咸$_{半}$

王力的分部有三个特点：

1. 采用阴、阳、入三声分立的相配形式，这是继承了戴震、黄侃的格局。

2. 建立了一个“微”部①。“微”部是在章太炎“队”部及王力自己的《南北朝诗人用韵考》一文的启发下建立的，它由江有诰的脂部分离而出。江氏归入脂部的《广韵》齐韵字及脂、皆两韵的开口字王力仍视为脂部；江氏归入脂部的《广韵》“微、灰、咍”三韵的字及“脂、皆”韵的合口字王力则改归微部。此将王氏的“脂、微”两部与江氏的脂部对照如下（见表46）：

表46　王力古韵脂、微部与江有诰脂部对照表

江氏分部	《广韵》韵目	例字	王力分部
脂部	齐 脂皆（开口）	妻弟 师皆	脂部
	脂皆（合口） 微灰咍	唯淮 微雷哀	微部

① 关于该部的论证详见王力《上古韵母系统研究》，《清华学报》12卷3期；《龙虫并雕斋文集》第一册。

3. 以"歌"与月、元相配。

王力所建立的"微"部基本上已为学术界所公认。他的月部与王念孙、江有诰的祭部内容相同,包含有"祭泰夬废"这四个《广韵》去声韵,这是因为他认为上古没有去声韵,《广韵》的去声韵在上古多数都属于入声。清代的古韵学家除江永外一般都不用歌部与月、元部相配,因为无论从押韵还是从谐声看,歌部与月、元的联系都较少。

四、罗常培、周祖谟的古韵分部

罗常培(1899～1958)　字莘田,满族。当代著名的语言学家。1919年毕业于北京大学文学系,自1923年先后任西北大学、中山大学、前中央研究院历史语言研究所、北京大学、西南联大的教授,研究员及系主任等职,主要从事汉语音韵、方言调查的教学和研究工作。1945年至1948年赴美任朴茂纳大学和耶鲁大学访问教授,讲授中国语言学和中国文学,1948年回国。1950年任中科院语言研究所所长。罗常培学识渊博,长于著述,其许多研究都是开创性的。他在汉语音韵方面的著作主要有《汉语音韵学导论》《汉魏晋南北朝韵部演变研究》(与周祖谟合著)及许多单篇论文(部分收入《罗常培语言学论文选集》)。

周祖谟(1914～1997)　字燕孙,北京人。当代著名语言学家,1936年毕业于北京大学中文系。1938年起任北京辅仁大学中文系讲师、副教授,抗战胜利后到北京大学任教。解放后一直任北京大学中文系教授。周氏自青年时代即潜心研究中国语言文字学,对文字、音韵、训诂、古籍整理和版本目录等学科均有精深的造诣,著作甚丰。音韵学方面的专著主要有《广韵校本》《汉语音韵论文集》《汉魏晋南北朝韵部演变研究》(与罗常培合著)《唐五代韵书集存》《广韵四声韵字今音表》及许多单篇论文(部分收入《问学集》)。

罗、周二人共同对上古韵部进行了研究,他们分古韵为31部,具体情况详见下表(见表47)。

罗、周的分部采用了王力的"微"部。与王氏不同之处有二:

1. 王力的月部包括《广韵》的去声韵"祭泰夬废"和入声韵"月曷末黠辖薛",罗、周二人则将"祭泰夬废"独立为祭部,故比王氏多出一部。罗、周这样的处理和他们认为上古有四声相关。

2. 王力以歌、月、元相配,罗、周二人则以祭、月、元相配,歌部保持独立,这是继承了清代多数人的配法。

表47　罗常培、周祖谟古韵三十一部表①

之	职	蒸
幽	沃(觉)	冬
宵	药	
侯	屋	东
鱼	铎	阳
歌		
支	锡	耕
脂	质	真
微	术(物)	谆(文)
祭	月	元
	缉	侵
	盍(叶)	谈

① 见于《汉魏晋南北朝韵部演变研究》,本表对原部次作了调整,其中括号内的部目为本书所加。

第五节 上古韵部系统及拟音

上古韵部经过有清几代人艰苦卓绝的相继努力，基本上已成定局，清代以后的研究只是作了一些局部性和总结性的工作，但是这些工作同样是非常重要的，它是对清人研究成果的肯定和发展，它使我们更清楚地看到了清人研究结论的严密性、系统性和科学性。对于今人的分部，我们认为罗常培、周祖谟比王力的处理更合理一些。罗、周二人的分部与王力的差别主要表现在去声韵的归属及歌部的配合问题上。罗、周二人认为上古有去声，其阴、阳声各部包含着中古的去声韵（祭部只有去声），同时让歌部独立无配；王力认为上古没有去声，中古去声韵多数被归入到了入声各部（祭泰夬废等韵被归入月部），少数被归入到阳声各部，同时让歌部与月、元部相配。目前多数教材、辞书、专著都采用的是王力的分部，本书采用的则是罗、周二人的三十一分部（原表中“沃、术、谆、盍”四字今分别改作“觉、物、文、叶”），主要原因是，我们认为上古有平上去入 4 个调类的存在，不同意王力的“古无去声说”。在主张上古有平上去入四声的前提下，当然就不能承认去、入声韵合为一体的归部。下面是上古三十一韵部的音值表（见表 48），表中的音值基本上采用的是王力《汉语语音史》中的拟音，只是将脂、质、真 3 部的主要元音改拟为[i]，原因是在现代汉语方言中很难找到没有[i]韵母的方言，由此推论，上古汉语不可能没有[i]元音的韵母。这个[i]元音作为脂、质、真三部的主要元音比较合适。另外，表中“祭”部的拟音采用的是王氏原歌部的拟音，而将歌部的拟音改作后低元音[ɑ]。

表 48　上古韵部音值表

	阴声韵	入声韵	阳声韵
第一类	之部[ə]	职部[ək]	蒸部[əŋ]
第二类	幽部[u]	觉部[uk]	冬部[uŋ]
第三类	宵部[o]	药部[ok]	
第四类	侯部[ɔ]	屋部[ɔk]	东部[ɔŋ]
第五类	鱼部[a]	铎部[ak]	阳部[aŋ]
第六类	歌部[ɑ]		
第七类	支部[e]	锡部[ek]	耕部[eŋ]
第八类	脂部[i]	质部[it]	真部[in]
第九类	微部[əi]	物部[ət]	文部[ən]
第十类	祭部[ai]	月部[at]	元部[an]
第十一类		缉部[əp]	侵部[əm]
第十二类		叶部[ap]	谈部[am]

附录四

表 49　十三家古韵分部异同表

王力 (30部)	之	职	幽	觉	宵	药	侯	屋	鱼	铎	支	锡	脂	微	物	质	月	歌	元	真	文	阳	耕	蒸	东	冬	侵	缉	谈	叶
罗常培 周祖谟 (31部)	之	职	幽	沃	宵	药	侯	屋	鱼	铎	支	锡	脂	微	术	质	祭 月	歌	元	真	谆	阳	耕	蒸	东	冬	侵	缉	谈	盍
黄侃 (28部)	咍	德	萧		豪	沃	侯	屋	模	铎	齐	锡	灰		没	屑	曷末	歌戈	寒桓	先	痕魂	唐	青	登	东	冬	覃	合	添	帖
章炳麟 (23部)	之		幽		宵		侯		鱼		支		脂	队		至	泰	歌	寒	真	谆	阳	青	蒸	东	冬	侵	缉	谈	盍
朱骏声 (18部)	颐		孚		小		需		豫		解		履				泰	随	乾	坤	屯	壮	鼎	升	丰		临		谦	
夏炘 (22部)	之		幽		宵		侯		鱼		支		脂			至	祭	歌	元	真	文	阳	耕	蒸	东	中	侵	缉	谈	叶
江有诰 (21部)	之		幽		宵		侯		鱼		支		脂				祭	歌	元	真	文	阳	耕	蒸	东	中	侵	缉	谈	叶
王念孙 (21部)	之		幽		宵		侯		鱼		支		脂			至	祭	歌	元	真	谆	阳	耕	蒸	东		侵	缉	谈	盍
孔广森 (18部)	之		幽		宵		侯		鱼		支		脂					歌	原	辰		阳	丁	蒸	东	冬	侵	(合)	谈	合
段玉裁 (17部)	一部		三部		二部		四部	(三部)	五部		十六部		十五部			(十二部)	(十五部)	十七部	十四部	十二部	十三部	十部	十一部	六部	九部		七部		八部	
戴震 (25部)	噫	亿	讴	屋	夭	约	(讴)	(屋)	乌	垩	娃	戹	衣		乙		霭 遏	阿	安	殷		央	婴	膺	翁		音	邑	醃	諜
江永 (13部)	二部	入声六部	十一部	入声一部	六部	入声四部	(十一部)	(入声一部)	三部	(入声四部)	二部	入声五部	二部		入声二部	二部	入声三部	七部	五部	四部		八部	九部	十部	一部		十二部	入声七部	十三部	入声八部
顾炎武 (10部)	二部		五部				三部				二部							六部	四部			七部	八部	九部	一部		十部			

第十一章　上古音的声调

第一节　清人对上古声调的研究

上古声调的研究象上古韵部的研究一样经历了一个逐渐发展的过程。明代陈第认为上古没有声调，例如他在《毛诗古音考》中于“怒”字下这样注道：

> 上声。颜师古《匡缪正俗》曰：“怒，古读有二音，但知有去声者，失其真也。今除‘逢彼之怒’、‘将子无怒’、‘畏此谴怒’、‘宜无悔怒’皆去声，不录，录其上声。”愚谓颜氏之言固善，然四声之说起于后世，古人之诗取其可歌、可咏，岂屑屑毫厘，若经生为耶？且上、去二音，亦轻重之间耳。

清人基本上都认为上古有声调，但对上古声调特色及多少的看法则各有不同，主要可以分为三派。一派以顾炎武、江永为代表，他们都是用中古的四声去看待上古的四声。一派以段玉裁为代表，他认为上古没有去声。一派以王念孙、江有诰为代表，他们主张上古有平上去入四个调类。

一、顾炎武的“四声一贯”说

顾炎武对上古声调的主张是“四声一贯”，他在《音学五书·音论·古人四声一贯》中说：

> 四声之论虽起於江左，然古人之诗已自有迟疾轻重之分；故平多韵平，仄多韵仄。亦有不尽然者，而上或转为平，去或

转为平上,入或转为平上去,则在歌者之抑扬高下而已,故四声可以并用。“骐骝是中,騧骊是骖。龙盾之合,鋈以觼軜;言念君子,温其在邑。方何为期,胡然我念之?”“合、軜、邑、念”四字皆平而韵“骖”。“一之日觱发,二之日栗烈。无衣无褐,何以卒岁?”“发、烈、褐”三字皆去(去字应为入)而韵“岁”。今之学者必曰:此字元有三音,有两音,故可通用(吴才老《韵补》实始此说),不知古人何尝屑屑於此哉?一字之中自有平上去入,今一一取而注之,字愈多,音愈杂,而学者愈迷,不识其本。此所谓大道以多岐(歧)亡羊者也。……平上去三声固多通贯,惟入声似觉差殊。然而“祝”之为“州”,见于《穀梁》;“蒲”之为“亳”,见于《公羊》;“趋”之为“促”,见于《周礼》;“提”之为“折”,见于《檀弓》。若此之类,不可悉数。迨至六朝,诗律渐工,韵分已密,而唐人功令犹许通用,故《广韵》中有一字而收之三声四声者。非谓一字有此多音,乃以示天下作诗之人,使随其迟疾轻重而用之也。后之陋儒未究厥旨,乃谓四声之设同诸五行、四序,如东西之易向,昼夜之异位而不相合也,岂不谬哉?且夫古之为诗,主乎音者也;江左诸公之为诗,主乎文者也。文者一定而难移;音者无方而易转,夫不过喉舌之间、疾徐之顷而已,谐于音顺于耳矣。故或平或仄,时措之宜而无所窒碍。《角弓》之“反”上,《宾筵》之“反”平;《桃夭》之“室”入,《东山》之“室”去;惟其时也。《大东》一篇两言“来”,而前韵“疚”后韵“服”;《离骚》一篇两言“索”,而前韵“妒”后韵“迫”;惟其当也。

从顾氏的这些议论中可以看出,他的“四声一贯”说认为上古是有四声的,只不过人们在诵读诗歌时,可以临时改变韵脚字的声调以求相协而已。顾氏的这种看法反映了他对上古声调尚缺乏深入的研究，犯了以今律古的错误。上古韵文中的韵脚字，其声调在中古看来不相同，并非意味着在上古也不相同，很可能在上古它们本来就属于同一声调的押韵。例如“享”字在《切韵》中属上声字，在《诗经》中“享”字作为韵脚字的地方共有8处，全部都与平声字押韵，这样就不宜认为“享”字在上古仍然是上声，而在诗中临时改变声调与平声字相协了。此举一例：

吉蠲为饎，　　是用孝享。(上，养)
禴祠烝尝，(平，阳)于公先王。(平，阳)
君曰卜尔，　　万寿无疆。(平，阳)

《小雅·天保》四章

二、江永的四声说

江永的看法与顾氏小有不同。他认为上古有四声，这一点与顾氏是相同的；所不同的是，他把中古不同声调的字在上古一章诗中作韵脚字的现象视为上古的异调相押，就象词、曲中的异调相押一样，而不认为是临时变调。他在《古韵标准·例言》中说：

> 四声虽起江左，按之实有其声，不容增减，此后人补前人未备之一端。平自韵平，上去入自韵上去入者，恒也。亦有一章两声，或三四声者，随其声讽诵咏歌，亦有谐适，不必皆出一声，如后人诗余歌曲，正以杂用四声为节奏。诗韵何独不然？前人读韵太拘，必强扭为一声，遇字音之不可变者，以强扭失其本音。顾氏始去此病，各以本声读之。不独诗当然，凡古人有韵之文，皆如此读，可省无数纠纷而字亦得守其本音，善之尤者也。

江氏的这番话表明，他对上古声调的认识和顾氏一样，仍然停留在上古四声同于中古四声的阶段。

三、段玉裁的古无去声说

段玉裁的“古无去声说”反映了清人对上古声调的认识进入到了一个新的阶段。陈第“时有古今,地有南北,字有更革,音有转移”的观点不但指声母、韵母是随着时间、地点的转移而发展变化的,同样也指声调会随着时间、地点的不同而发展变化。段玉裁“古无去声说”的意义就在于,他能够用发展变化的历史的观点去看待上古的声调。他在《六书音韵表·古四声说》中论道:

古四声不同今韵,犹古本音不同今韵也。考周秦汉初之文,有平上入而无去;洎乎魏晋,上入声多转而为去声,平声多转为仄声。于是乎四声大备,而与古不侔。有古平而今仄者,有古上入而今去者。细意搜寻,随在可得其条理。今学者读三百篇诸书,以今韵四声律古人,陆德明、吴棫皆指为协句,顾炎武之书亦云平仄通押,去入通押,而不知古四声不同今,犹古本音部分异今也。明乎古本音不同今韵,又何惑乎古四声不同今韵哉?如“戒”之音“亟”,“庆”之音“羌”,“享”“饗”之音“香”,“至”之音“质”,学者可以类求矣。

接着又指出:

古平、上为一类,去、入为一类。上与平一也,去与入一也。上声备于三百篇,去声备于魏晋。

段氏能看到古今声调的不同,这是他的贡献;他从用韵及谐声材料中发现去声在上古与入声关系密切,这是他的卓识;但是他认为上古根本就没有去声则缺乏充分的论证。

四、王念孙、江有诰的四声说

王念孙、江有诰二人都主张上古有平上去入四声,并认为每一个字的声调古今不一定相同。王氏曾一度改从段玉裁的古无去声说,但晚年改定《合韵谱》时认定古有四声。江有诰起初也认为古无四声，后经反复研究，断定古实有四声。他在《再寄王石臞先生书》中说①：

古韵一事，至今日几如日丽中天矣；然四声一说，尚无定论。顾氏谓古人四声一贯，又谓入为闰声；陈季立谓古无四声；江慎斋申明其说者，不一而足，然所撰《古韵标准》仍分平上去入四卷，则亦未有定见；段氏谓古有平上入而无去；孔氏谓古有平上去而无入。有诰初见亦谓古无四声，说载初刻《凡例》，至今反复紬绎，始知古人实有四声，特古人所读之声与后人不同，陆氏编韵时不能审明古训，特就当时之声误为分析。

江氏观点的可贵之处在于他不但认为古有四声，更重要的是他懂得上古的四声不同于中古的四声。通过对《诗经》押韵字的比较分析，他认为《切韵》中的有些上声字在上古读作平声，如"享、飨、逞、颡"等；《切韵》的有些去声字上古读作平声，例如"讼、化、震、患"等；《切韵》的有些平声字上古读作上声，如"偕"字；《切韵》的有些去声字上古读作上声，如"狩"字，等等。

清代关于上古声调的观点除了以上介绍的几家外，还有孔广森的观点需要提及，孔氏的主张正好与段氏相反，他认为上古无入声，这种观点谁也没有同意。他所以会提出这样的观点，是为了迁就他的阴、阳分部和"阴阳对转说"，同时和他为曲阜方言所囿而斥入声为吴音有关。

第二节　今人对上古声调的研究

今人关于上古声调的观点主要可分为两派，一派以王力先生

① 江有诰《音学十书·唐韵四声正》。

为代表，认为上古没有去声，一派以周祖谟先生为代表，主张平上去入四声在上古既已存在。

一、王力的古无去声说

王力的观点可以看作是对段玉裁"古无去声说"的补充和修正。王力与段玉裁都认为上古没有去声，这一点他们是一致的，但是段氏认为上古只有平上入3个调类，王力则主张上古有4个调类，他认为上古声调不但有音高的分别，而且有音长的分别，他将上古声调分为舒促两类[①]，即：

舒声〈 平声，高长调 / 上声，低短调

促声〈 长入，高长调 / 短入，低短调

王力解释说：

> 我所订的上古声调系统，和段玉裁所订的上古声调系统基本一致。段氏所谓平上为一类，就是我所谓舒声；所谓去入为一类，就是我所谓促声。只是我把入声分为长短两类，和段氏稍有不同。为什么上古入声应该分为两类呢？这是因为，假如上古入声没有两类，后来就没有分化的条件了[②]。

根据王力在《汉语史稿》《诗经韵读》等书中的说法，中古阴声韵的大部分去声字在上古属长入，小部分属平、上声；中古阳声韵的去声字在上古全部属平、上声。或者说中古的去声字有两个来源，即来自上古的长入和平、上声。其中阳声韵的去声字全部来自上古的平、上声，阴声韵的去声字大部分来自上古的长入，小部分

① 王力《汉语语音史》73页。
② 《汉语语音史》79页。

来自上古的平、上声[1]。此将这种说法用线条表示如下[2]：

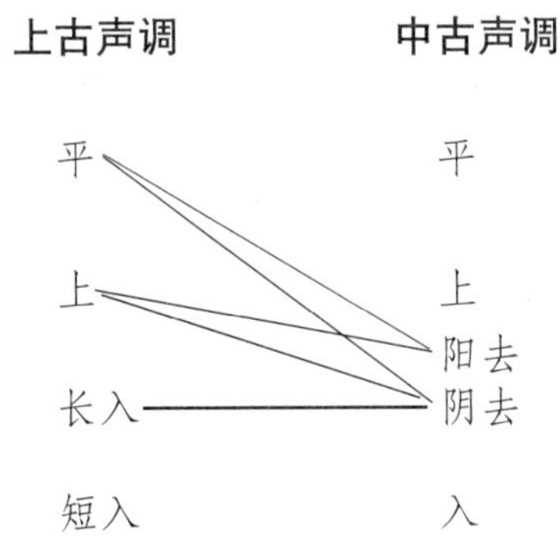

王力的“长入说”主要是为解释一部分去声字在上古与入声字关系密切这一现象而提出的。在第十章第三节“清人研究上古韵部所取得的成就”中，我们曾提到在上古阴声字与入声字的关系比较密切，其实与入声字关系密切的阴声字主要只是在中古读作去声的那部分字。阴声去声字在上古和入声字的密切关系可以在以下几种材料中得到证明：

诗经押韵　在《诗经》的押韵中，去声与入声（指中古读作去声、入声。下同）押韵的例子相当多，据笔者统计，约占去声用韵例总数的20%，例如：

舒而脱脱兮！（末）

无感我帨兮！（祭）

无使尨也吠！（废）

---

① 说见《汉语史稿》上册102～104页；《诗经韵读》99～100页；《古无去声例证》，收入《语言学论丛》，天津人民出版社，1980年。

② 图中线条的粗细表示量的多少。“阳去”指阳声去，“阴去”指阴声去。

《召南·野有死麕》三章

冬日烈烈，(薛)飘风发发。(月)

民莫不穀，　我独何害？(泰)

《小雅·四月》三章

谐声字　从谐声系统看，去声与入声互谐的现象也相当多，例如：

1.声符为入声、被谐字为去声者

北：背	弋：代	白：怕
则：厕	责：债	益：缢
辟：檗	各：路	赤：赦
斥：诉	肃：啸	石：柘
卜：赴	谷：裕	卓：掉
勺：豹	翟：耀	卒：醉
弗：沸	市：沛	必：祕
戌：歲	折：逝	列：例

2.声符为去声、被谐字为入声者

乍：昨	夜：液	告：鹄
至：窒	兑：脱	最：撮
害：割	世：泄	祭：察

《广韵》去入两读字　一部分字在《广韵》中有去入两读，据陆志韦的统计，《广韵》中同一字既作入声又作阴声的共有260条，而其中作入声又作去声者占202条①。王力认为去入两读现象说明是先有入声，然后分化为去入两读。这类例子如：

---

① 陆志韦《古音说略·阴入声的通转并论祭泰夬废》(《燕京学报》专号，1947)，或《陆志韦语言学著作集》(一)168页，中华书局，1985年。

去声	入声	去声	入声
害:胡盖切	又何割切	作:藏故切	又则落切
易:以豉切	又以益切	塞:先代切	又苏则切
帅:所类切	又所律切	约:於笑切	又於略切
画:胡卦切	又胡麦切	乐:五教切	又五角切
食:祥吏切	又乘力切	告:古到切	又古沃切
识:职吏切	又赏职切	暴:薄报切	又蒲木切
足:子句切	又即玉切	藉:慈夜切	又慈亦切
数:所据切	又色角切	射:神夜切	又食亦切
恶:乌路切	又乌各切	宿:息救切	又息逐切

古籍中的去入相通现象　在先秦两汉的异文、通假、声训等材料中都有去、入相通的现象。例如:

1.异文

《春秋·文公十二年》:"秦伯使術(入)来聘。"
《公羊传·文公十二年》:"遂(去)者何,秦大夫。"

《老子·十四章》:"此三者,不可致诘(入)。"
马王堆帛书《老子》作"三者不可至计(去)。"

《老子·十五章》:"深不可识(入)。"
马王堆帛书《老子》作"深不可志(去)。"

2.通假字

《尚书·汤誓》:"时日害(去)丧?予及女偕亡。"

按:"害"为通假字,本字为"曷","曷"属入声。

《墨子·明鬼下》:"岂女为之与?意(去)鲍为之与?"

按:"意"为通假字,本字为"抑","抑"属入声。

3.声训

《释名·卷二·形体》:"肺(去),勃(入)也。"

《释名·卷三·姿容》:“觉(入),告(去)也。”

《释名·卷四·言语》:“詈(去),历(入)也。”

从以上几种材料中可以看出,中古的阴声去声韵与入声韵在上古关系密切这是客观事实。面对这样的事实,如何看待中古去声韵在上古的性质,是把它直接看成入声韵呢,还是仍然看作阴声韵,或作别的处理,这是古音研究中的一个重要问题。由于和入声韵有纠葛的中古去声韵主要是阴声韵,所以对阴声去声韵在上古性质的认识还牵涉到上古整个阴声韵的结构问题。王力先生所以把中古的阴声去声韵在上古看作是入声韵,主张上古没有去声,主要是为了解释去声韵与入声韵的押韵、谐声等现象,他的长入、短入说的提出,则是为了解释他所说的一部分入声字(即中古去声)为什么到中古会变为去声,而另一部分入声字(中古入声)为什么到中古没有发生变化。关于这一点王力在《古无去声例证》中解释说:“长入由于元音较长,韵尾-k、-t容易失落,于是变为去声。”

和王力的“长入、短入说”大同小异的观点还有陆志韦的“长去、短去说”及李新魁的“次入韵说”。陆志韦在《古音说略》中写道①:

> 不严格地说,上古有两个去声,一个是长的,跟平上声通转;又一个是短的,跟入声通转。……上古的短去声通入声,因为音量的相像。后来混入长去声,因为调子的相像。

陆氏把中古的去声在上古分为长去、短去,同样也是为了解释中古去声在上古何以能和入声押韵、谐声以及后来它们为什么会是去声的问题。陆氏解决问题的方法与王力是相同的,只是视为长短的对象与王力不同而已。

---

①《陆志韦语言学著作集》(一)174页。

李新魁与王力的观点极为相似，只是他认为上古入声的长短之分在更早的时代。在《诗经》时代，长入已不收[-p][-t]、[-k]尾，而是收喉塞音[-ʔ]尾。这种[-ʔ]尾入声与[-p][-t][-k]尾入声的差别在《诗经》时代不在于长短，而在于韵尾的不同①。

二、周祖谟的古四声说

周祖谟的四声说是对清人王念孙、江有诰、夏燮等人观点的继承和发挥。清人段玉裁主张古无去声说，近人黄侃又提出古无上声说，故周氏于1941年发表《古音有无上去二声辨》一文专门论证上古不但有平、入声，而且有上、去声。周氏在文中指出了段氏"古无去声说"的论断之误②：

> 考段氏立说之根据，不外二端：一曰诗经用韵，二曰文字谐声。此固为审音之要路，求韵之大方，然而用贵有当，不可牵强。苟析理不精，辨材未密，则隙漏百出。夫即《诗经》用韵而论，去与平上相协者有之，与入相协者亦有之。去与入相协者，段氏以为古必读入；与平上相协者，古必读平上。从文字谐声观之，阴声去入相关者多，阳声平上去牵连者众。故凡去与平上相关者，段氏以为古读平上；与入相关者，古当读入。因此定古音无去之说。今之去声，《六书音韵表》或归入，或归平，或归上。然而细心寻案，古音未必无去。以《诗经》用韵而言，虽去声有与平上入三声通协者，而去与去自协者固多。如之鱼脂元诸部之去皆自成一类，不可谓古音无去也。若即谐声而论，去声字亦有不与他声相涉者，如东部之弄，元部之贯乱见建赞算，脂部之四罪弃胃对颣隶，祭部之外卫败带㡀继

① 李新魁《汉语音韵学》416页。北京出版社，1986年。

② 《问学集》37—39页，中华书局，1966年。

贝介,支部之解,歌部之坐卧,幽部之就售,宵部之盗,候部之扁寇,皆难以定其非去。段氏不加详辨,重其合而不重其分,其误一也。且夫过信古今声调有异,而不知古人为诗自有通变,则误以上去及去入之通协者皆为一类矣。知从偏旁以求四声之分,而不知偏旁相同者其四声未必相同(犹之乎同从一声之字,其声纽不尽相同也),则误以诸字之由一声孳衍而来者,皆与其得声之字共为一声矣。其失已甚。又况据《诗》韵与文字谐声交互以证古四声之分合,孰为可信,漫无分辨乎?盖诗之协韵,何者为平,何者为去,其可明者也;文字之谐声,一音所生诸字是否同声,其不可明者也。夫不可明者自不能与可明者并论。苟诗之协韵,分画犁然,则不得复据谐声之关系,以证其合。段氏重谐声而不重《诗》韵,其误二也。又古韵各部所具之声调未必尽同,此部无去,他部则否,岂可断言古必无去?段氏以一概全,其误三也。抑有进者:前人论韵均举《诗经》及群经《楚辞》为证,然而群经中往往杂有战国以迄秦汉之作,战国以后上去二声均已逐渐具备,前人因三百篇之用韵上去二声犹有分辨不十分明确者,遂并群经中分用甚明者而亦揉合之,是忽略事实,强古人以从我,非慎思明辨之道矣。段氏乃谓切韵以前无去不可入,昧于时代之演变,其误四也。综兹四端,可知段氏立说虽似牢不可破,其实间隙尚多。今欲论古四声,自当以《诗》韵为主。《诗》韵有去,而段氏认为无去,是与《诗》韵不合。于时王念孙为《古韵谱》,亦从其说,未能正焉。

周文又批评了黄侃的"古无上声说":

观其《诗音上作平证》一文(见黄永镇《古韵学源流》及《文艺丛

刊》),以诗中平上通韵之例为古之本音,极为牵强。盖诗中上声分用者多,与他类合用者寡,以寡论多,自不能洽理　心。又况此虽与平相协,而今韵中与其同为上声之字,尚有不与平相协者在,又焉能以其在今韵为同类,遂与前者系属而不分乎?其误所在,不必详辨自明。复从文字谐声观之,之脂鱼幽诸部之上,皆截然自成一类者也。段氏独能分之,其卓识诚不可没,黄氏必谓声子声母全在上声者绝稀,故作革新立异之言,又谁能信?

周氏认为考察上古声调最能说明问题的材料是《诗经》等先秦韵文的用韵,他引用了清人夏燮在《述韵》中对上古四声的论证,证明上古确有平上去入四声无疑。他说①:

夫王江(王念孙、江有诰)两家能知古有四声,诚为段氏之后一大进步。然而两家对于古人所以确有四声之故,犹未阐发。至道光二十年(1840)当涂夏燮(嗛甫)为《述韵》,始道其详。(夏炘、夏燮尝与江晋三为友,而《述韵》中无一字论及江书。江氏《唐韵四声正》道光七年刻,夏燮盖未之见)撮要言之,约有三证(见卷四):一、古人之诗,一章连用五韵六韵以至十余韵者,有时同属一声,其平与平、入与入连用者固多,而上与上、去与去连用者亦屡见不鲜,若古无四声,何以四声不相杂协?是古人确有四声之辨矣。二、诗中一篇一章之内,其用韵往往同为一部,而四声分用不乱,无容侵越,若古无四声,何以有此?是四声分用之例,即判别古韵部有无四声之确证也。三、同为一字,其分见于数章者,声调并同,不与他类杂协,是古人一字之

① 见《问学集》41～45页。

声调大致有定。苟古无四声,则不能不有出入矣。即此三事,足以辅赞王、江之说,亦可证顾、江、段、孔之言尚非通论。兹举夏氏所列诗中一章四声分用之例,以明古人之严于审音:

脂部 《邶风·谷风》二章:迟违畿(平)荠弟(上) 平上分用
《小雅·节南山》五章:惠戾届阕(去)夷违(平) 平去分用
《小雅·大田》三章:萋祁私(平)穉穧穗利(去) 平去分用
《小雅·采菽》五章:维葵(平)膍戾(去) 平去分用

之部 《鄘风·载驰》四章:麦极(入)尤思之(平) 平入分用
《魏风·园有桃》二章:棘食国极(入)哉其矣之之思(平) 平入分用(矣,上声字)
《小雅·六月》二章:则服(入)里子(上) 上入分用
《小雅·采芑》一章:芑亩止试止(上)翼奭服革(入) 上入分用
《小雅·我行其野》三章:葍特(入)富异(去) 去入分用
《小雅·大田》一章:戒事(去)耜亩(上) 上去分用(按:夏氏未举此例)

幽部 《邶风·谷风》五章:慉雠售(去)鞫覆育毒(入) 去入分用
《豳风·七月》六章:薁菽(入)枣稻酒寿(上) 上入分用

宵部 《卫风·氓》五章:劳朝(平)暴笑悼(去) 平去分用

鱼部 《小雅·斯干》三章:阁橐(入)除去芋(平) 平入分用
《小雅·十月之交》四章:徒夫(平)马处(上) 平上分用
《大雅·韩奕》五章:土訏甫噳虎(上)居誉(去) 上去分用

侯部　《唐风·绸缪》二章：刍隅（平）逅逅（上）　平上分用

　　《小雅·巧言》五章：树数（去）口厚（上）　上去分用

东部　《商颂·长发》五章：共共厖龙（平）勇动竦总（上）　平上分用

真部　《大雅·桑柔》二章：翩泯（平）烬频（上）　平上分用

谆部　《小雅·小弁》六章：先墐（平）忍陨（上）　平上分用（按：夏氏未举此例）

元部　《大雅·民劳》五章：安残（平）绻反谏（上）　平上分用

此四声分用例之见于诗经者，而群经诸子《楚辞》秦刻石亦往往有之，如：

阳部　《墨子·七患》：当殃（平）仰养仰养（上）　平上分用

　　《楚辞·远游》：行乡阳英（平）壮放（去）　平去分用

　　宋玉《舞赋》：装芳扬方（平）仰往（上）怅象（去）　平上去分用

耕部　《庄子·在宥》：听静正（去）清形精生（平）　平去分用

　　《韩非子·主道》：令命定（去）情正名形情（平）　平去分用

支部　秦琅邪台刻石：帝地懈（去）辟易画（入）　去入分用

脂部　宋玉《高唐赋》：气鼻志泪瘁硙（去）隤追（平）　平去分用（志，之部字）

　　秦石鼓《灵雨》：癸□济（上）洎逮（去）　上去分用

之部　《易·贲·象传》：疑尤（平）喜志（去）　平去分用

　　《易·大畜·象传》：灾尤（平）志喜（去）　平去分用

　　《荀子·赋篇·雲》：塞偪□塞（入）忌置（去）　去入

分用

《韩非子·扬权》：富代（去）殆子起（上） 上去分用

《吕览·君守》：恢恢疑来（平）识事备（去） 平去分用

《吕览·任地》：时时谋时（平）治富（去）止起倍（上） 平上去分用

秦琅邪台刻石：始纪子理士侮（上）事富志字载意（去） 上去分用

《楚辞·天问》：市姒（上）佑弑（去） 上去分用

《楚辞·惜诵）：恃殆（上）志态（去） 上去分用

《楚辞·怀沙》：怪态（去）采有（上） 上去分用

鱼部 《管子·内业》：舍图度（去）下所（上） 上去分用

《管子·度地》：下距（上）汐作（入）把餔女野（上） 上入分用

《吕览·任地》：逆慕薄郄（入）下苦下处（上） 上入分用

《楚辞·离骚》：夜御（去）下予佇妒马女（上） 上去分用

据此可知古音诸部之上去确与平入分用，学者於古有四声之说当无疑难矣。

除用一章之中四声分用的材料进行证明外，周氏还对上去二声在古韵中独用合用的情况进行了全面的考察，从另一个角度证明上古确有上去二声，因原文较长，此仅举一例（独用例）①：

① 《问学集》78～79页。

宵部　有平上去入四声

(上声)独用例　《诗》：藻潦(采蘋)悄少少摽(柏舟)皎僚纠悄(月出，僚古有上声)旐悄(出车)藻镐(鱼藻)藻蹻(泮水)诸子：佼槁(吕览·音律)

(去声)独用例　《诗》：芼乐(关雎)暴笑敖悼(终风，傲古有去声)暴笑悼(氓)倒召(东方未明)照燎绍懆(月出，懆从五经文字)膏曜悼(羔裘)傚傲(鹿鸣)罩乐(南有嘉鱼)盗暴(巧言)教傚(角弓)到乐(韩奕)昭笑教(泮水)群经：号笑(易·萃·初六)桡校(周礼·考工记·弓人)校剽(同上)庙朝学(礼记·礼运，朝古有去声)濯暴(孟子·滕文公上)诸子：妙徼(老子·体道)庙校(管子·牧民)要效(韩非子·扬权)教诏(吕览·君守)屈宋：到照(天问)耀　(远游)

主张上古有平上去入说的学者除周祖谟以外，还有李方桂、张世禄、严学宭诸人。

第三节　对上古声调的考察

根据我们的考察，我们认为上古确有平上去入4个调类，下面是考察的结果：

一、《诗经》用韵

《诗经》中平上去入四声各自独用的韵段远远超出了相互混押的韵段，这种现象说明上古有四声的存在。

严学宭先生在《周秦古音研究的进程和展望》一文中指出："从《诗经》押韵看，大体平上去入同类的字相押，占百分之五十以上，其它混押不及半数。"[1] 根据我们的统计,《诗经》中平上去入字同类相押者共为1339段[2],约占总押韵段的76%[3],其它混押段之合为416段,约占总押韵段的24%。以下是统计的具体结果(见表50):

表50 《诗经》用韵统计表[4]

平声独用段	693	(阴平306,阳平387)
上声独用段	275	(阴上259,阳上16)
去声独用段	128	(阴去102,阳去26)
入声独用段	243	
平上混押段	102	(阴平上63,阳平上39)
平去混押段	127	(阴平去62,阳平去65)
平入混押段	3	
上去混押段	67	(阴上去59,阳上去8)
上入混押段	5	
去入混押段	64	(去为阴声)
平上去混押段	35	(阴平上去20,阳平上去15)
平上入混押段	1	(平上为阴声)
平去入混押段	3	(平去为阴声)
上去入混押段	5	(上去为阴声)
平上去入混押段	4	(平上去为阴声)

除了通过独用数与混押数进行总体的比较外,还可以通过各

① 《语言文字研究专集》下113页。
② 一篇或一章诗中换韵一次为一个韵段。
③ 遥韵未作统计。
④ 阴声与阳声的合韵段,一般计入阴声用韵数中。

调分押与混押的数字进行比较。从上列数字中可以看出，中古平上去入四声字在上古的分押数远远超过了混押数，此亦足以说明平上去入在上古的存在，例如：

平上分押数　693 + 275 = 968：平上混押数 102

平去分押数　693 + 128 = 821：平去混押数 127

平入分押数　693 + 243 = 936：平入混押数 3

上去分押数　275 + 128 = 403：上去混押数 67

上入分押数　275 + 243 = 518：上入混押数 5

去入分押数　128 + 243 = 371：去入混押数 64

关于《诗经》的用韵，最能说明上古存在四声的材料莫过于四声在一篇各章中的交替使用，这方面的材料清人夏燮已作过详细的统计，现在我们举出几个典型的例证：

麟之趾(上)，振振公子(上)。
于嗟麟兮！

麟之定(去)，振振公姓(去)。
于嗟麟兮！

麟之角(入)，振振公族(入)。
于嗟麟兮！

《周南·麟之趾》

终风且暴(去)，顾我则笑(去)。
谑浪笑敖(去)，中心是悼(去)！

终风且霾(平)，惠然肯来(平)。
莫往莫来(平)，悠悠我思(平)。

终风且曀(去),不日有曀(去)。
寤言不寐,愿言则嚏(去)。

曀曀其阴,虺虺其雷(平)。
寤言不寐,愿言则怀(平)。

《邶风·终风》

有狐绥绥,在彼淇梁(平)。
心之忧矣,之子无裳(平)。

有狐绥绥,在彼淇厉(去)。
心之忧矣,之子无带(去)。

有狐绥绥,在彼淇侧(入)。
心之忧矣,之子无服(入)。

《卫风·有狐》

二、谐声材料

《说文》谐声系统在考证上古声调方面的价值不及《诗经》用韵,原因是谐声字的制造并不严格按照声调相同的原则配置声符。谐声字的声符和谐声字本身的声调可以不相同。同声符的谐声字其声调也往往互不相同,例如:

尃——敷溥傅博
平　　平上去入

这类现象虽然为数不少,但从《说文》总的谐声情况来看,谐声字与其声符的声调保持相同仍为主流。因此根据谐声材料考察上古声调也是有一定可靠性的,可把它看作是价值仅次于《诗经》用韵的参证材料。基于这种认识,我们本着以下原则对《说文》的谐声关系进行了统计①：

1.一个主谐字与其所有的被谐字一起称作一个谐声系，被谐字作为主谐字时，与其被谐字一起算作另一个谐声系。例如：

品——臨喦　……

臨——澿

2.主谐字与被谐字中的一种声调一起称作一个谐声组，一个谐声系的被谐字中有多少声调（包括一字多调）即有多少谐声组，例如：

（1）秦——蓁榛溱臻轃

　　平　　平平平平平

此例中的被谐字只有平声一调，全例算作一个谐声组，统计时计作“平谐平”。

（2）巴——靶杷吧豝把钯䩻

　　平　　去平去平平上平上

此例中的被谐字含有平上去三种声调，全例算包含三个谐声组，统计时计作“平谐平”、“平谐上”“平谐去”。

3.《说文》中的部分会意字，许慎未指明为亦声字，但朱氏指出者，亦按形声字对待，如“仕”“伍”“悳”等字。

4.个别声符不够明确的省声字不作统计。

5.《说文》中主谐字含有两个以上声调的谐声现象计有257系（例见276页注①）。这类谐声中主谐字与被谐字的关系不好处理，如“觉（去入）—搅（上）”，究竟作“去谐上”，还是作“入谐上”，难以确定。强作处理，有害无益。由于这部分谐声为数较少，约占总谐

① 统计依据的材料是朱骏声的《说文通训定声》。朱氏所标的韵为平水韵目，这无碍于声调的统计。

声数的 15.5%，略去它们不会使统计结果受到影响，故统计时不把它们计算在内。下面是统计结果(见表 51、52、53、54)：

表 51　《说文》谐声统计表·一(主谐字为《广韵》之平声)

主谐字声调	被谐字所含声调	谐声系	谐声组
平	平	222	222
平	上	17	17
平	去	22	22
平	入	3	3
平	平上	53	106
平	平去	82	164
平	平入	1	2
平	上去	10	20
平	上入	1	2
平	平上去	125	375
平	平上入	6	18
平	平去入	11	33
平	上去入	1	3
平	平上去入	23	92

平:平　523　　平:上　236　　平:去　274　　平:入　46

总谐声系　577　　总谐声组　1 079

表 52　《说文》谐声统计表·二(主谐字为《广韵》之上声)

主谐字声调	被谐字所含声调	谐声系	谐声组
上	上	86	86
上	平	16	16
上	去	13	13
上	入	2	2

上	平上	23	46
上	平去	9	18
上	平入	2	4
上	上去	24	48
上	上入	1	2
上	去入	1	2
上	平上去	50	150
上	平上入	5	15
上	平去入	1	3
上	上去入	2	6
上	平上去入	14	56

上:上　205　　上:平　120　　上:去　114　　上:入　28

总谐声系　249　　总谐声组　467

表 53　《说文》谐声统计表·三(主谐字为《广韵》之去声)

主谐字声调	被谐字所含声调	谐声系	谐声组
去	去	108	108
去	平	17	17
去	上	14	14
去	入	9	9
去	平上	4	8
去	平去	19	38
去	平入	2	4
去	上去	17	34
去	上入	1	2
去	去入	22	44
去	平上去	30	90
去	平上入	1	3

去	平去入	5	15
去	上去入	8	24
去	平上去入	7	28

去:去 216 去:平 85 去:上 82 去:入 55

总谐系 264 总谐声组 438

表 54 《说文》谐声统计表·四(主谐字为《广韵》之入声)

主谐字声调	被谐字所含声调	谐声系	谐声组
入	入	205	205
入	平	4	4
入	上	1	1
入	去	11	11
入	平去	1	2
入	平入	5	10
入	上去	1	2
入	上入	3	6
入	去入	67	134
入	平上去	1	3
入	平去入	2	6
入	上去入	5	15
入	平上去入	5	20

入:入 292 入:平 18 入:上 16 入:去 93

总谐声系 311 总谐声组 419

以上四表共含有 1 401 个谐声系,2 403 个谐声组。兹将这些谐声组分类总计如下：

同调相谐者：		异调相谐者：	
平谐平	523	平上互谐	356①
上谐上	205	平去互谐	359
去谐去	216	平入互谐	64
入谐入	292	上去互谐	196
合　计	1236	上入互谐	44
		去入互谐	148
		合　计	1167

由以上统计数字可以看出，平上去入四声同类相谐组已超过总谐声组的50%，而其他异调互谐者的总和则不足半数。这个比差虽不及《诗经》同调相押与异调混押的比差大，但已足以说明同调相谐在《说文》中占主流地位，它从谐声角度揭示了上古四声存在的事实。如果用各类同调互谐与异调相谐的数字分别进行比较，则这一问题看得更为清楚。下面是这项比较：

平、上各自相谐数之和	523 + 205 = 728
平、上互谐数	236 + 120 = 356
平、去各自相谐数之和	523 + 216 = 739
平、去互谐数	274 + 85 = 359
平、入各自相谐数之和	523 + 292 = 815
平、入互谐数	46 + 18 = 64
上、去各自相谐数之和	205 + 216 = 421
上、去互谐数	114 + 82 = 196

① “平上互谐”包括“平谐上”和“上谐平”两种情况，余同此。

{	上、入各自相谐数之和	205 + 292 = 497
	上、入互谐数	28 + 16 = 44
{	去、入各自相谐数之和	216 + 292 = 508
	去、入互谐数	55 + 93 = 148

这项比较告诉我们，任何一组同调相谐的单位都远远超过了异调互谐的单位。如果说上古没有平上去入的存在，那就很难对这种现象作出合理的解释。除了统计数字的比较外，一些谐声实例也是四声说的有力证据。例如：

平谐平　卢——芦鸬胪栌舻颅庐垆鑪驴黸攎纑籚

上谐上　禹——瑀萭齲踽楀鄅

去谐去　会——荟哙脍桧侩浍绘刽襘旝旝廥禬

入谐入　失——苵迭跌詄胅鴩呹秩瓞帙佚趃泆抶紩轶

此类例子中，被谐字为数虽然相当多但却均属同一声调，这种现象再次说明上古有平上去入四声的存在。

附论四

长入说质疑①

摘　要　王力先生根据中古去、入声字在上古的用韵现象、中古某些字的去、入两读现象以及谐声字中的去、入谐声现象所得出的“长入”一说值得质疑，理由是：一、根据中古去、入声字在《诗经》用韵和《说文》谐声等材料中的使用比数以及入声与平、上

① 原文载于《陕西师大学报》1991 年 4 期，人民大学报刊资料复印中心《语言文字学》1992 年 1 期转载。撰写时曾先后蒙先师李葆瑞先生与周祖谟先生指导，收进本书时对个别字句有所调整。

声的关系看，长入说的论据并不充分。二、无论是《诗经》用韵还是《说文》谐声材料都表明去声与平、上声的关系要比与入声的关系密切得多，长入说只注重了去声与入声的关系，而没有正确对待去声与平、上声的关系。三、在汉语语音史中，相配的入声韵与阴声韵发展到入声韵消变为阴声韵时，两者对应的韵母中必有一部分不能完全相同；调类相承的同音音节，其韵母的发展结果一般也是相同的。上古音发展到中古时，原“长入韵”与其所配阴声韵的韵母仍然一一保持相同，这说明它在上古不是入声韵而是阴声韵。

上古有多少声调？其每一类的特点与中古声调是否相同？这是上古音韵研究中尚未得到彻底解决的重要问题之一。清代学者提出四声一贯说、古无去声说、古无入声说、古有平上去入四声说等等，观点很不统一。目前多数音韵学著作、教材都倾向于上古有平上去入四个声调，看法渐趋一致；但也有不同的主张，其中一个重要的观点就是王力先生提出的长入说。王力先生认为上古也有4个声调，与多数学者不同的是，他主张上古没有去声，同时主张上古声调不但有音高的分别，而且有音长的分别。他把中古去声字在上古一分为二，多数叫做长入，少数归入平、上声；把中古入声字在上古则叫做短入。具体内容如下所示[①]：

舒声	平声	高长调	促声	长入	高长调
	上声	低短调		短入	低短调

在解释中古去声来源时王力先生提出：“中古的去声字有两个来源，即来自上古的平、上声和来自上古的入声。阳声韵部的去声字全部来自上古的平、上声，阴声韵部的去声字较小部分来自上古

① 王力《汉语语音史》73页，中国社会科学出版社，1985年。

的平、上声；较大部分来自上古的入声(长入)……”① 我们不同意王力先生的长入说，以下提出几种不成熟的意见，以求有助于上古声调的研究。

一、长入说缺乏充分的材料根据

长入说的论据主要有三点：1.中古去、入声在《诗经》中的用韵现象；2.中古一些字的去、入两读现象；3.谐声字中的去、入谐声现象。关于去、入用韵的问题，王力晚年在《汉语语音史》中谈及长入、短入有所区别时指出：“《诗经》长入、短入分用的情况占百分之九十四，合用的情况只占百分之六②。”既然分用数比合用数高出这么多，说明去声与入声在上古为两种完全不同的声调，仅占6%的合用现象不足以证明去声在上古读入声调，这是再清楚不过的。再看去、入两读字的问题。中古有不少去、入两读字这是事实，但是应该注意到中古同样也有不少平、入两读字与上、入两读字等多调字的存在。王力先生作为证据只列举了去、入两读字，却没有对平、入和上、入等多调字提出讨论，这是不全面的。据我们统计，《说文》中与入声有关的多调字(在《广韵》中)共有以下几种情况：

去入两读字157　平入两读字35　上入两读字20

平上入三读字4　平去入三读字11　上去入三读字4

以上统计数中含有平、上声的多调字共有74个，这个数字与去、入两读字的统计数157相比并不是一个小数目。很显然，这类多调字不能证明平、上声在上古属于入声，推而论之，去、入两读字又何以能证明去声在上古读作入声？王力先生则认定去、入两读

① 王力《诗经韵读》99页，上海古籍出版社，1980年。

② 王力《汉语语音史》79页。

字在上古一定读作入声，他在《汉语史稿》中认为中古去、入两读字的前身是“先有入声，然后分化为去入两读”[①]，在《汉语语音史》中又进而主张去、入两读字在上古为长入、短入两读字[②]。提出长入、短入的重要根据是《公羊传》何休注中的“伐人者为客，读伐长言之，齐人语也；见伐者为主，读伐短言之，齐人语也”一语，这其实不过是一条并不可靠的孤证。长言、短言到底指什么现在很难说清楚，何况何休已明确指出这种读法属齐人方音。至于去、入谐声这条证据，我们以为也是靠不住的。据我们统计，《说文》中去、入声互谐的现象要比去、入声自谐的现象少得多。下面是统计结果[③]（见表55、56）：

《说文》去、入声字谐声统计表

表55　　　　（主谐字为去声）

主谐字声调	被谐字中所含声调	谐声系	谐声组
去	去	108	108
去	入	9	9
去	平去	19	38
去	平入	2	4
去	上去	17	34
去	上入	1	2
去	去入	22	44
去	平上去	30	90
去	平上入	1	3
去	平去入	5	15

① 王力《汉语史稿》上册103页。
② 王力《汉语语音史》74页。
③ 《说文》中的谐声数据朱骏声《说文通训定声》统计。

去	上去入	8	24
去	平上去入	7	28

表 56 （主谐字为入声）

主谐字声调	被谐字中所含声调	谐声系	谐声组
入	入	205	205
入	去	11	11
入	平去	1	2
入	平入	5	10
入	上去	1	2
入	上入	3	6
入	去入	67	134
入	平上去	1	3
入	平去入	2	6
入	上去入	5	15
入	平上去入	5	20

以上两表共含535个谐声系①，813个谐声组②。此将其中只包括去、入声的谐声组归类如下：

① 一个主谐字与其所有被谐字一起为一个谐声系。主谐字有两个以上声调的谐声系未计入此表。例如：觉（去入）——搅（上）。此类谐声系在《说文》中较少。

② 主谐字与被谐字中同一声调的字一起为一个谐声组，例如：異（去）——廙（上）、冀（去）、翼（入），主谐字異与廙、与冀、与翼各为一个谐声组，分别计作去谐上、去谐去、去谐入。

去入声自谐组 { 去谐去 216 / 入谐入 292 } 508

去入声互谐组 { 去谐入 55 / 入谐去 93 } 148

现在看得很清楚，去、入声互谐数为148组，不到其自谐数508组的1/3，仅约占去入总谐数的20%稍强，这样的比数不能证明去声在上古读作入声。再说，与入声互谐的异调并非只限于去声，平、上声也多与入声互谐，《说文》中平、入声互谐声者有64组，上、入声互谐者计有44组，这类谐声和《诗经》中平、上声与入声的押韵现象一样，都说明去声与入声的谐声和押韵并不意味着二者在上古同属入声。

除以上三点外，还有一个重要问题需要提出讨论，即祭部与月部的分合问题，因为祭部与月部的关系最为密切，这也是王力先生取消去声的重要根据。清人戴东原最先将祭部独立出来与月、元相配，王力先生认为"祭部原是古入声字，应与月部合为一部"（月），他批评戴氏把祭部认作阴声是犯了一个最严重的错误①。通过对《诗经》用韵和《说文》谐声字的全面考察，我们以为戴氏的主张不无道理，王力先生的结论倒是显得论据不足。先看《诗经》中祭部与月部字的用韵情况②：

祭部独用段　18	祭、月部合用段　15
祭、元(去)部合用段　1	祭、月、质部合用段　1
祭、脂(去)部合用段　3	月部独用段　21

① 《汉语语音史》39页。

② 《诗经》用韵数据王力《诗经韵读》统计，下同。《曹风·侯人》一章的韵脚字"祋""芾"及《大雅·板》二章的韵脚字"蹶""泄"均属祭、月两读字，此两例未统计在内。

祭、微(去)部合用段　1　　月、质部合用段　4

祭部独用及祭部与他部去声合用总数为23段,月部独用及月部与质部合用总数为25段;祭部与月部、质部合用总数为16段。前两项之和与后一项之比为48:16。再看《说文》中祭、月二部字的谐声统计(见表57):

表57　祭、月二部谐声统计表①

主谐字所属韵部	被谐字中所含韵部	谐声系	谐声组
祭	祭	20+1	21
祭	去	1	1
去	祭	1	1
祭	平	3	3
去	平祭	1	2
祭	月	2+1	3
祭	祭月	7+1	16
去	祭月	2	4
祭	上祭月	1	3
月	月	2+4	6
入	月	1	1
月	祭	1	1

① 表中"平""上"指平声韵部与上声韵部,"去""入"指祭、月二部以外的去声韵部与入声韵部。"+"号以后的数字也表示谐声系数,所不同的是,这些谐声系的被谐字中有祭、月两读字,如20+1,"1"表示一个谐声系,其主谐字属祭部,被谐字有的属祭部,有的属祭、月两读字。为计算方便,祭、月两读字未统计在内。

入	祭	1	1
月	祭月	10	20
入	祭月	1	2

祭部自谐及祭部与他部平上去声互谐总数为40组，月部自谐及月部与他部入声互谐总数为18组；祭部与月部互谐及祭、月部交互与他部入、去声相谐总数为27组。前两项之和数与后一项之比为58∶27。

由以上两种材料的统计结果观之，祭、月二部各自的独立性是非常清楚的，所谓祭、月二部关系密切其实不过是此两部用例中的部分合用、互谐现象，远不足以模糊两部之间的畛域。

值得指出的是，王力先生将《诗经》韵脚字以外的阴声去声字归入入声时可以说完全根据的是"同谐声者必同部"的说法，而这一说法并不是对所有谐声字都适用的。例如：

从"禺"得声之字多数在侯部，而"颙"在《小雅·六月》中与"公"字为韵，属东部。

从"每"之字多数在之部，而"侮"在《小雅·正月》《大雅·绵》《大雅·皇矣》、《大雅·行苇》中均与侯部字为韵，属侯部。

从"交"之字多数在宵部，而"驳"在《秦风·晨风》中与"栎""乐"字为韵，属药部。

从"曷"之字多数在月部，而"愒"在《召南·甘棠》《小雅·菀柳》《大雅·民劳》中均与祭部字为韵，属祭部。

根据以上情况可以推想，既然通过《诗经》用韵可以看出"同谐声者"并不一定同部，那么完全根据"同谐声者必同部"的说法对《诗经》等用韵材料以外的谐声字进行归部，在某种程度上就难免会导致削足适履的错误。王力先生虽也注意到谐声系统与《诗经》

用韵的不同,比如他曾在《上古汉语入声和阴声的分野及其收音》① 一文中谈到"段玉裁虽然主张'同谐声者必同部',但是在区别入声和非入声的时候,他只以《诗经》用韵为根据,不以谐声为根据。例如'时''特'都从寺声,但是段氏把'时'归入平声,把'特'归入入声;'葵''阕'都从癸声,但是段氏把'葵'归入平声,把'阕'归入入声。这一点很重要";但是,对《诗经》等用韵材料以外的谐声字进行归部时他却基本上依据的是"同谐声者必同部"的说法,例如将祭部字全部归入月部就是严格这样作的,这种处理方法王力先生在《诗经韵读·古入声的判定》一节中作了明确的说明,从王力先生的谐声表中也看得很清楚。根据我们的观察,"同谐声者必同部"一语只有作如下理解时才可能是全面的:

1. 上古同谐声、中古同韵(声调不论)之字必同部。例如:

旨——脂(脂)、指(旨) 脂部

2. 上古同谐声、中古非同韵之字可能同部。例如:

米——迷(齐)、麋(脂) 脂部

3. 上古同谐声、中古非同韵之字可能不同部。例如:

禺——偶(厚)、颙(钟) 侯部、东部

交——校(宵)、较(觉) 宵部、药部

其中第三种情况应引起特别注意,这种情况多出现在入声和非入声韵中。如果归部时不考虑中古韵有去、入之不同,完全根据"同谐声者必同部"这句话将去声字归入入声韵部,结果势必与事实相背。

二、长入说没有正确对待去声与平、上声的关系

① 王力《龙虫并雕斋文集》,中华书局,1980年。

中古去声字在上古与平、上声的关系要比与入声的关系密切得多，有下列比较数为证：

《诗经》用韵	平、去声合用段	127	229
	上、去声合用段	67	
	平、上、去声合用段	35	
	去、入声合用段	64	
《说文》谐声	平、去声互谐组	361	557
	上、去声互谐组	196	
	去、入声互谐组	148	

从《诗经》用韵看，去、入声的合用数为 64 段，去声与平、上声的合用总数为 229 段，是前者的 3 倍半多；从《说文》谐声看，去、入声的互谐数为 148 组，去声与平、上声的互谐总数为 557 组，是前者的将近四倍。根据这两项材料所反映的事实，只能得出去声与平、上声在上古比较接近的结论，但王力先生却强多就少，断定去、入声属于同类，且视之为定论①。中古去声在上古与平、上声关系十分密切，这使长入说遇到困难，因为倘若把所有去声（阴去声）字都当作长入看待。则长入韵与平、上声韵结构不同，关系不可能如此密切。为了解决这一难题，王力先生把与平、上声押韵（或谐声）的去声字解释成在上古属于平、上声，认为它们到中古时才变成了去声，与由长入变来的去声合流。此说可疑之处甚多。首先，此说未能提出由上古平、上声分化出中古去声的条件；其次，去声与平、上声的押韵现象在一般情况下很难说明它在上古一定属于平、上声（谐声的情况也是一样），也许正好相反，也许谁也不属于谁，而

① 《汉语语音史》81 页。

是异调合用。王力先生在《古无去声例证》[1] 一文中所举的一些例证实际上是不能证明去声属于平、上声的。请看其中第一例：

送，古读平声。《诗·郑风·丰》叶丰巷送。

总共只有三个韵脚字，其中“巷”“送”二字在中古均属去声，并且此二字在《诗经》中作为韵脚字仅此一见，这样的证据怎么能说明“送”字在上古读平声调？再其次，与平、上声押韵的去声字并非只限于与平、上声押韵，有些还同时与入声字押韵，这种情况说明仅仅依据少数合用现象将去声归入平、上声的作法是不妥的。此以去声异、事二字的用韵实际为例[2]：

自牧归荑，洵美且异（志）。
匪女之为美，美人之贻（之）。

《邶风·静女》三章

我行其野，言采其蓄（屋）。
不思旧婚，求尔新特（德）。
诚不以富（宥），亦祇以异（志）。

《小雅·我行其野》三章

迺慰迺止（止），迺左迺右（宥）。
迺疆迺理（止），迺宣迺亩（厚）。
自西徂东，周爰执事（志）。

《大雅·绵》四章

亹亹申伯，王缵之事（志）。
于邑于谢，南国是式（职）。

《大雅·崧高》二章

① 《语言学论丛》，天津人民出版社，1980 年。
② 韵例取自王力《诗经韵读》，韵脚字的中古韵为笔者所加。

“异”在《静女》中与平声“贻”字为“韵。，而在《我行其野》中与入声字“蓄、特”为韵；“事”在《绵》中与上声字“止、理、亩”为韵，而在《崧高》中与入声字“式”为韵。除“异、事”二字外，“至、试、富、戾、夜、又、庶、奏、附、诲”等去声字的用法也是如此。这些与平、上声及入声均有关涉的去声字在谐声材料中也不乏其例。《说文》中主谐字为去声、被谐字中既有平上声字又有入声字的谐声共有30多系。兹举一例：寺（志）——诗（之）、恃（止）、特（德）……按照王力先生对去声字的处理办法，这些与平、上声和入声均有关系的去声字是应该算作平、上声字还是算作入声字呢？长入说的提出，目的主要是想解决用韵、谐声等现象中去、入声何以相涉的问题，但这种主张只注重了去声与入声的关系，而轻视了去声与平、上声的关系，且把与平、上声有关系的去声字简单地并入平、上声了事，这就难免顾此而失彼。

三、长入韵的发展结果表明它不是入声韵

根据我们的观察，相配的入声韵与阴声韵发展到入声韵消变为阴声韵时，两者对应的韵母中必有一部分不能完全相同。此以《切韵指掌图》到《中原音韵》的变化为例。在《指掌图》中，入声韵除与阳声韵相配外，同时还与阴声韵相配；到《中原音韵》时，阴声韵的读音发生了变化，入声韵的变化则更大，全部失落韵尾变成了阴声韵。原来在《指掌图》中相配的阴声韵和入声韵此时虽都是阴声韵，但相互的读音并不都是相同的。如表58[①]：

---

① 表中拟音据杨耐思《中原音韵音系》，中国社会科学出版社，1981年。

表 58

《指掌图》所配韵	《中原音韵》韵部	声纽	例字	《中原音韵》拟音	声纽	例字	《中原音韵》拟音
侯 德	尤侯 齐微	来	楼 勒	ləu lei	匣	侯 劾	xəu xei
歌 曷	歌戈 家麻	定	驼 达	t‘uo ta	心	娑 萨	suo sa
尤 质	尤侯 齐微	章	周 质	tʃiəu tʃi	书	收 失	ʃiəu ʃi
灰 没	齐微 鱼模	帮	杯 不	puei pu	晓	灰 忽	xuei xu

这种不同到今音中更是普遍存在的，如表 59：

表 59

声纽 / 例字及今音 / 《指掌图》所配韵	见	定	帮	精	影	来
豪	高 kau	淘 t‘au	褒 pau	糟 tsau	鏖 au	劳 lau
铎	各 kɤ	铎 tuo	博 po	作 tsuo	恶 ɤ	落 luo

入声韵消变为阴声韵后，其各类韵母不能尽与原所配阴声韵

变化后的读音相同，这是很自然的，因为二者结构不同，发展规律不同，结果不可能一一全同；但是，如果用上述方法检验一下“长入”，得到的却是另外的结果。长入韵发展到中古后，其各类韵母均与它所配阴声韵的中古音相同。如表60、表61[①]：

表60

<table>
<tr><td rowspan="3">鱼</td><td>中古韵</td><td>模</td><td>模</td><td>麻</td><td>鱼</td></tr>
<tr><td>声组</td><td>喉舌齿唇</td><td>喉唇</td><td>喉舌唇</td><td>喉舌齿</td></tr>
<tr><td>上、中古拟音</td><td>ɑ↘o↘u</td><td>uɑ↘uo↘u</td><td>eɑ↘ɑ↘a</td><td>ĭɑ↘ĭo↘ĭo</td></tr>
<tr><td rowspan="3">铎
（长入）</td><td>中古韵</td><td>暮</td><td>暮</td><td>祃</td><td>御</td></tr>
<tr><td>声组</td><td>喉舌齿唇</td><td>喉</td><td>舌齿</td><td>舌</td></tr>
<tr><td>上、中古拟音</td><td>āk↘u</td><td>uāk↘u</td><td>eāk↘a</td><td>ĭāk↘ĭo</td></tr>
</table>

表61

<table>
<tr><td rowspan="3">支</td><td>中古韵</td><td>佳</td><td>佳</td><td>支</td><td>齐</td></tr>
<tr><td>声组</td><td>喉齿唇</td><td>喉</td><td>喉舌齿唇</td><td>喉舌齿</td></tr>
<tr><td>上、中古拟音</td><td>e↘ai</td><td>ue↘wai</td><td>ĭe↘ĭe</td><td>ie↘iei</td></tr>
<tr><td rowspan="3">锡
（长入）</td><td>中古韵</td><td>卦</td><td>卦</td><td>寘</td><td>霁</td></tr>
<tr><td>声组</td><td>喉唇</td><td>喉</td><td>舌齿唇</td><td>喉舌唇</td></tr>
<tr><td>上、中古拟音</td><td>ēk↘ai</td><td>uēk↘wai</td><td>ĭēk↘ĭe</td><td>iēk↘iei</td></tr>
</table>

如果说长入韵与其所配阴声韵到中古时有一部分韵母变为相

① 此二表据《汉语史稿》上册制。

同，那是可以理解的，这种相配各韵在每一声纽下都两两相同的现象则不能不使人对长入韵的入声性质发生怀疑。下面我们通过另一方法进一步检查长入韵是否属于入声韵。在汉语语音的发展过程中存在着这样一种现象：调类相承的同音音节，其韵母的发展结果一般也是相同的①。这种现象可视作一种规律。如表62②：

表62

例字 古拟音及今音 时代	该 （平）	改 （上）	溉 （去）	京 （平）	景 （上）	敬 （去）
上古	kə （见之）	kə （见之）		kiaŋ （见阳）	kiaŋ （见阳）	
中古	kɒi （见咍）	kɒi （见海）	kɒi （见代）	kĭɐŋ （见庚）	kĭɐŋ （见梗）	kĭɐŋ （见映）
现代	kai˥˥	kai˨˩˦	kai˥˩	tɕiŋ˥˥	tɕiŋ˨˩˦	tɕiŋ˥˩

上古韵部演变到中古，分化组合现象很严重，但对于调类相承的同音音节来说，其韵母的发展结果仍然保持着相同的面貌。例如上古之部分化为中古的之、咍、尤等韵，尽管之、咍、尤之间的读音已很不同，但“之”与其上声“止”韵、“咍”与其上声“海”韵、“尤”与其上声“有”韵则是保持相同的。中古音发展到今音同样遵循着

① 例外很少，仅见于中古佳、蟹、卦这组韵到今音的演变中。

② 表中的上、中古拟音取自王力《汉语史稿》上册。

这一规律。有时某些字的调类虽然发生了变动,但韵母却没有不同,例如中古全浊上声字到现代北京话中多数都变成了去声调,而韵母的音值却依然与平、上声保持相同。这种现象启示我们:在前代相配的某两类韵,如果到了后代其所配各韵母在每一声纽下都分别相同,那么它们在前代的读音也应该是相同的。"长入韵"在上古与阴声韵相配,到中古时此两类韵所配各韵母在所有声纽下都分别相同,由此逆推可知,在上古"长入韵"与其所配阴声韵的读音也是相同的,属阴声韵无疑,"长入韵母"与其所配阴声韵母的关系实为调类相承的同音韵母。这里需要指出的是,入声韵消变为阴声韵后也有与其所配阴声韵读音相同者,但这只是在部分声纽下的相同,不是全同,与上述情况不类,故不可据之作同样的逆推。部分相同的现象只能说明二者在前代的结构是不相同的。

根据以上几种理由,我们以为王力先生的长入说难以成立。通过"长入韵"与其所配阴声韵的中古音之对比使"长入"暴露出来的问题来看,长入说甚至不如陆志韦先生的长去、短去说①,原因是长去、短去的韵母结构相同,到中古仍然保持相同是合乎情理的。但是陆先生的主张不过是一种猜想,没有充分的材料根据,同样难以成立。最后,我们和多数学者一样,认为上古时期(《诗经》时代至两汉)即有平上去入四个调类,只是调值及归字不必与中古尽同。中古去声字在上古虽与入声字有一定量的押韵、谐声现象,而去声与平、上声的押韵、谐声现象更多,何况去、入声的合用、互谐数远低于它们的独用数,故没有理由将去、入声在上古同视为入声。去声与入声的押韵和谐声应看作是异调的合用、互谐现象,就象平、上声与入声的合用、互谐一样。王力先生所以主张上古没有

① 《陆志韦语言学著作集》(一)174 页。

去声，把与入声押韵、谐声的去声字确定为长入，其原因大概正如陆志韦在《古音说略》中批评高本汉从段玉裁那样，“也是把去声跟入声的关系看得太重了。”

第十二章　阴阳对转与因声求义

第一节　阴阳对转

一、孔广森的阴阳对转说

阴阳对转是指阴声韵在一定时期会变成阳声韵，阳声韵在一定时期也会变成阴声韵。阴阳对转是汉语语音发展演变的一条重要规律，它是由清人孔广森提出，再由章炳麟进一步发展完善的。阴阳对转，准确地说，应该叫做阴阳入对转，即阴、阳、入三类韵在发展中可以相互转化。由于孔广森不认为上古有入声韵，他把入声韵看作是阴声韵并与真正的阴声韵归作一类，所以他将这种对转规律叫做阴阳对转。孔氏认为古韵有本韵、通韵、转韵之分。所谓本韵，即他据《诗经》押韵所归纳的阴、阳十八部。所谓通韵，是指某些韵部音色接近（收音相同或相近，韵腹相近），可以通押，如丁类（耕）与辰类（真）通用，支类与脂类通用，冬类与侵类、蒸类通用，幽类与之类、宵类通用。所谓转韵，是指相配的阴、阳两部字有押韵或谐声现象。造成这种现象的原因是，在某些方言中一些阴声韵被读成了阳声韵，或者一些阳声韵被读成了阴声韵，故可以相押或谐声。孔氏在《诗声类·卷一》中说："此九部者（指阴、阳各九部——笔者注），各以阴阳相配而可以对转。……分阴分阳，九部之大纲，转阳转阴，五方之殊音。"

孔氏的"阴阳对转说"正确解释了上古韵文中的阴（包括入声

韵)、阳押韵现象和汉字中阴、阳谐声现象,例如:

无将大车,祇自尘兮。

无思百忧,祇自疧兮。

《诗·小雅·无将大车》一章

诗中"尘"字属上古阳声真部,"疧"属阴声支部,二者同为韵脚字,说明在作者的方言中"尘""疧"同为阳声或同为阴声。这种阴、阳不分的现象在谐声材料中也很常见。例如:

军——辉、挥　　斤——颀、旂

"军""斤"为阳声韵,以"军"作为声符的"辉""挥",以"斤"作为声符的"颀""旂"都是阴声韵。除了阴、阳对转外,阳声韵和入声韵也可以对转,不过这种现象较少。例如:

旦——怛　　乏——贬

"旦"为阳声韵,"怛"为入声韵;"乏"为入声韵,"贬"为阳声韵。

阴阳对转说是孔广森为解释阴阳押韵和谐声等现象而提出的,其阴、阳九部相配的格局反映的正是这种旨趣。需要指出的是,阴阳对转后(包括入声韵的对转),其韵腹可能不发生变化,也可能发生变化。孔氏所说的阴阳对转是指对转后韵腹没有发生变化的一类,即属于章太炎后来所说的正对转一类。

二、章太炎的阴阳对转说

继孔广森之后,章炳麟提出了近转、旁转、正对转、次对转之说,这一学说揭示了阴、阳声韵相互转变的种种现象,对孔氏的理论是一个很大的发展。章氏制了一个"成均图",用来反映阴阳对转的各种情况(见下页),同时对"成均图"作了这样一个说明:

阴弇与阴弇为同列;

阳弇与阳弇为同列;

阴侈与阴侈为同列;

阳侈与阳侈为同列；

凡同列相比为近旁转；

凡同列相远为次旁转；

凡阴阳相对为正对转；

凡自旁转而成对转为次对转；

凡阴声阳声虽非对转而以比邻相出入者为交纽转；

凡隔轴声者不得转，然有间以轴声隔五相转者为隔越转；

成　均　图①

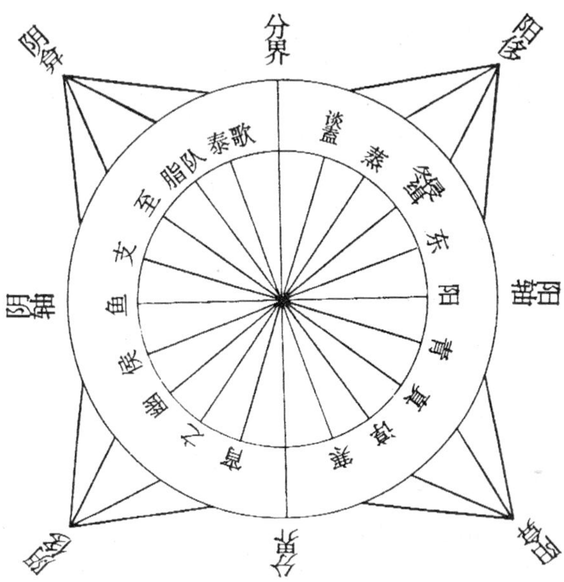

① 《国故论衡·小学》。

凡近旁转、次旁转、正对转、次对转为正声；

凡交纽转、隔越转为变声。

章氏的成均图将语音转变的各种现象都直观地展示了出来，不过他提出的所谓交纽转（靠近成均图分界线两侧的阴、阳声韵或阴、入声韵对转）、隔轴者不得转（指阴轴、阳轴两侧的弇、侈韵不得转）和隔越转（指阴轴、阳轴两侧的弇侈韵偶然相隔五个韵相转），或者过于琐细，或者与事实不符，不足为训。实际上所有的音转现象都只需概括为近旁转、次旁转、正对转、次对转四种情况即可，也不必断言隔轴者即不得转。所谓弇韵应指韵腹开口度较小的韵，侈韵应指韵腹开口度较大的韵，以此衡量，就会发现章氏的弇、侈之分显得杂乱，看不出其分类的标准。下面我们就近旁转、次旁转、正对转、次对转这四种音变现象进行说明。

1.近旁转　近旁转是指一个阴声韵或阳声韵转变成另一个与它读音相近的韵，因转化前后音色很接近，转化的结果没有越出同列，故叫近旁转。在“成均图”中，此两韵同处于阴弇、阴侈或阳弇、阳侈中，并且相比为邻。如支与至、幽与侯、谆与寒、冬与东等。在语音的发展中，近旁转的现象是很普遍的。例如：

《春秋事语》：“齐亘公与蔡夫人乘周（舟）。”齐亘公即齐桓公。亘，文（谆）部；桓，元（寒）部。

《管子·君臣上》：“百姓之力也，胥令而动者也。”胥，借字，本字为须。胥，鱼部；须，侯部。

《诗·大雅·江汉》：“矢其文德，洽此四国。”矢为借字，本字为施。矢，脂部；施，歌部。

上古的一个韵部分化为中古的几个韵部，其中音色与上古韵部接近者均可视为近旁转。例如上古耕部分化为中古的清、青二部，此二部均与上古耕部接近，属近旁转：

耕[eŋ]〈 清开三[iæŋ] / 青开四[εŋ]

2.次旁转　次旁转是指一个阴声韵或阳声韵转变为另一个与它音色差别较大的同类韵，因转化前后的音色（指韵腹）有较大差别，在“成均图”中两韵不相比邻，但没有越出同列，故叫做次旁转。次旁转的音变现象比近旁转更为普遍，凡一种韵转化为另一种同类韵，两者音值差别较大的都可视为次旁转。例如：《诗·大雅·假乐》一章：“假乐君子，显显令德。”其中“假”为借字，本字为“嘉”。假，鱼部；嘉，歌部。

上古一个韵部分化成中古的几个韵，凡音值与上古韵部差别较大者都可以视为次旁转。例如“哀”字在上古属“之”部，到中古时“哀”的声符“衣”属“之”韵，“哀”字本身属“咍”韵，都与上古时的音值差别较大，属于次旁转。又如帛书《相马经》：“艮欲盈，盈坚久。”① 其中“艮”为借字，本字为“眼”。艮、眼二字在上古同属文部。到了中古，“艮”归入“根”韵，“眼”归入“产”韵。其中“眼”的读音与上古文部差别较大，也属于次旁转。再看方言之间的比较：

白〈 北京[pai] / 关中[pei]　　百〈 北京[pai] / 关中[pei]　　街〈 北京[tɕiε] / 关中[tɕiai]

“白”“百”“街”三字关中音与北京音差别较大，如果关中人学习北京话，将此三字读成了北京音，同样算是发生了次旁转。方言之间的影响或方言向通语的渗透是发生阴阳对转的原因之一。

3.正对转　正对转指阴声韵（包括入声韵，下同）转为阳声韵或阳声韵转为阴声韵，对转后的韵腹与对转前相同，故叫做正对

① 《马王堆汉墓帛书〈相马经〉释文》，《文物》1977年8期。

转。在“成均图”中,正对转的阴、阳两部直接相对。正对转是语音发展中一种常见的音变现象。例如《诗·陈风·东门之枌》二章:

穀旦于差,(歌部)南方之原。(寒部,即元部)

不绩其麻,(歌部)市也婆娑。(歌部)

可以设想,在本诗作者的方言里,阳声韵“原”被读成了阴声韵(或者将阴声韵“差、麻、娑”3字读成了阳声韵),故“原”可与差、麻、娑”3字押韵。又如《尚书·周书·武成》:

一戎衣,天下大定。

“衣”属借字,本字为“殷”。衣,脂(微)部;殷,谆(文)部。此例说明,在作者的方言中,衣、殷二字读音相同,故可通借。从《诗经》归部的情况来看,其中一字仍保持原来的读音,另一字则发生了正对转。又如《论语·雍也》:

有颜回者好学,不迁怒,不贰过。不幸短命死矣,今也则亡,未闻好学者也。

“亡”属借字,本字为“无”。亡,阳部;无,鱼部。亡、无在作者的方言中读音相同,故“亡”可借作“无”。从《诗经》的韵部来看,其中一字发生了正对转。

这种对转现象在今天某些方言中也是大量存在的,例如(见表63):

表63 中古音与今太原、绥德、韩城音对照表

例字	中古拟音	太原音	绥德音(义合镇)	韩城音
仙	心仙开三[siæn]	[ɕiɛ]		
山	生山开二[ʃæn]	[sæ̃]		
党	端荡开一[tɑŋ]		[tau]	

例字	中古拟音	太原音	绥德音(义合镇)	韩城音
张	知阳开三[ȶiaŋ]		[tʂau]	
钢	见唐开一[kɑŋ]		[kɑu]	
狼	来唐开一[lɑŋ]		[lau]	
咸	匣咸开二[ɣɐm]			[xɑ]
杏	匣梗开二[ɣaŋ]			[xɑ]

4.次对转　次对转是指阳声韵转化为阴声韵或阴声韵转化为阳声韵;因对转后的韵腹与对转前不同,故叫做次对转。在"成均图"中,对转前后的两个韵部成折射式斜对。辅音韵尾对韵腹有一定的固定作用,当辅音韵尾失落后,韵腹常常会因韵尾的失落发生音变,所谓次对转多数都是辅音韵尾失落后所引起的韵腹音变现象。请看以下《诗·小雅·谷风》三章的例证:

习习谷风,维山崔嵬[əi]。(微部)
无草不死,无木不萎[əi]。(微部)
忘我大德,思我小怨[an]。(元部)

此章诗中,元部字"怨"与微部字"嵬""萎"押韵,说明在该诗作者的方言中,"怨"的韵尾[n]已经脱落(或变成了鼻化元音)。由于受[n]尾失落的影响,致使"怨"的韵腹变得近似于"嵬""萎"的韵腹,整个韵母读成了"微"部音。再看谐声的例子:

昷——媪

"媪"以"昷"为声符,说明"昷""媪"在谐声时代属于同部。到了《诗经》时代"昷"属文部,"媪"属幽部,又说明从谐声时代到《诗经》时代,"昷"发生了次对转。次对转的现象从中古音与今方言

的对照中也能看到,例如(见表64、65):

表64　中古音与今长沙、温州、苏州音对照表

例字	中古音	长沙音	温州音	苏州音
天	透先开四[t'ɛn]	[꜀t'iẽ]	[꜀t'i]	[꜀t'ɪ]
甜	定添开四[dɛm]	[꜁t'iẽ]	[꜁di]	[꜁dɪ]

表65　中古音与今韩城音对照表

例字 古今音	汤	狼	墙	羊	长
中古音	透唐开一 [t'ɑŋ]	来唐开一 [lɑŋ]	从阳开三 [dziaŋ]	以阳开三 [jiaŋ]	澄阳开三 [ȡiaŋ]
韩城音	[t'uo^{21}]	[luo^{35}]	[tɕ'yo^{35}]	[yo^{35}]	[tʂ'uo^{35}]

根据以上介绍可以看出,章氏的阴阳对转说与孔氏有一定的差异。孔氏的对转说旨在解释阴、阳押韵的现象或谐声现象,阴、阳押韵或谐声不仅说明发生了对转,而且说明其韵腹相同,由此可以揭示出上古韵母阴、阳相配的局面。章氏的对转说包括的内容比较广泛,它不仅包括了孔氏对转说的全部内容,同时还指明了押韵、谐声、通假、声训等现象中发生对转或旁转后韵腹所出现的不同变化。如果说孔氏的对转说是从共时的角度看阴阳对转的结果,章氏的对转说则是从历时的角度看阴阳对转的结果。

第二节　因声求义

因声求义是透过汉字形体结构而根据语音探求词义的方法。

清人王念孙在《广雅疏证·序》中称其方法为："就古音以求古义，引伸触类，不限形体。"随着音韵学研究的深入和人们对汉语特点认识的不断提高，这一方法在训诂中的作用越来越被学界所重视。

一、因声求义的理据

汉字结构的一个重要特点是寓义于形，因此通过分析字形就可以确定字的本义。例如"干"字，有盾牌、冒犯、追求、关涉、干涉、河岸、天干等义，根据"干"的甲骨文形体丫，我们可以确定它的本义是原始的盾牌。又如"霸"字，有盟主、称霸、卓越、横行、每月初月亮初生时光亮的部分等义，根据"霸"的义符月，我们可以确定"霸"的本义和"月"有关，即"每月初月亮初生时光亮的部分"。通过分析字形去探求字义的方法可以称作"以形索义"。以形索义这一方法有很大的局限性。首先，以形索义只适合于探求词的本义，对于引申义，以形索义就很难奏效；其次，古代的典籍尤其是先秦两汉的典籍中借字很多，且这些典籍在流传过程中出现了不少讹字。对于考释借字和讹字的本字，以形索义这一方法更是无能为力。如果根据借字、讹字的形体去训释词义，就好比是缘木求鱼，不但不能达到目的，反而会弄出望文生义的笑话。要想对古籍中的借字、讹字作出正确的解释，必须另辟蹊径，这种新的途径就是"因声求义"。因声求义这一方法其所以能够成立，且十分有效，一方面是基于这样的事实：古籍中的借字、讹字多数与其本字的读音是相同的或相近的，因此根据音同或音近的线索就可以比较顺利地找到借字或讹字的本字。另一方面是由于汉语本身具有这样一个重要特点：声音相同或相近的词其基本意义往往也是相同的或相近的，即所谓"声同义通"。这一特点很早即被前人所发现，先秦两汉时期出现的声训即说明了这一点。声训在一定程度上揭示了汉语声同义通的特点，不过先秦两汉的声训主观随意性较强，缺乏必要的论证和总结。晋人杨泉在《物理论》中对从臤之字的探索(见《太平御览》卷402)可以说是对汉语声同义通特点正式研究的滥觞。宋人王圣美的"右文说"(见沈括《梦溪笔谈》卷14)将这一研究向前大大推进了一步,其贡献至少让人们看到了声符相同的一些汉字意义是相通的这一事实,其缺点是囿于形声字,分析也不够全面。元人戴侗《六书故·六书通释》在理论上对"右文说"进行了推阐。有清以降,随着音韵学研究的深入,汉语声同义通现象的研究得到了空前的发展。段玉裁《说文解字注》、黄承吉《梦陔堂文集》卷二《字义起于右旁之声说》、王念孙《广雅疏证》《释大》、郝懿行《尔雅义疏》、焦循《易馀籥录》、阮沅《揅经室集》卷一《释且》《释门》、近人章太炎《语言缘起说》《文始》、沈兼士《右文说在训诂学上之沿革及其推阐》《声训论》、杨树达《积微居小学金石论丛》卷一、高本汉《汉语词族》、王力《同源字典》等著作都作出了重要的贡献。这些成果使因声求义作为训诂学的一条重要方法得以确立和完善,扩大了应用范围。许多依靠分析字形不能解决的问题从此都可以通过语音分析得到解决,因而越来越被人们所看重。黄侃在《训诂述略》中这样指出:"古人制字,义本于声,即声是义,声音训诂,同出一原,文字孳生,声从其类,故今曰文字声音训诂,古曰字读,读即兼孕声音、训诂二事,盖声音即训诂也。详考吾国文字,多以声相训,其不以声音相训者,百分之中不及五六。故凡以声音相训者为真正之训诂,反是即非真正之训诂。"(引自《沈兼士学术论文集·声训论》)王力在《上古韵母系统研究》(收入《龙虫并雕斋文集》第一册)中更将因声求义视为研究汉语史的坦途:"章太炎先生的《文始》,高本汉的《汉语词族》,都是从语音去研究字义的关系。他们对于字义的解释,尽多可议之处,然而他们的原则是可以成立的。语音相近者,其字义往往相近;字义相近者,其语音亦往往相近。由语音系统去寻求词族,不受字形的束缚,这是语史学的坦途。”

汉语为什么会有声同义通的特点?这主要与单音词在汉语尤其是在古汉语中占有较大的比例有关,单音词数量多容易导致出现大量的同音词。语音是有限的而语义是无限的,同一语音往往记录了多种语义,包括相同、相近的语义和不同的语义。其中同一语音记录的相同、相近的语义之间即构成了声同义通现象。由于单音词在汉语中所占的比例较大,同音词较多,所以音同义通的现象也就较多,以至于成了一种突出的特点。音同义通的词可以分为两大类:1.同源词。由于同源,自然语音往往相近,语义相通。又可以细分为四小类:(1)如“取”“娶”二字,古音相同(同为清母侯部),均有“取”义,后者是前者引申的结果,属于后起字,构形上以前者为声符,同时兼取了前者的字义。(2)如“树”“竖”二字,古音相同(同为禅母侯部),均有“树立”义,后者也是前者引申的结果,也属于后起字,但二者在构形上完全不同。(3)如“辆”“緉”二字,古音相同(同为来母阳部),均有“成偶”“配对”义,二者分别都是“两”字(《说文》:“两,再也。”《广雅·释诂四》:“两,二也。”)引申的结果,构形上都以“两”为声符同时兼取了“两”的字义,但二者互相之间没有引申关系。(4)如“坡”“颇”二字,古音相同(同为滂母歌部),均有“偏”“不正”义。其声符“皮”仅仅只是起着标音的作用,皮的本义(《说文》:“皮,剥取兽革者谓之皮。”)和“偏”“不正”并无关系。2.非同源词。非同源词由于来源不同,其词义无论本义还是引伸义在多数情况下都不相通,相通的只是少数,一般见于引申义。如“敵”“適”(“嫡”的古字)二字,来源不同(《说文》:“敌,仇也。”“適,之也。”),古音虽相同(同为端组塞音、锡部。准音同),义本不通。后来由于“適”引申出了“匹敌”义,二者便相通了。另外,从通假的角度看,假借义与本字的意义也是相通的。如“拂”“弼”二字,来源不相同(《说文》:“拂,过击也。”“弼,辅也,重也。”)古音虽相同(同为帮组塞音、物部。准音同),义本不通。由于“拂”在文献中常被借去作为“弼”使用,二者便可以在“辅佐”这一意义上相通了。

二、汉语声同义通例证

1.声符相同的形声字,由于读音相同或相近,其基本意义一般也相同或相近。例如以“票”作声符的字凡表示行为动作或性状者,多数都有“斜”“不正”义,这说明在汉语中 piao 音或 biao 音(上古声母为唇音,韵部为宵部)常用来表示“斜”“不正”的行为动作或性状。

漂:本义为物体顺水浮动。《说文》:“漂,浮也。”《段注》:“谓浮于水也。”流水对静水而言必斜,故物顺水漂浮时其路线必呈斜状,如漂梗、漂橹,梗、橹行进的路线顺水由上而下呈斜状。引申义为以物在水中摆动击打、漂荡不定或不正的操行等,其动作行为均呈横斜状或不稳定、不正当。如《汉书·韩信传》:“至城下钓,有一漂母哀之,饭信。”韦昭注:“以水击絮曰漂。”复音词如漂絮:在水中漂洗丝絮,漂洗时需持丝絮左右摆动,击打。漂荡:在水上浮动。漂摇:随波浮动貌或摇动不安貌。漂泊:随流漂荡停泊,行止不定,无正途。漂曳:漂浮摇摆。漂沛:漂流。漂账:欠账不还。

飘:疾风,旋风。风因空气对流而起,故其运动路线必不平直,或由高而低,或由低而高。《说文》:“飘,回风也。”《段注》:“回者,般旋而起之风。《庄子》所谓羊角。司马云:‘风曲上行若羊角也。’”《尔雅·释天》:“迴风为飘。”郭璞注:“旋风也。”《汉书·蒯通传》:“鱼鳞杂袭,飘至风起。”引申指物在空中随风飘动,物随风飘动时亦必多呈倾斜状。又引申指偏斜的动作或不正常的事物。复音词如飘扬：随风摆动或飞扬。飘飘：不断飘扬貌或飞翔貌。飘零：斜着落下貌或漂泊貌。飘风：旋风，暴风。飘姚：飘荡，飞扬。飘凌：凌空高飞。飘浮：水漂流或物体在水面漂流。飘萍：飘流的浮萍。飘落：飘荡而下落。凡物飘落，多为斜着落下。飘雨：方言词，遇风斜着落下的雨。又方言称禾苗光长枝叶不结实为“飘”。又戏剧术语，韵白不分轻重称作“飘”。飘酒：嫖娼宿妓，吃花酒。

摽：斜着抛去，击打。《说文》：“摽，击也。”《诗经·邶风·柏舟》：“寤辟有摽。”《毛传》：“辟，拊心也。摽，拊心貌。”《孔疏》：“谓拊心之时，其手摽然。”按：拊心貌与摽然义同，即以手胡乱拍打胸貌。《左传》哀公十二年：“长木之毙，无不摽也；国狗之瘈，无不噬也。”《杜注》：“摽，击。”《孔疏》：“长木，喻吴国大也。狗瘈，喻吴失道也。国狗犹家狗。言家畜狂狗，必齧人也。”按：“无不噬”与“无不摽”对文。瘈义为狂，故知此处噬义为乱咬，由乱咬知摽义为斜着倒下伤人或物。《公羊传》庄公十三年：“已盟，曹子摽剑而去之。”何休注：“摽，辟也。时曹子端剑守桓公。已盟乃摽剑置地，与桓公相去离。”按：摽剑即抛剑。剑落地的路线一般都是斜的。复音词如摽身：飞身。飞身的路线对地面而言也是斜的。摽拂：弹古琴的指法。弹时手指横斜着抚按琴弦。摽损：落下。树叶落下时的路线多成斜状。《诗经·召南·摽有梅》：“摽有梅，其实七兮。”《毛传》：“摽，落也。”闻一多《古典新义·诗经新义》：“摽即抛字。”按：《毛传》非，闻说亦欠准确。“摽”义应为击落，“摽有梅”的意思是用石子击落梅子。用石子或土块在果树下击落果子是常有的事。击落果子时石子或土块飞去的路线成斜状。方言有“摽水花”一语，即用扁小的石片斜着逆水面摽去，石片在水面掠过，飞溅起朵朵水花。草木枯叶因体轻，遇风斜飘落地，故其落下用“漂”或“蘀”。《说文》：“草木凡皮叶落地为蘀。”《诗经·郑风·蘀兮》二章：“蘀兮蘀兮，风其漂女。"《毛传》:"漂,犹吹也。"《诗经·豳风·七月》:"十月陨萚。"《毛传》:"陨,坠。萚,落也。"清人陈奂《毛诗传疏》:"陨萚,谓草木坠落也。"果子由于体重,无论是熟落或击落一般都是垂直落下。"摽"代表的动作是斜状的,故"梅之落"无用"摽"之理。再说"落"属不及物动词,把"摽有梅"理解成"落有梅"亦不合语法习惯。汉语有"落马""落草"的说法,但"落"的实际施事者不是"马"或"草"。

瞟:斜着看,偷看。《说文》:"瞟,瞭也。"《段注》:"今江苏俗谓以目伺察曰瞟。"复音词如瞟闪:目光闪烁地斜看。瞟扫:目光扫视。瞟眼:眼睛斜着看人。瞟觑:斜看。

剽:本义为削,削除。削的动作对物体平面来说是斜着切入的。引申为不正当的劫掠行为或窃取行为。《广雅·释诂三》:"剽,削也。"王念孙《疏证》:"剽者,《众经音义》卷十引《苍颉篇》云:'剽,截也。'"贾谊《益壤》:"剽去不义诸侯,空其国。"按:剽去即削去。《史记·西南夷列传》:"西夷后揃,剽分二方,卒为七郡。"按:剽分即削弱分割。《说文》:"剽,……一曰剽,劫人也。"《汉书·王尊传》:"往者南山盗贼阻山横行,剽劫良民。"柳宗元《辩文子》:"其浑而类者少,窃取他书以合者多。凡孟、管辈数家,皆见剽窃。"复音词如剽攻:抢劫,掠夺。剽劫:抢劫。剽取:①掠夺;②抄袭。剽掠:抢劫、掠夺。剽剥、剽掇、剽剟、剽裂、剽略、剽盗、剽贼、剽攘、剽袭、剽夺:均有抄袭义。

嫖:本义为身轻疾貌。《说文》:"嫖,轻也。"身轻疾则行为易偏斜,故后来产生了狎妓之义,复音词有嫖妓、嫖娼、嫖赌等。

瞟:听闻。指从旁道听得知,对正面亲见而言。王念孙《广雅疏证》:"瞟之言剽取也。《玉篇》引《字林》云:'瞟,听裁闻也。'又行听也。今俗语犹然矣。"按:听裁闻或作听才闻,即刚听到尚未证实的消息。行听即道听途说。

骠:《说文》:“黄马发白色。一曰白髦尾也。”作为形容词义为马飞驰貌。《集韵·笑韵》:“骠,马飞行皃。”马腾空飞驰时其路线对地面而言成斜状。复音词骠骑,即飞骑,《汉书·霍去病传》本作“票骑”。

2.字形结构不同的词,由于读音相同或相近,基本意义亦相同或相近。例如读音为hong(上古音声母为喉音,韵部为东部或耕、蒸部)的词一般都有“宏伟”“巨大”的意思,这说明在汉语中hong这一音节常用来表示“宏大”义。

宏:本义为房屋幽深宽大。《说文》:“宏,屋深响(《段注》以为“响”系衍文)也。”引申为宏伟、巨大、广博等义。《尔雅·释诂上》:“宏,大也。”《尚书·盘庚下》:“各非敢违卜,用宏兹贲。”《孔传》:“宏、贲,皆大也。”陆机《弔魏武帝文》:“丕大德以宏覆,援日月而齐晖。”李善注:“宏,普也。”复音词如宏达:①才识宏大渊博;②宏伟。宏才:大才。宏大:①扩充,光大;②巨大,宏伟。宏休:洪福。宏旨:重大的意义。宏材:巨大的木材。宏宏:宏伟貌。宏壮:宏大雄伟。宏玩:大型的玩赏物。宏拓:宏大的开拓。宏茂:宏伟丰茂。宏侈:宏伟博大。宏放:宏伟旷大。宏轨:大道。宏衍:宏大深远。宏宽:扩大。宏度:大度。宏通:广博通达。宏深:宏大渊深。宏扬:广泛宣扬和发扬。宏奥:宏博高深。宏廓:①宽宏;②博大。宏猷:远大的谋略,计划。宏器:大器。宏儒:大儒。宏徽:巨大的功德。宏谟:大的谋略。与“宏”同声符的“闳”字本义为巷门,巷门必大于一般的宅门,遂引申出宏大、宽广等义,同“宏”。复音词如闳大:宏大。闳休:大德。闳宇:大屋。闳言:博大的言论。闳壮:雄健。闳门:帝王宫廷的门。闳厚:宽大厚重。闳俊:气魄大,才气出众。闳衍:①文辞恢宏丰多;②胸怀广大。闳洽:广博淹贯。闳约:内容丰富,文辞简约。闳富:宏伟富赡。闳闳:大貌。宏肆:宏多恣肆。闳襟:博大的胸襟。与“宏”同声符的“纮”字本义为起维系作用的较粗大的绳子、带子。《说文》:“纮,冠卷也。”《仪礼·大射礼》:“簜倚于颂磬西纮。”《郑注》:“纮,编磬绳也。”引申为大的维系或法纪。《淮南子·原道训》:“纮宇宙而章三光。”班固《答宾戏》:“廓帝纮,恢皇纲。”

弘:《说文》:“弘,弓声也。从弓,厶声。”于省吾《甲骨文字释林·释弘》:“甲骨文弘字作  ,在弓背隆起处加一斜划以为标志,于六书为指事,而《说文》误认以为声符。弓背隆起处是弓之强有力的部分,故弘之本义为高为大,高与大义相因。”《尔雅·释诂上》:“弘,大也。”复音词弘毅:抱负远大,意志坚强。以“弘”作声符的“泓”字本义为水深广貌。《说文》:“泓,下深貌。”《段注》:“下深谓其上似浅陋,其下深广也。杨子,其中宏深,其外肃括。”水深广必多而大。复音词如泓洄:水深大而回旋貌。泓澎:水深广貌。泓窈:水深而远,引申指意义深奥。泓然:水深满貌。泓泓:①水深多貌;②泪水满眼眶貌。泓宏:形容声音宏亮貌。

洪:大水。《说文》:“洪,洚水也。”引申义为大。《尔雅·释诂上》:“洪,大也。”复音词如洪大:大。洪元:道家指天地初开、混沌未分时的宏大状态。洪支:帝族的支派。洪化:巨大的教化。洪生:学问渊博的著名儒生。洪休:洪福。洪伐:大功。洪名:巨大的名声。洪祀:隆重的祭祀。洪柯:大树。洪威:强大的威力。洪胤:王侯贵族的后代。洪祚:隆盛的国运。洪烈:伟大的功业。洪造:大德。洪族:名门望族。与“洪”同声符的“哄”“谼”“烘”等字均有大义。“哄”义为大声喧哗或许多人同时发声。“谼”义为大谷。“烘”义为膨胀的热气或四射的光焰,引申指热烈的气氛、艺术手法等。复音词如烘明:通明。烘洞:火盛貌。烘烘:火盛貌或热气升腾貌。烘然:火热貌。烘焰:大的光焰。烘腾腾:火旺盛貌。烘堂:

满座大笑，笑声充满庭堂。烘腾：大的喧腾。烘托：中国绘画技法或写作手法，通过大的渲染以突出主题。

鸿：《说文》："鸿，鸿鹄也。"鸿鹄即天鹅，属大鸟。《诗经·豳风·九罭》："鸿飞遵渚。"《郑笺》："鸿，大鸟也。"引申义为大。复音词鸿才：大才。鸿化：同"烘化"。鸿文：①鸿雁群飞时形成的文字形状；②巨著。鸿志：远大的志向。鸿古：年代久远。鸿光：盛大辉煌的事业。鸿典：盛典。鸿侈：宏大。鸿庠：著名的大学府。鸿威：盛威。鸿胄：显赫庞大的后裔。鸿祚：长久的国运，鼎盛的王业。

洚：又音 jiàng。大水泛滥貌。《说文》："洚，水不遵道。"《段注》："《孟子·滕文公篇》：'《书》曰："洚水警予。"洚水者，洪水也。'《告子篇》：'水逆行谓之洚水。洚水者，洪水也。'水不遵道，正谓逆行。惟其逆行，是以绝大。洚、洪二字，义实相因。"复音词洚洞：大水弥漫。

轰：群车行进时发出的巨大声音。《说文》："轰，群车声也。"引申指巨大的声音或气势。复音词如轰天：巨声震天。轰地：巨声震地。轰动：事情大，惊动了很多人。轰堂：义同"烘堂"。轰隆：爆炸、机器等发出的巨大声音。轰饮：大饮，狂饮。轰醉：大醉。轰然：声大而嘈杂貌。轰霆：响雷。轰传：盛传。轰应：众人齐声响应。轰轰：巨大的声音连续作响。轰轰烈烈：气势浩大而壮烈。

訇：《说文》："訇，骇言声。"《段注》："此本义也。引申为匉訇，大声。"按：匉(pēng)訇即大声。复音词如訇然：大声貌。訇訇：形容大声，同"轰轰"。訇隐：大声。訇陵：巨声隆隆。以"訇"为声符的字有"輷""渹"等。輷輷：象声词，同"轰轰"。"渹"义为波浪相激时发出的巨大声音，复音词有渹湱、渹渹等。

薨：指公侯的死。《说文》："薨，公侯殚也。从死，瞢省声。"《释名·释丧制》："薨，坏之声也。"按：坏指山坏，即山崩。《说文》："崩，山坏也。"《段注》:"引伸之,天子死曰崩。"《礼记·曲礼下》:"天子死曰崩,诸侯曰薨。"《郑注》:"自上颠坏曰崩。薨,颠坏之声。"《孔疏》:"薨者,崩之余声也。而《诗》云'虫飞薨薨。'是声也。诸侯卑,死不得效崩之形,但如崩后之余声,远劣于形压。诸侯之死,知者亦局也。"《白虎通·崩薨》:"诸侯曰薨,国失阳。薨之言奄也,奄然亡也。"《说文》:"奄,覆也。大有馀也。"《段注》:"《诗·皇矣》传曰:'奄,大也。'……许云'覆也,大有馀也。'二义实相因也。覆乎上者,往往大乎下,故字从大。"据以上诸家之说,知"崩"指山崩,喻天子之死;"薨"为山崩之声,其势亦大,但逊于山崩本身,知者仅局限于公侯封国,故喻诸侯之死。然则"薨"义为山崩之声,喻诸侯之死,引申为大声,与"轰"义实通,与"轰"不同处唯在"薨"用于"死"耳。复音词如薨天:指皇帝子女少年时死亡。薨奄、薨殂、薨没、薨背、薨逝、薨落、薨陨、薨谢:均指王侯之死。薨然:义同"哄然",众多人的嘈杂声。薨薨:①众虫的飞鸣声;②雷、鼓之声。

硡(hóng):硡礱:象声词,巨大的山崩声或雷鸣声。

三、因声求义例举

1.通过古音了解声训及其体例

声训是古人解释词义的一种方法,其目的在于探求事物得名的由来。声训最重要的特点是,释词与被释词的读音是相同的或相近的。由于语音的变化,有些声训与被释词的读音在今天看来已不相同,我们只有通过古音才能正确理解这些声训。例如:

(1)《释名·宫室》:"房,旁也。室之两旁也。"毕沅疏:"今本作在堂两旁也。按:古者宫室之制,前堂后室,堂之两旁曰夹室,室之尔旁乃谓之房。房不在堂两旁也。"

今按:房、旁二字古音同为並母、阳部,故以"旁"训"房"。

(2)《释名·长幼》:"兄,荒也。荒,大也。故青、徐人谓兄为荒也。”

今按：兄、荒二字古音同为晓母、阳部。

(3)《释名·姿容》：“负，背也。置项背也。”

今按：负，並母、之部；背，帮母、之部。负、背二字同在之部，均为唇音，准双声迭韵，故以“背”训“负”。

(4)《释名·形体》：“膝，伸也。可屈伸也。”

今按：膝，心母、质部；伸，书母、真部。古音心、书二母音近，同为擦音；“质”、“真”二部入、阳相配，发生了对转。膝、伸二字准双声迭韵，故以“伸”训“膝”。

(5)《释名·释天》：“雾，冒也。气蒙乱覆冒物也。”

今按：雾，明母(古无轻唇音)、侯部；冒，明母、幽部。侯、幽二部音近，发生了旁转，故以“冒”训“雾”。

除了通过古音正确理解声训外，还可以根据古音揭示古人声训的体例。例如，《说文解字》是一部以形探义的字书，许慎对每个字的解说有没有采用声训这一方法，段玉裁以前从来没有人进行过研究。在上古音的系统未确立之前，也不可能进行这方面的研究。段玉裁根据古音的知识首先发现在许慎的解释中存在着声训这一体例。许氏虽未明言声训，而声训通贯于全书。例如：

《说文·一部》：“天，颠也。”段注：“此以同部迭韵为训也。凡‘门，闻也’；‘户，护也’；‘尾，微也’；‘髪，拔也’，皆此例。”

今按：天，透母、真部；颠，端母、真部。天、颠二字均属舌头音，同在真部，准双声迭韵。门、闻二字同为明母、文部。户，匣母、鱼部；护，匣母、铎部。鱼、铎二部阴、入相配。户、护二字声母相同，韵部相配，准双声迭韵。尾、微二字均为明母、微部。髪，帮母、月部；拔，並母、月部。髪、拔二字声母均为重唇音，且属同部，准双声迭韵。

2.通过古音考古

古音与考古的关系十分密切,许多出土文物中难词难句的破译都离不开古音这一重要工具。下面举一实例对此问题进行说明。

1957年信阳长台关楚墓出土了十三枚编钟,其中最大的一枚上有铭文十二字,即“隹(惟)䍐篙屈栾晋人救戎於楚竞(境)”①。在很长一段时间内没有人知道“䍐篙屈栾”这四个字的意思,1979年朱德熙先生著文对此四字进行了破译②。该文雄辩地证明“屈栾”就是与秦十一月相当的楚月名“屈夕”。“䍐篙”二字应读为荆历,亦即楚历。该文的主要内容是这样的:

> 1978年江陵天星观一号楚墓所出竹简说:
>
> 齐客緟䐡䎽(问)王於莪郢之岁、屈栾之月、己卯之日(下略)。
>
> 由此可知“屈栾”是月名。云梦睡虎地秦墓竹简《日书》有秦、楚月名对照的材料,今归纳排比如次:
>
> | 秦月 | 楚月 |
> |---|---|
> | 十月 | 冬(中)月 |
> | 十一月 | 屈夕 |
> | 十二月 | 援夕 |
> | 正月 | 荆夷(尸、杘) |
> | 二月 | 夏杘(夷、尸) |
> | …… | |
>
> 信阳钟铭和天星观简文的“屈栾”显然就是与秦月十一月

① 原为古文,现改为楷书。

② 《方言》1979年4期。

相当的楚月名“屈夕”。栾，从示亦声。《广韵》昔韵：亦，羊益切，喻母四等；夕，祥易切，邪母。古音“亦、夕”都在鱼部，喻母四等与邪母谐声、假借均有密切关系。二字古音相近，古籍常互为异文。《晏子·内篇杂上》第二章作“吾亦无死矣”，银雀山竹简本《晏子》作“吾夕无死已”。又《内篇杂下》第四章“晏子曰嘻亦善……”，银雀山竹简本作“晏子□诶夕善矣”，并假夕为亦。

屈栾既然是楚月名，钟铭“㽙篙”二字自当读为“荆歷（=曆）”。荆歷犹言楚歷。《广韵》“鬲、歷（曆）”同音，锡韵，郎击切，古音同在支部，可以通用。《史记·滑稽列传》“铜歷为棺”，假歷为鬲，钟铭则假篙为歷。㽙字从田刑声，上引云梦秦简楚月名有“刑夷”，又有“夏夷”，刑、夏对举，刑读为荆，犹钟铭㽙读为荆，两者可以互证。

这篇文章的考释在引用文献材料的基础上，又成功地进行了语音方面的证明，所以结论信实可靠，无可辩驳。

3.通过古音破通假字

假借有两种，一种是本无其字的假借，这是一种以不造字为造字的造字法；还有一种是本有其字的假借，这是一种用字法，即在写字时不用已有的本字，而借用读音相同或相近的别字，一般把这种别字叫做通假字。通假字在较早的古籍中触目皆是，给今人阅读古文带来了很大的麻烦，训诂的任务之一就是要破通假，还本字的面目。清代训诂大师王引之在《经义述闻》中指出：“盖无本字而后假借他字，此谓造作文字之始也。至于经典古字声近而通，则有不限于无字之假借者。往往本字见存而古本则不用本字而用同声之字，学者改本字读之，则怡然理顺，依借字解之，则以文害辞。”①

要想破通假必须提出两个证据：一是古音的证明，一是文献的证明。二者互为表里，缺一不可。关于古音与通假的关系我们在第一章“音韵学的功用”一节中已经涉及到，这里再举出一些前人破通假的实例以进一步说明古音在训诂中的重要作用。

(1)蹈雍之河

“是以申徒狄蹈雍之河，徐衍负石入海。”② 服虔曰：“雍之河，雍州之河也。”师古曰：“雍者，河水溢出为小流也。言狄初因蹈雍，遂入大河也。《尔雅》曰‘水自河出为雍’，……雍音於龙反。”念孙按：雍读为甕，谓蹈甕而自沈于河也。《井·九二》：“甕敝漏。”《释文》“甕”作“雍”。《北山经》“县雍之山”，郭璞曰：“音汲甕。”《水经·晋水篇》作“县甕”，是“甕”与“雍”古字通也。《史记》作“申徒狄自沈於河”，《索隐》曰：“《新序》作‘抱甕自沈于河’。”彼言抱甕，此言蹈甕，义相近也。蹈甕之河，负石入海，皆欲其速沈于水耳。《庄子》谓申徒狄负石自投于河，意与此同。《汉纪·孝成纪》荀悦曰：“虽死犹惧形骸之不深，魂神之不远，故徐衍负石入海，申徒狄蹈甕之河。”此尤其明证也。服虔以为蹈雍州之河，师古以为初蹈雍，遂入河，皆失之远矣。

王念孙《读书杂志·五·汉书第九》

今按：雍、甕二字古音同为影母、东部。

(2)农犹努也

《广雅》：“薄、怒、文、农，勉也。”

---

① 《经义述闻》卷三十二《通说下》“经文假借”条。

② 《汉书·贾邹枚路传·邹阳》。

农,犹努也。语之转耳。《洪範》云"农用八政",谓勉用八政也。《吕刑》云:"稷降播种,农殖嘉谷",谓勉殖嘉谷也。《五帝德》篇云"使后稷播种,务勤嘉谷",义本《吕刑》也。襄十三年《左传》云"君子尚能而让其下,小人农力以事其上",《管子·大匡》篇云"耕者用力不农,有罪无赦",此皆古人谓勉为农之证,解者多失之。

王念孙《广雅疏证》卷三上

今按:农、努二字古音同为泥母;农属冬部,努属鱼部,发生对转。

(3)榜辅一声之转

《广雅》:"拔、拂、榜、挟、押、翼,辅也。"

榜者,《说文》"榜,所以辅弓弩"也。《楚辞·九章》:"有志极而无旁。"王逸注云:"旁,辅也。""旁"与"榜"通,榜、辅一声之转。"榜"之转为"辅",犹"方"之转为"甫""旁"之转为"溥"矣。

王念孙《广雅疏证》卷四下

今按:榜,古音帮母、阳部;辅,古音並母、鱼部。二字均属唇音,韵腹相同,发生对转。

(4)维鸠方之

《召南·鹊巢》篇:"维鹊有巢,维鸠方之。"《毛传》曰:"方,有之也。"戴氏东原《诗考正》读"方"为"房",云"房之,犹居之也"。引之谨案:鸟巢不得言房。方当读为放,分网切。《天官·食医》:"凡君子之食恒放焉。"《论语·里仁》篇:"放于利而行。"郑、孔注并曰:"放,依也。"《墨子·法仪》篇:"放依以从事。"放,亦依也。放依之"放"通作"方",犹放命之"放"通作"方"也。字或作"旁"。《庄子·齐物论》篇:"旁日月,挟宇宙。"

《释文》引司马彪注曰："旁，依也。""维鹊有巢，维鸠方之"者，唯鹊有巢，维鸠依之也。古字多假借，后人失其读耳。

王引之《经义述闻·卷五·毛诗上》

今按：方、放、旁三字古音均属阳部；其中方、放二字为帮母，"旁"为並母，均属唇音。

(5)亡党

《管子·法禁》："故举国之士以为亡党。"亡党即盟党，不歃血为誓，歃血为盟。凡结为死党者，必歃血而盟，故曰盟党。"亡"借为"盟"，《左昭四年传》"以盟其大夫"，《吕览·慎行》作"以亡其大夫"，是其证也。《管子》以"亡"为"明"者，《七法》篇"亡君则不然"，王怀祖谓"亡君"即"明君"，亦犹此以"亡"为"盟"矣。《注》云"为叛亡之党"，殊属牵强。

《章太炎全集》(一)《膏兰室札记》

今按：亡、盟二字古音同属明母、阳部。

(6)鹿台

《管子·山至数》篇："鹿台之布，散诸济阴。"麟按：《逸周书·克殷解》、《吕氏春秋·慎大览》《史记·殷本纪》《齐世家》《留侯世家》《淮南·主术训》《道应训》皆云鹿台之钱。《说苑·指武篇》则言鹿台之金钱，皆指纣之钱府也。齐之钱府，必非袭亡国之名，然则鹿台本为钱府之通名，非纣所创立可知。鹿当借为録。《尚书大传》："致天下于大麓之野。"《注》："麓者，録也。"《魏受禅表》及《公卿上尊号奏》皆作大鹿，是録鹿通之证。《说文》："録，金色也。"古谓铜曰金。《荀子·性恶》篇："文王之録。"《注》："剑以色名，古剑亦以铜为之也。"是铜有録色者，録台则取铜钱之色为名。

《章太炎全集》(一)202 页

鹿台故址在今河南汤阴县朝歌镇南，相传为商纣王所筑。根据章氏的考证，“鹿”通“録”，鹿台即録台。鹿、録二字上古同属来母、屋部。

(7)草木繁动

《吕氏春秋·孟春纪》：“是月（指孟春之月）也，天气下降，地气上腾，天地和同，草木繁动。”高注：“是月也，泰卦用事，乾下坤上，天地和同，繁众动挺而生也。”毕沅曰：“‘繁动’《月令》作‘萌动’。”范耕研曰：“繁、萌，轻重唇之异，古双声也。”奇猷案：范说是。凡轻唇音，古皆为重唇（详钱大昕《十驾斋养新录》卷五“古无轻唇音”条）。故繁、萌同音，则繁假为萌也。本书《音律》云“太蔟之月，阳气始生，草木繁动，令农发土，无或失时”，可明此节之义，亦以繁为萌。高诱以繁为众，是顺文为解，失之。

陈奇猷《吕氏春秋校释》14 页注[三二]

今按：繁，並母、元部；萌，明母、阳部。繁、萌二字同为唇音，韵腹相同而韵尾稍异，发生旁转。

4. 根据古音推原

根据古音探求事物得名的原由，这在训诂学中叫做推原或推因，上面提到的声训就是推原的一种。下面再看近人杨树达先生对“脂”“饎”等词得名之因及同源字的考证。

(1)肪

（《说文》）四篇下肉部肪字：许泛训肥也，不切言之。刘申叔说字义起于字音，举此为例，谓肪即得义於肥。按：肪肥双声，说虽可通，究嫌苟简。今按：《文选注》引服虔《通俗文》云：“脂在腰曰肪。”按：腰在身旁，故名其脂曰肪，此犹室在旁则名曰房耳。必如此说，始为精谛，而许氏但作泛词，不为切训。

向无服子慎之遗文,则此字语根尘埋千古矣。此又一事也。《段注》引服语而断之云:“此假在人者以名物也。”征引其文,而不知服意在明声训,所谓交臂失之也。以段君之精诣,而不免粗疏如此,令人骇诧不已。

杨树达《积微居小学金石论丛·形声字声中有义略证》

(2)饎

(《说文》)五篇下食部云:“饎,酒食也。从食,喜声。”或作𩜁,又作糦。按酒食亦是泛训,不能得喜声之源。《段注》不得其义,乃云:“酒食者,可喜之物也,故其字从喜。”按段说本自李巡《尔雅释训注》,见邢昺《疏》引。此种望文生义之说,与王荆公《字说》相去几何?今按:《方言》云:“糦,孰食也,气孰曰糦。”《周礼饎人》大郑注云:“饎人,主炊官也。”《仪礼特牲馈食礼注》云:“炊黍稷曰饎。”《吕氏春秋仲冬纪注》云:“饎,炊也。饎读炽火之炽。”《礼记月令》云:“湛炽必洁。”《吕氏春秋仲冬纪》及《周礼酒正注》炽并作饎。合此五证,知喜之为义与火孰有关。再观喜配声类之字,熹训炙,熙训燥,而《左传》襄公三十年:“或叫於宋太庙曰:譆譆出出。”旨史记述,以为宋大火之先征。然则喜声有火义,故孰食谓之饎也。第如许君酒食之训,则无由悟入矣。此又一事也。段谓饎本酒食之称,因之名炊曰饎,可谓颠倒。凡事不得其源,则说必乖谬,大抵如此。

杨树达《积微居小学金石论丛·形声字声中有义略证》

(3)颊、酺

颊 《说文》九篇上页部云:“颊,面旁也。从页,夹声。”古叶切。按:《说文》十篇下大部云:“夹,持也。从大,侠二人。”大侠二人,左右各一,故有在左右与在旁之义。《仪礼既夕礼》云:“圉人夹牵之。”《注》云:“在左右曰夹。”《穆天子传》云:“左右夹佩。”注云:“夹佩,左右两佩。”《诗旄邱序》疏云:“夹辅者,左右之辞也。”《说文》四篇上目部云:“映,目旁毛也。”《释名释姿容》云:“挟,夹也,在傍也。”按:左右谓之夹,在傍夹谓之挟,目旁毛谓之映,面旁谓之颊,其义一也。

䩉　《说文》九篇上面部云:“䩉,颊也。从面,甫声。”按:颊训面旁,则䩉谓面旁也。甫字古音在模部,旁在唐部,二部为对转。䩉之为面旁,犹浦之为水频矣。《说文》十一上水部。

《说文》十四篇下车部云:“辅,人颊车也。从车,甫声。”四篇下骨部云:“髆,肩甲也。从骨,尃声。”按:甲与夹古音同,人肩在头颈之两旁,故谓之髆,又谓之甲。颔车在口之两旁,故谓之辅,又谓之颊。䩉在面之两旁,故谓之䩉,又谓之颊。《左传》僖公二十六年云:“昔周公太公股肱周室,夹辅成王。”夹辅义同,故古人连言矣。

《积微居小学金石论丛·字义同缘于语源同例证》

(4)曾声字多含重义加义高义

重谓之曾　《诗周颂维天之命》云:“曾孙笃之。”《郑笺》云:“曾犹重也。”树达按:《尔雅释亲》云:“祖之父曰曾祖王父。”曾亦言重也。

益谓之曾　《说文》会字下云:“曾,益也。”

加谓之譄　《说文》三篇上言部云:“譄,加也。从言,曾声。”

益谓之增　《说文》十三篇下土部云:“增,益也。从土,曾声。”

以物送人使之增加谓之赠　《说文》六篇下贝部云:“赠,玩好相送也。从贝,曾声。”《诗大雅崧高》云:“以赠申伯。”《毛传》云:“赠,增也。”按:毛明语源,余《释赠篇》详言之。

重屋谓之層　《说文》八篇上尸部云:“層,重屋也。从尸,曾声。”《老子》云:“九層之臺,起于累土。”按:今犹言一层两层。

北地高楼无屋者谓之竲　《说文》十篇下立部云:“竲,北地高楼无屋者。从立,曾声。”

甗谓之甑　《说文》十二篇下瓦部云:“甑,甗也。从瓦,曾声。”按:甑之用加於釜之上,故名甑。

鬵属谓之䰝　《说文》三篇下鬲部云:“䰝,鬵属。从鬲,曾声。”树达按:此即甑字。

置鱼筩中炙谓之熷　《说文》十篇上火部云:“熷,置鱼筩中炙也。从火,曾声。”按:炙字训炮肉,字从肉在火上。熷则以鱼置筒中加於火上,故从曾也。炙不言所置,熷必言置筩中者,盖生鱼必以筩防其躍也。或说:置鱼筩中炙,犹置米甑中炊也。熷与甑同,故云熷。说并通。

鱼网置木上者谓之罾　《说文》七篇下网部云:“罾,鱼网也。从网,曾声。”按:《楚辞九歌》云:“罾何为兮木上?”今验罾制,以网置于木之一端,以此木交午置架上,而以人上下木之他端以网鱼也。

聚薪柴居其上谓之橧　《礼记礼运》云:“夏则居橧巢。”以橧与巢并言,皆在上之物。故《郑注》云:“橧,聚薪柴居其上。”是也。按:橧字《说文》失收。

缴矢射高谓之矰　《说文》五篇下矢部云:“矰,惟射矢也。从矢,曾声。”《周礼夏官司弓矢注》云:“结缴于矢谓之矰。矰,高也。”《史记留侯世家注》云:“矰,一弦可以仰射高者,故云矰也。”按:此条许亦不明语源,而《周礼》《史记》注则明之。

杨树达《积微居小学金石论丛·形声字声中有义略证》

四、因声求义的流弊及其限制

因声求义是前人特别是清人对训诂学的重大发展,由于这一方法的出现,使古籍中的许多千年疑窦涣然冰释,文通理顺。清代学者段玉裁、王念孙父子及章炳麟、杨树达等人运用这一方法在训诂上取得了辉煌的成就。但是,随着这一方法的推广,也出现了一些流弊,一些考据家把因声求义看成是万能的法宝,离开文献根据不加限制地使用“一声之转”,甚而至于只用双声或迭韵破假借,致使因声求义这一正确的方法误入歧途,为穿凿附会开辟了天地。例如诸葛亮《出师表》中的“故五月渡泸,深入不毛”一语,40 年代竟有人说“不毛”就是缅甸的“八莫”,从而认为诸葛亮已经打到了缅甸,其主要根据就是“八莫”与“不毛”的读音比较接近,这显然是一种谬说。又如曾有人认为杨朱就是庄周,因为“杨、庄”迭韵,“朱、周”双声。王力先生指出:“这样滥用古音通假,不难把鸡说成狗,把红说成黄,因为‘鸡’‘狗’双声,‘红’‘黄’双声;又不难把松说成桐,把旦说成晚,因为‘松’‘桐’迭韵,‘旦’‘晚’迭韵。这好像是笑话,其实古音通假的误解和滥用害处很大,如果变本加厉,非到这个地步不止。”①

由以上这些笑话可以看出,缺乏有力的材料根据,单凭“双声迭韵”“一声之转”作证据是软弱无力的。只有在材料根据很充分的条件下,语音的根据才会助成其说,锦上添花。

为了正确使用“因声求义”这一方法,使新训诂学得到健康的发展,应该对“因声求义”的使用进行限制。

首先,必须有确凿的文献材料作证据。这是各种证明材料中

① 王力《训诂学上的一些问题·关于古音通假》,《龙虫并雕斋文集》第一册 339 页,中华书局,1980 年。

最基本也是最重要的一种。

其次,本字与借字的声韵都应相同或相近。所谓相同,是指声、韵全同;所谓相近,是指声、韵都比较接近,即声母的发音部位相同,如同为唇音或同为牙音等,韵母符合旁转或对转的条件。

王力在《同源字典·同源字论》中指出:"值得反复强调的是,同源字必须是同音或音近的字。这就是说,必须韵部、声母都相同或相近。"① 王力的这一观点不仅适用于同源字的研究,对于"因声求义"中其他方面的声、韵限制同样是适用的。

① 王力《同源字典》20页,商务印书馆,1982年。

主要参考文献

罗常培《汉语音韵学导论》,中华书局,1956 年。

《罗常培语言学论文选集》,中华书局,1963 年。

罗常培周祖谟《汉魏晋南北朝韵部演变研究》,科学出版社,1958 年。

王力《汉语音韵学》,中华书局,1956 年。

王力《汉语音韵》,中华书局,1963 年。

王力《汉语史稿》(上),中华书局,1980 年。

王力《诗经韵读》,上海古籍出版社,1980 年。

王力《龙虫并雕文集》(第一册),中华书局,1980 年。

王力《龙虫并雕文集》(第三册),中华书局,1982 年。

王力《汉语语音史》,中国社会科学出版社,1985 年。

王力《清代古音学》,中华书局,1992 年。

周祖谟《问学集》,中华书局,1966 年。

周祖谟《汉语音韵论文集》,商务印书馆,1957 年。

周祖谟《唐五代韵书集存》,中华书局,1983 年。

周祖谟《文字音韵训诂论集》,北京大学出版社,2000 年。

《周祖谟语言学论集》,商务印书馆,2001 年。

《陆志韦语言学著作集》(一),中华书局,1985 年。

丁声树李荣《汉语音韵讲义》,《方言》,1981 年 4 期。

董同龢《上古音韵表稿》,中华书局,1987 年。

沈兼士《广韵声系》,中华书局,1985 年。

《沈兼士学术论文集》,中华书局,1986年。
赵荫棠《等韵源流》,商务印书馆,1957年。
魏建功《古音系研究》,中华书局,1996年。
黄淬伯《唐代关中方言音系》,江苏古籍出版社,1998年。
高本汉《中国音韵学研究》(缩印本),商务印书馆,1994年。
李方桂《上古音研究》,商务印书馆,1980年。
李葆瑞《应用音韵学》,东北师范大学出版社,1988年。
李荣《切韵音系》,科学出版社,1956年。
李荣《音韵存稿》,商务印书馆,1982年。
邵荣芬《切韵研究》,中国社会科学出版社,1982年。
《邵荣芬音韵学论集》,首都师范大学出版社,1997年。
殷焕先《反切释要》,山东人民出版社,1979年。
郭锡良《汉字古音手册》,北京大学出版社,1986年。
唐作藩《音韵学教程》,北京大学出版社,1987年。
陈复华《汉语音韵学基础》,中国人民大学出版社,1983年。
赵诚《中国古代韵书》,中华书局,1991年。
杨耐思《中原音韵音系》,中国社会科学出版社,1981年。
李新魁《韵镜校证》,中华书局,1982年。
李新魁《汉语音韵学》,北京出版社,1986年。
宁忌浮《校订五音集韵》,中华书局,1992年。
宁忌浮《古今韵会举要及相关韵书》,中华书局,1997年。
《宋本广韵》,北京市中国书店,1982年影印。
《鉅宋广韵》,上海古籍出版社,1983年影印。
《集韵》,北京市中国书店,1983年影印。
吴棫《韵补》,丛书集成初编,中华书局,1985年新1版。
郑樵《通志·七音略》,中华书局,1987年影印。

《韵镜》,丛书集成初编。
《四声等子》,丛书集成初编。
《切韵指掌图》,中华书局,1986 年影印。
《经史正音切韵指南》,四库全书第 238 册。
《五音集韵》,四库全书第 238 册。
《古今韵会举要》,四库全书第 238 册。
陈第《毛诗古音考》,中华书局,1988 年。
顾炎武《音学五书》,中华书局,1982 年影印。
江永《古韵标准》,中华书局,1982 年影印。
江永《音学辨微》,丛书集成初编。
江永《四声切韵表》,丛书集成初编。
戴震《声韵考》,丛书集成初编。
钱大昕《十驾斋养新录》,商务印书馆,1957 年上海印刷。
段玉裁《六书音韵表》,《说文解字注》附。
孔广森《诗声类》,中华书局,1983 年影印。
江有诰《江氏音学十书》,中华书局,1993 年影印。
夏炘《诗古韵表廿二部集说》,渭南严氏《音韵学丛书》。
陈澧《切韵考》,北京市中国书店,1984 年影印。
曾运乾《音韵学讲义》,中华书局,1996 年。
莫友芝《韵学源流》,中华书局,1962 年。
《黄侃论学杂著》,中华书局,上海古籍出版社,1980 年。
杨树达《积微居小学金石论丛》,中华书局,1983 年。